# Jud Süß

**Bill Niven**, geb. 1956, ist emeritierter Professor für Zeitgenössische Deutsche Geschichte an der Universität Nottingham Trent in England. 2020 war er Senior Fellow am Zentrum für Holocaust-Studien beim Institut für Zeitgeschichte in München. Im mdv erschienen bisher „Das Buchenwaldkind. Wahrheit, Fiktion und Propaganda" (2008) und „Die Wilhelm Gustloff. Geschichte und Erinnerung eines Untergangs" (Hg., 2011).

BILL NIVEN

# Jud Süß

DAS LANGE LEBEN EINES PROPAGANDAFILMS

mitteldeutscher verlag

Umschlagfoto vorn: Jud Süß, Illustrierter Film-Kurier, Nr. 3130, Titelseite (Privatbesitz Kurt Fricke)
Umschlagfoto hinten: Demonstration in Zürich vor einem Kino gegen die Aufführung des Films „Das dritte Geschlecht“ von Veit Harlan, 12. April 1962 (akg-images / Keystone / JOHANNES BRUELL, Bild-Nr.: AKG7473041)

Bibliografische Information der Deutschen Nationalbibliothek
Die Deutsche Nationalbibliothek verzeichnet diese Publikation in der Deutschen Nationalbibliografie; detaillierte bibliografische Daten sind im Internet über http://dnb.dnb.de abrufbar.



1. Auflage

www.mitteldeutscherverlag.de

Gesamtherstellung: Mitteldeutscher Verlag, Halle (Saale)
Umschlagabbildung: Tithi Luadthong / Na_Studio – shutterstock.com

ISBN 978-3-96311-628-5

Printed in the EU

# Inhalt

# Einführung

Im Dezember 2007 eröffnete das Haus der Geschichte in Stuttgart eine Ausstellung zum Thema „*Jud Süß*' – Propagandafilm im NS-Staat". Eines der Exponate war ein Hausausweis von Veit Harlan, Regisseur von *Jud Süß* (1940). Der Ausweis hatte die Nummer 990 und berechtigte Harlan dazu, über den Hintereingang Zugang zum Propagandaministerium – also zu Joseph Goebbels – zu bekommen: „Pointierter lässt sich nicht darauf hinweisen, wie sich der Regisseur Harlan und viele zu damaliger Zeit berühmte Schauspieler [...] in den Dienst nationalsozialistischer Propaganda gestellt haben."[1] Sicherlich wusste auch Harlan, als Goebbels ihm den Regieauftrag gab, dass von ihm ein antisemitischer Film erwartet wurde. In einem Fernsehinterview aus dem Jahr 1973 erinnerte sich seine Frau Kristina Söderbaum an den Tag, als Harlan diesen Auftrag annahm. Er habe es ihr nicht gleich gesagt, sondern erst nachts, nachdem sie das Licht ausgeschaltet hatten; „dann bin ich hochgeschossen im Bett und habe gesagt, das darfst du auf gar keinen Fall machen".[2] Schämte sich Harlan vor der ihm anvertrauten Aufgabe so sehr, dass er es nicht über sich bringen konnte, seiner Frau davon zu berichten und sie dabei anzuschauen? Jedenfalls hat er den Auftrag erfüllt. Sie hat dabei geholfen, indem sie eine Hauptrolle im Film übernahm. Als *Jud Süß* 1940 in die Kinos kam, bestimmte Heinrich Himmler, dass die gesamte SS und Polizei den Film sehen sollte. Und doch konnte Harlan nach dem Krieg einfach nicht einsehen, dass er für den Film und seine Auswirkungen verantwortlich war.

So komme ich auf den Grund, warum ich dieses Buch geschrieben habe. Mit der Figur des historischen Jud Süß haben sich schon mehrere Bücher auseinandergesetzt.[3] Auch zu den vielfachen literarischen und filmischen Bearbeitungen des Themas (einschließlich Harlans Film) gibt es eine Reihe einschlägiger Studien.[4] Eine wichtige, inzwischen fast klassische Studie zum Antisemitismus im nationalsozialistischen Kino, mit einem besonderen Fokus auf Harlans *Jud Süß*, lieferte 1983 Dorothea Hollstein.[5] Auch andere Autoren untersuchen seinen Film im Rahmen von Arbeiten, die sich mit nationalsozialistischer Propaganda und deren Verbreitung beschäftigen.[6] Zu Veit Harlan selbst hat Frank Noack eine erstklassige Biografie geschrieben, die *Jud Süß* filmästhetisch und filmtechnisch genau analysiert.[7] Ein Buch zur Aufnahme von Harlans Film nach 1945 und bis in die Gegenwart hinein gibt es hingegen noch nicht, auch wenn einzelne Autoren wie Noack und Tegel und vor allem Johanne Hoppe über die Nachkriegsrezeption geforscht und geschrieben haben.[8] Mit meinem Buch möchte ich also eine Lücke schließen. Wie reagierte die Bundesrepublik Deutschland auf das giftige Erbe von Harlans Film? Warum, wie und mit welcher Berechtigung – wenn überhaupt – hat sich Harlan gegen die Kritik an seiner Person und seiner Rolle als *Jud-Süß*-Regisseur so vehement verteidigt? Wie ging Westdeutschland, wo Harlan bis zu seinem Tod lebte, mit ihm um? Die DDR übernahm keine Verantwortung für *Jud Süß*. Gerade weil Harlan im Westen lebte und dort neue Filme machte und weil für die SED die Bundesrepublik eine neue Form des Faschismus darstellte, galt *Jud Süß* als ein westdeutsches Problem. Trotzdem gab es eine *Jud-Süß*-Rezeption in der DDR, auf die ich hauptsächlich im letzten Kapitel eingehen werde.

Das erste Kapitel befasst sich mit der Entstehung und den Auswirkungen von Harlans *Jud Süß*. Für die, die den Film nicht kennen, habe ich hier den Inhalt kurz zusammengefasst und Harlans Version der Jud-Süß-Geschichte mit der wirklichen Geschichte des Jud Süß Oppenheimer verglichen. Anhand dieser Unterschiede kann man die antisemitische Absicht des Filmes besonders gut erkennen. Filmische

Analysen von *Jud Süß* gibt es schon. Das erste Kapitel liefert trotzdem einen kurzen Überblick über einige der Techniken, derer sich der Film bedient, um die antisemitische Botschaft zu vermitteln. Ohne Zweifel gehört Harlans *Jud Süß* zu der Vorgeschichte und Geschichte des Holocaust. Deswegen scheint es mehr als skandalös, dass Harlan nach dem Krieg gleich zweimal entlastet wurde: zuerst in seinem Entnazifizierungsprozess, dann in einem Gerichtsverfahren 1949/50 vor dem Landgericht Hamburg. Das zweite Kapitel beschäftigt sich mit dieser Entlastung, macht aber zugleich deutlich, dass es durchaus viele Stimmen gegeben hat, die dagegen protestiert haben. Schon in den späten 1940er Jahren zeichnete sich eine Entwicklung ab, die sich auch nach dem Hamburger Prozess fortsetzte. Während sich die meisten der im nationalsozialistischen Kulturbetrieb Beschäftigten nach dem Zweiten Weltkrieg in Schweigen hüllten, wehrte sich Harlan so lautstark und energisch gegen Kritik, dass ihn seine Gegner nur noch heftiger attackierten. Nach dem Freispruch 1950 mobilisierten sich diese Gegner: Der Streit um Harlan verlagerte sich von dem Gerichtssaal in die Gesellschaft.

In einem Fernsehinterview mit Alfred Biolek sagte Harlans Sohn Thomas, er hätte von seinem Vater als „Autor eines Mordinstruments" erwartet, dass er sein Leben nach dem Krieg vollkommen ändert.[9] Harlans Gegner in den 1950er Jahren erwarteten auf jeden Fall von ihm, er solle sich aus dem Filmgeschäft und auch gesellschaftlich zurückziehen. Dazu war er nicht bereit. Sich keiner besonderen Schuld bewusst, machte er weiter Filme und trat weiter auf: Tausende gingen in Westdeutschland auf die Straße, um ihren Unmut über sein Weiterwirken kundzutun. Die 1950er Jahre in Westdeutschland haben oft einen schlechten Ruf, was die Vergangenheitsbewältigung angeht. Wie das dritte Kapitel jedoch zeigt, wurde die Ablehnung Harlans durch viele Intellektuelle, Studenten, Journalisten und Politiker zum Ausdruck eines ethischen Prinzips: Westdeutschland kann und soll nicht über den Antisemitismus der Nazi-Zeit hinwegsehen, so, als hätte es ihn nicht gegeben. Einen Bruch soll es mit den ehemaligen Förderern von NS-Propaganda geben. Im Kino soll ein Neuanfang gesetzt werden. Harlan fühlte sich als Sündenbock. Dass zur selben Zeit landesweit viele ehemalige Nazis und Mittäter verantwortungsvolle Positionen übernahmen, ohne dass ein vergleichbarer Protest laut wurde, ist wahr. Harlan hat aber die Öffentlichkeit nie gescheut, und nichts ist öffentlicher als ein Kino. Deswegen wurde sein Fall exemplarisch, zumindest auf einer symbolischen Ebene. Und positive juristische Folgen hatte der Streit um Harlan auch: Seine langjährige Auseinandersetzung mit dem Hamburger Senatsdirektor Erich Lüth – dieser hatte zum Boykott von Harlan-Filmen aufgerufen – wurde 1958 in einem richtungsweisenden Urteil zugunsten Lüths und des Rechts auf freie Meinungsäußerung vom Bundesverfassungsgericht entschieden.

Im vierten Kapitel geht es um Harlans *Jud Süß* als Waffe gegen Israel. Bis in die 1960er und 1970er Jahre hinein (vielleicht sogar danach) wurde *Jud Süß* im Nahen Osten, zum Beispiel in Ägypten und im Libanon, in öffentlichen Kinos gezeigt, um Stimmung gegen Israel zu machen. Woher die Kopien stammten, war oft unklar. Man munkelte, die DDR oder die Sowjetunion habe die Kopien in Umlauf gebracht, um Israel zu schädigen – und den Ruf der Bundesrepublik, die den Regisseur eines nach wie vor in seiner Wirkung hetzerischen Filmes freigesprochen hatte. Beweise dafür ließen sich aber nicht finden. Zweifelsohne stammte die eine oder andere Kopie aus Westdeutschland. Die bundesdeutsche Politik reagierte auf das Zeigen des Filmes im Nahen Osten mit Sorge, blieb aber insgesamt untätig, aus Rücksicht auf die arabischen Staaten (offiziell nahmen die Bundesrepublik und Israel erst 1965 diplomatische Beziehungen zueinander auf). Es gab zwar etliche langwierige Versuche, in der Bundesrepublik umherirrende Kopien von *Jud Süß* einzuziehen und die Händler und Zwischenhändler strafrechtlich zu belangen. Eine wirksame gesetzliche Handhabe, die Ausfuhr oder beabsichtigte Ausfuhr des Films zu bestrafen, gab es aber erstaunlicherweise nicht. Stattdessen konzentrierte sich die Justiz auf die Frage der möglichen Verbreitung von *Jud Süß* im Inland. Erst Anfang der 1960er Jahre gelang es auf gerichtlichem Wege, Kopien von *Jud Süß* einzuziehen und dem Bundesarchiv zu übergeben.

Wie ging man, wie geht man längerfristig mit *Jud Süß* um? Diese Frage wird im letzten Kapitel gestellt. Immer wieder scheiterten Versuche, einen neuen *Jud-Süß*-Film zu drehen – zum Beispiel einen, der den Roman *Jud Süß* (1925) des deutsch-jüdischen Schriftstellers Lion Feuchtwanger zur Vorlage gehabt hätte. Einer der Gründe war die Angst, dass ein Film, der die Figur des Jud Süß positiv oder zumindest nicht negativ schildert, bei den Zuschauern nicht ernst genommen wird – so, als wäre das antisemitische Bild, das Harlan entworfen hatte, noch so wirkmächtig, dass sich kein anderes Bild von Jud Süß dagegen durchsetzen könnte. Stattdessen hat es einige Spielfilme und Dokudramas gegeben, die sich mit der Entstehungs- und Rezeptionsgeschichte von Harlans Film auseinandersetzen – manchmal auf recht zweifelhafte Art und Weise. Seit Jahrzehnten kann *Jud Süß*, als NS-Vorbehaltsfilm eingestuft, nur unter sehr strengen Bedingungen gezeigt werden, um Missbrauch zu verhindern. Der Film darf nicht kommerziell vertrieben werden. Im letzten Teil des Kapitels wird dargestellt, welche Schwierigkeiten auch die geregelte Vorführung des Filmes gelegentlich mit sich bringen kann.

Die Angst vor Missbrauch ist verständlich. Im August 2008 berichtete *Der Spiegel* von illegalen *Jud-Süß*-Vorführungen in rechtsextremen Kreisen in Ungarn.[10] Am 28. Januar 2021 wurde der hessische Rechtsextremist Stephan Ernst zu einer lebenslangen Freiheitsstrafe verurteilt, weil er am 1. Juni 2019 den Kasseler Regierungspräsidenten Walter Lübcke (CDU) ermordet hatte. Zu Hause hatte Ernst neben anderen antisemitischen und rechtsradikalen Materialien auch eine Kopie von Harlans *Jud Süß*.[11] Trotzdem ist die Frage berechtigt, ob es nicht gut wäre, eine kommentierte, pädagogisch aufbereitete Fassung des Films als DVD verfügbar zu machen. Schließlich kann jeder, der will, *Jud Süß* kostenlos im Internet anschauen oder sich eine DVD aus den USA besorgen. Vor kurzem hat das Institut für Zeitgeschichte (München/Berlin) eine wissenschaftlich-kritische Edition von Hitlers *Mein Kampf* herausgegeben.[12] Ziel der Edition laut der Website des IfZ ist es, *Mein Kampf* „als bedeutende zeithistorische Quelle zu erschließen, den Entstehungskontext von Hitlers Weltanschauung nachzuzeichnen, seine gedanklichen Vorläufer offenzulegen und seine Ideen und Behauptungen mit den Ergebnissen der modernen Forschung zu kontrastieren". Wäre mit einer wissenschaftlich-kritischen Edition von *Jud Süß* hinsichtlich der Vorläufer, Entstehung und zeithistorischer Bedeutung nicht Ähnliches zu erhoffen?[13]

Wenn man aber *Jud Süß* freigibt, müsste man dann die anderen NS-Vorbehaltsfilme, von denen es um die 40 gibt, nicht auch freigeben? Gleich vier von Harlans Filmen aus der NS-Zeit stehen auf der Liste: *Mein Sohn, der Herr Minister* (1937), *Der Herrscher* (1937), *Jud Süß* (1940) und *Kolberg* (1945). Nach Karl Ritter, von dessen Filmen acht als Vorbehaltsfilme eingestuft sind, ist Harlan der auf der Liste am häufigsten vertretene Regisseur. Ist das nicht Grund genug, *Jud Süß* nicht freizugeben? Und doch muss die Diskussion geführt werden, ob die Nichtfreigabe zu einer gewissen Tabuisierung führt (trotz Vorführungen im Rahmen von Volkshochschulseminaren), die von rechtsradikalen Kreisen ausgenutzt werden kann. Dass der Film so unter Verschluss gehalten wird, ermöglicht es den Neonazis, *Jud Süß* zum Symbol, ja zur Ikone einer „unterdrückten Wahrheit" zu stilisieren – so, als wäre *Jud Süß* nicht deswegen ein Vorbehaltsfilm, weil er antisemitische Vorurteile reproduziert, sondern weil er erzählt, wie die Juden in Wirklichkeit sind. Das ist eine perfide, krasse, aber leider durchaus vorstellbare Fehlinterpretation, gegen die man vorgehen muss. Ist dann Zurückhaltung der richtige Weg?

Das vorliegende Buch basiert zu einem beträchtlichen Teil auf Archivmaterial. Mein Dank gilt dem Filmmuseum Potsdam und dem Filmmuseum Düsseldorf: Beide Museen verfügen über einen umfangreichen Harlan-Nachlass. Dem Bundesarchiv Berlin-Lichterfelde und dem Bundesarchiv Koblenz bin ich ebenfalls zu großem Dank verpflichtet wie auch der Feuchtwanger Memorial Library (Kalifornien), dem Archiv der Akademie der Künste (Berlin), der Deutschen Kinemathek (Berlin), dem Stadtmuseum München, dem Landesarchiv Baden-Württemberg, dem Politischen Archiv des Auswärtigen Amtes (Berlin) und dem Staatsarchiv Hamburg. Zudem wurden auch Sekundärliteratur und viele Zeitungsartikel herangezogen (von der Harlan-„Selbstbiographie" habe ich eher sparsamen Gebrauch gemacht, weil dort die Wahrheit oft besonders arg retuschiert wird). Nicht zuletzt möchte ich dem Institut für Zeitgeschichte in München für ein großzügiges Stipendium danken, das es mir ermöglichte, auch während der Corona-Einschränkungen an diesem Buch zu arbeiten und wichtige Anregungen zu bekommen, die mir beim Nachdenken und Schreiben sehr geholfen haben. Ohne meine ehemalige Forschungsassistentin und gute Kollegin Elizabeth Ward hätte ich viel weniger über die (ohnehin eher dürftige) DDR-Rezeption herausgefunden und ohne Boaz Cohen so gut wie nichts über israelische Reaktionen. Bill Gillespie hat mir wertvolles Material zugeschickt und das Projekt immer mit Interesse begleitet. Dovid Loew bin ich für viele Anregungen dankbar. Jennifer Evans, Tim Bergfelder, Erica

Carter, Frank Noack, Christoph Classen, David Clarke und Andreas Kötzing haben mir hilfreiche Hinweise gegeben. Nicht zuletzt möchte ich dem Mitteldeutschen Verlag danken. Dr. Kurt Fricke hat den Text äußerst fachkundig lektoriert und machte viele hilfreiche Vorschläge. Verleger Roman Pliske hat von Anfang an großes Interesse an dem Buchprojekt gezeigt. Ohne ihn und seine Unterstützung wäre es nicht geschrieben worden.

# Kapitel 1: *Jud Süß* und der Holocaust

## Was erzählt uns Harlans *Jud Süß*? Film und Wirklichkeit

Veit Harlans *Jud Süß* (1940) spielt im vierten Jahrzehnt des 18. Jahrhunderts. Am Anfang des Filmes leistet in Stuttgart der neue Herzog von Württemberg, Karl Alexander (Heinrich George), einen Eid auf die württembergische Verfassung. Zur selben Zeit reist sein Oberhofmeister Franz Joseph von Remchingen (Theodor Loos) nach Frankfurt und besucht das dortige Ghetto, um mit Jud Süß Oppenheimer (Ferdinand Marian) zu verhandeln – der neue Herzog braucht Schmuck für seine Frau. Für Süß und sein Faktotum Levy (Werner Krauß) wird der Judenbann aufgehoben: Er verlässt das Ghetto und kommt in die Residenzstadt Stuttgart, um sich mit Karl Alexander zu treffen. Finanzielle Hilfe hat der Herzog dringend nötig. Er ist arm (oder behauptet, es zu sein) und würde gerne ein ausschweifendes Leben führen, wird aber von den Landständen daran gehindert. Süß erfüllt die Wünsche des Herzogs – zum Beispiel nach einem Ballett, wobei der Herzog eigentlich nur an den jungen Tänzerinnen Interesse hat. Nach Absprache mit Süß trennt Levy die Töchter von den Eltern, damit der Herzog seinen Gelüsten nachgehen kann. Der Herzog gerät immer mehr in finanzielle Abhängigkeit von Jud Süß, der ihm dann einen Vorschlag unterbreitet, wie er seine Schulden bezahlen kann: Er sollte Süß die Straßen Württembergs verpfänden. Die daraufhin von Süß eingeführten Zölle treiben die Preise in die Höhe.

Süß nutzt die Proteste der Landstände aus, um sich selbst gegenüber Karl Alexander als Verteidiger herzoglicher Rechte zu profilieren. Vom Herzog bekommt er einen Freibrief, und der allgemeine

Judenbann wird aufgehoben. Die als zerlumpt und ärmlich dargestellten Ghettojuden ziehen in Stuttgart ein. Weil die Proteste gegen seinen Einfluss nicht aufhören, gibt Jud Süß dem Herzog den Rat, die Landstände aufzulösen und ein ihm gefügiges Ministerium zu bilden. Süß bietet dem ehrwürdigsten Mitglied der Landstände, Landschaftskonsulent Sturm (Eugen Klöpfer), die Leitung des Ministeriums an: Als Gegenleistung will er von Sturm die Erlaubnis, dessen Tochter Dorothea (Kristina Söderbaum) zu heiraten. Sturm lehnt beides ab, und in derselben Nacht wird die Hochzeit von Dorothea mit ihrem Verlobten Faber (Malte Jaeger) schnell vollzogen.

Ein enttäuschter und wütender Jud Süß lässt Sturm wegen angeblicher Verschwörung verhaften. Eine Menschenmenge versammelt sich vor dem Schloss und verlangt seine Freilassung. Der Herzog willigt in Süß' Vorschlag ein, zusätzliche Soldaten aus Würzburg heranzuholen, um seine Position zu stärken. „Das wäre also der Staatsstreich!", sagt der Herzog. Sein Berater Franz von Remchingen antwortet: „Damit wären Euer Durchlaucht absoluter Souverän!"[14] Die Landstände bekommen Wind von den Plänen, sie mit Hilfe „ausländischer Soldaten" zu beseitigen. Sie wollen Widerstand leisten, Faber aber wird verhaftet. Weil er die Namen seiner Mitverschwörer nicht preisgeben will, lässt Süß ihn foltern. Als Dorothea Süß mit einem Bittgesuch für den Herzog aufsucht, um Faber freizubekommen, vergewaltigt er sie. Entehrt, geht Dorothea ins Wasser. Faber, inzwischen wieder frei, trägt ihre Leiche zum herzoglichen Palais. Die ihn begleitende aufgebrachte Menschengruppe verlangt den Tod von Süß. Inzwischen aber sind Süß und der Herzog nach Ludwigsburg aufgebrochen. Eine Abordnung der Landstände reitet ihnen nach. Obrist Röder, Vertreter der Landstände, wirft dem Herzog Verfassungsbruch vor: „Wollt Ihr diesen Eid halten, oder gilt der Jude Euch mehr als Euer ganzes Volk?" Faber bezeichnet Süß als Mörder, und Süß greift ihn an. Karl Alexander, empört über die Handgreiflichkeiten, wird von einem Wutanfall gepackt – und fällt tot um.

Dadurch geht die vollziehende Gewalt an die Landstände über. Süß wird verhaftet und vor Gericht gestellt. Er beruft sich auf den Freibrief: „Ich bin nix gewesen wie ein treier Diener von mein' Souverän!" Das hilft ihm aber nicht. Sturm, in einem alten Gesetzesbuch blätternd, findet folgende Bestimmung: „So aber ein Jude mit einer Christin sich fleischlich vermenget, soll er mit dem Strang vom Leben zum Tode gebracht werden, ihm zur wohlverdienten Strafe." Nach der öffentlichen Erhängung von Süß verkünden die Landstände einen neuen Judenbann. Innerhalb von drei Tagen müssen alle Juden Stuttgart verlassen. „Mögen unsere Nachfahren an diesem Gesetz ehern festhalten", sagt Sturm, „auf dass ihnen viel Leid erspart bleibe an ihrem Gut und Leben und an dem Blut ihrer Kinder und Kindeskinder."

Damit endet die oben kurz skizzierte Handlung des berüchtigten antisemitischen Filmes *Jud Süß*, der 1940 in die deutschen Kinos kam. Der Film bedient fast sämtliche nationalsozialistischen antijüdischen Klischees. Süß sucht Macht für sein Volk, Macht über die Christen und die Deutschen. Zu diesem Zweck manipuliert er den schwachen Herzog, entmachtet die Landstände und geht skrupellos mit den Bewohnern Stuttgarts um. Er ist lüstern, schlau, unehrlich, destruktiv und machtgierig. Obwohl er sich wie ein nicht jüdischer Bürger kleidet, spricht er mit jiddischem Einschlag. Sein Judentum ist immer hörbar. Er erscheint fast immer in Begleitung seines Beraters Levy, der einem nationalsozialistischen antisemitischen Bilderbuch entsprungen ist: Im Kaftan gekleidet, watschelt er durch den Film, undeutlich sprechend, getrieben von einer kasuistischen Dämonie. *Jud Süß* will vorführen, was passiert, wenn man Juden zu nah an die Deutschen und deren Machthaber heranlässt, und bringt die Lösung: Trennung, Vertreibung, Exekution.

Der historische Jud Süß war anders. Als er Karl Alexander kennenlernte, lebte Joseph Süß Oppenheimer schon außerhalb des Ghettos und hatte seine Erfahrungen mit unterschiedlichen Landesherren gemacht. Von 1723 bis 1729 zum Beispiel war er Pächter des kurpfälzischen Stempelpapiers. Dass Juden im Geldhandel tätig waren, wundert nicht: Der Zugang zu den Zünften blieb ihnen verschlossen, sie durften dagegen mit Christen Zins- und andere Geldgeschäfte machen. Als enger Mitarbeiter des Herzogs Karl Alexander waren die finanziellen Tätigkeiten von Jud Süß Oppenheimer vielfältig; dass er später (auch in Harlans Film) als „Wucherer" verschrien wurde, ist eine Entstellung. Er hat die Stuttgarter Münze zu einer der produktivsten und modernsten im deutschen Reich ausgebaut. Immer wieder half er mit Aufträgen für die Armee, zum Beispiel bei Lieferungen von Infanteriezelten oder Getreide und bei der Pulver- und Salpeterproduktion. So trug er auch aktiv zur Landesverteidigung bei. Er hat das herzogliche Kassen- und Rechnungswesen modernisiert, die Verwaltungswege verschlankt, und dem Merkantilismus und Frühkapitalismus in Württemberg wichtige Impulse gegeben. Dass er durch seine Unterstützung von Staatsmonopolen und durch seine Steuerpolitik zum Aufbau eines absolutistischen Staatssystems beitrug, kann nicht bezweifelt werden. So gut wie nichts tat er aber, ohne dass Karl Alexander es wollte: Häufig setzte er einfach den Kurs fort, den Alexander selbst verfolgte. Anders als Harlan ihn darstellt, kam es Süß niemals darauf an – auch wenn er gelegentlich andere jüdische Geschäftsmänner begünstigte – dem Frankfurter Judentum auf Kosten der Christen zu Macht und Reichtum zu verhelfen. Genauso wenig trifft es zu, dass der Herzog, wie in *Jud Süß*, ein leicht zu manipulierender, geistig beschränkter Lüstling war. Er mag jähzornig gewesen sein, aber im Wesentlichen war er ein Machtmensch mit Willen, Durchsetzungskraft und Vision.

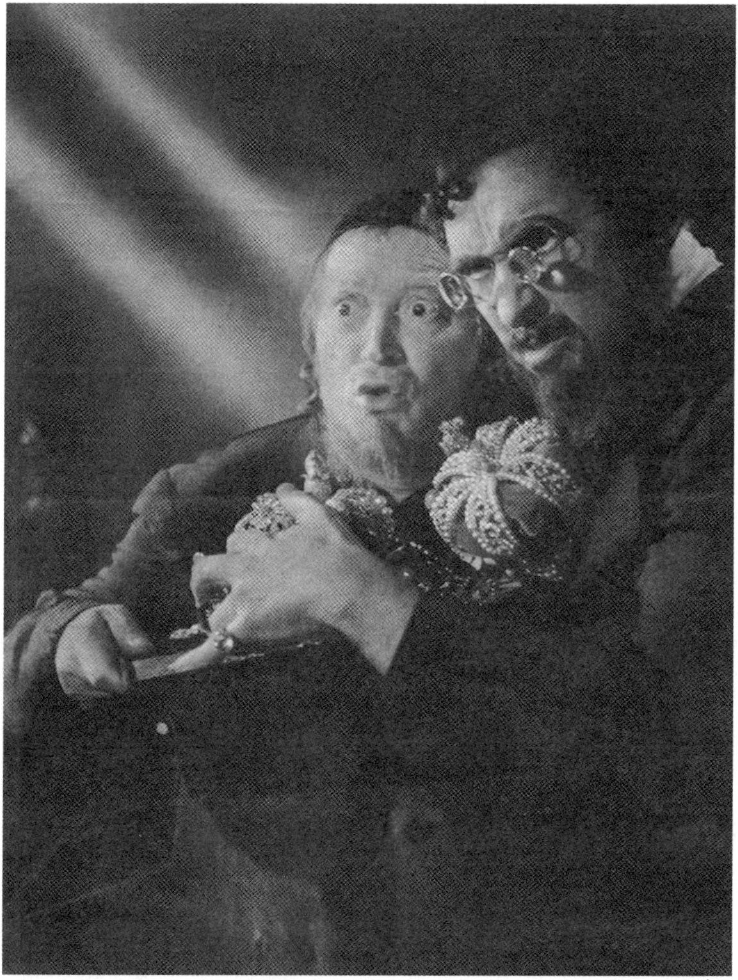

Ferdinand Marian und Werner Krauß als Prototypen raffgieriger Juden; Szenenfoto aus *Jud Süß*

Harlans *Jud Süß* verschweigt so gut wie völlig die Spannungen zwischen den protestantischen Landständen und dem katholischen Herzog und seinem katholischen Armeeführer General Franz von Remchingen. Im Film zettelt Süß einen Staatsstreich gegen die Landstände an, nur aus dem Grund, dass sie sich seiner Willkür widersetzen. In Wirklichkeit war es Remchingen, der die Idee eines Staatsstreichs ins Gespräch brachte, eine Idee, die eng mit dem Wunsch zusammenhing, den Katholizismus in Württemberg durchzusetzen.[15] Es war nicht Süß, wie im Film, der gegen die Landstände vorging, sondern der Herzog selbst, der im Juni 1735 eine Kabinettsregierung einrichtete, damit er so gut wie möglich an den Landständen und an dem Geheimrat vorbei regieren konnte – und dies nicht, wie im Film, weil sie ihm kein Ballett oder keine Oper bewilligen wollten, sondern weil sie es verstanden, seine groß angelegten Finanzierungs- und Sanierungspläne immer wieder zu blockieren. In vielem waren die Landstände sehr an der Verteidigung eigener Interessen interessiert, konservativ und rückständig. Sie wehrten sich gegen steuerliche Änderungen, vor allem wenn sie zur Kasse gebeten wurden. Durch die Ausklammerung der religiösen Spannungen unter Christen reduziert Harlans *Jud Süß* die Geschichte von Jud Süß Oppenheimer auf einen Kampf zwischen Juden und Christen, Juden und Deutschen.

Während seines Prozesses wurde Süß Oppenheimer alles Mögliche vorgeworfen, einschließlich Hochverrat und Majestätsbeleidigung, von dem so gut wie nichts stimmte. Nach der Verurteilung und Exekution von Oppenheimer im Jahr 1738 kam es zu antisemitischen Flugschriften und Kupferstichen, die ihn mehr oder weniger als teuflischen Juden darstellten.[16] 1827 erschien Wilhelm Hauffs Novelle *Jud Süß*.[17] In einem Nachwort bezeichnet Hauff zwar die Bestrafung von Süß als „auffallend und unbegreiflich" und zitiert den angeblich oft wiederholten Spruch, dass Süß „nicht so wohl für seine eigenen schweren Verbrechen als für die Schandtaten und Pläne mächtiger Männer am Galgen sterben" musste. Insgesamt aber enthält die Novelle viele antisemitische Klischees. Mit der Zeit wurde die Geschichte von Jud Süß aber immer differenzierter dargestellt, vor allem in Lion Feuchtwangers Roman *Jud Süß* (1925) und in dem britischen Film *Jew Süss* (1934) von Lothar Mendes, dem Feuchtwangers Roman als Vorlage diente.[18] Auch Historiker wie Selma Stern, deren Süß-Biografie 1929 erschien, warfen ein neues Licht auf Oppenheimers Leben und seine Zeit.[19] Süß erschien nicht mehr als böser Täter, sondern als eine komplexe Figur, die selbst in manchem Opfer und Sündenbock war. Harlans *Jud Süß* katapultierte die Rezeptionsgeschichte von Jud Süß in die antisemitische Steinzeit zurück.

Im Januar 1940 schrieb Harlan, sein Film würde sich „an keine der vorhandenen Schriften besonders anlehnen, sondern in der Hauptsache historische Quellen benutzen".[20] Die Akten zum Jud-Süß-Prozess wurden erst 1919 öffentlich zugänglich.[21] Wenn Harlan oder die anderen am Drehbuch Beteiligten sich wirklich mit den Akten auseinandergesetzt hätten,[22] dann wäre ihnen klar geworden, dass Süß Oppenheimer ein Justizopfer war. Weil es keine Beweise für die Anschuldigungen gab, wurde ein Urteil ohne Begründung gefällt, denn verurteilt sollte Süß werden, mit Beweisen oder ohne sie. Er wurde mit Folter bedroht, bekam keinen ordentlichen Verteidiger, und Zeugen wurden unter Druck gesetzt. Sein Sexualleben, das kaum anders war als das vieler seiner adligen Zeitgenossen, war auch Thema des Prozesses. Keineswegs aber wurde Süß wie in Harlans *Jud Süß* wegen Sex mit einer Christin verurteilt. Weder sexuelle Übergriffe noch Unzucht konnten ihm nachgewiesen werden. Nach eigenem Bekunden wollte Harlan historische Quellen benutzen, aber ohne „trockene Historie zu dozieren", denn der eigentliche Sinn des Filmes wäre es, „das verderbliche Wirken des Judentums im deutschen Raume aufzuzeigen".[23] Gerade weil Harlan dieses angeblich „verderbliche" Wirken „aufzeigen" wollte, hatte er sich für die historischen Quellen, Feuchtwangers *Jud Süß* oder neuere Sekundärliteratur letztendlich nicht interessiert. Im Grunde basierte seine Version der Jud-Süß-Geschichte auf den antijüdischen Vorurteilen und Phantasien, die schon lange um Oppenheimer kreisten.

## Entstehung

Wie kam es zu diesem Film?[24] Vor allem – wie wirkte er? Der Anstoß kam zweifelsohne von Reichspropagandaminister Joseph Goebbels. Am 9. und 10. November 1938 zerstörten die Nationalsozialisten in ganz Deutschland und Österreich Synagogen, jüdische Betstuben, Wohnungen und Geschäfte. Mehr als 400 Juden wurden ermordet und etwa 30.000 in Konzentrationslagern eingesperrt, wo weitere Hunderte ums Leben kamen. Es besteht wenig Zweifel, dass Goebbels die treibende Kraft hinter dem Pogrom war.[25] Gleich danach führte er einschneidende antijüdische Maßnahmen im Kulturleben ein: Zum Beispiel wurde allen Theaterleitern und Filmtheatern untersagt, „jüdischen Personen den Besuch ihrer Unternehmen zu gestatten".[26] Antijüdische Propaganda wurde verstärkt. Am 18. November 1938 schrieb Goebbels in sein Tagebuch, er „lasse nun für Presse, Rundfunk und Versammlung einen großen antisemitischen Feldzug vorbereiten".[27] Um mit Hilfe des Kinoprogramms die Pogromnacht zu rechtfertigen und die Deutschen auf die weitere Radikalisierung der nationalsozialistischen Judenpolitik vorzubereiten, mussten die Nazis auf einen schwedischen Streifen zurückgreifen – *Pettersson & Bendel* (1933) von Per-Axel Branner. Dieser antisemitische Film war schon 1935 in Deutschland gelaufen. Als er damals in Berlin am Kurfürstendamm gezeigt wurde, kam es zu antijüdischen Krawallen. Ab Dezember 1938 lief eine soeben auf Deutsch synchronisierte Fassung von *Pettersson & Bendel* wieder auf dem Kurfürstendamm.[28] Es wurde zwar nach der Pogromnacht auch ein deutscher „Dokumentarfilm" *Juden ohne Maske* schnell zusammengezimmert, um den angeblich verderblichen Einfluss der Juden auf die deutsche Kultur zu demonstrieren. Dieser Kurzfilm wurde vor allem bei den sogenannten „Versammlungswellen" eingesetzt, um die nationalsozialistischen Ortsgruppen in die erwünschte antisemitische Stimmung zu versetzen. Aber es wurde jetzt vor allem für Goebbels deutlich, dass es an einem „richtungsweisenden" deutschen antisemitischen Film fehlte.[29] Das sollte sich nun ändern.

Im Herbst 1938 wurden alle deutschen Filmgesellschaften vom Propagandaministerium damit beauftragt, je einen antisemitischen Film herauszubringen.[30] Bei der Filmgesellschaft Terra entschied man sich für eine Bearbeitung der Jud-Süß-Thematik. Wer zuerst auf diese Idee kam, ist unklar. Wahrscheinlich war es der drittklassige Schriftsteller Ludwig Metzger. Damals arbeitete Metzger bei der Terra: Zusammen mit dem heute ebenfalls vergessenen Autor Berthold Ebbecke schrieb er die Drehbücher zu den Filmen *Geheimzeichen L-B-17* (1938) und *Zentrale Rio* (1939). Metzger hatte schon 1921 ein *Jud-Süß*-Exposé geschrieben. Jetzt witterte er seine große Chance. Nachdem Terra-Chefdramaturg Alf Teichs eher lauwarm auf Metzgers *Jud-Süß*-Vorschlag reagiert hatte, eilte dieser damit ins Propagandaministerium. Hier wurde der Vorschlag laut Ebbecke „begeistert aufgenommen". Er habe „wie eine Bombe eingeschlagen".[31] Das Propagandaministerium war aber von Metzgers Drehbuch weniger begeistert und beauftragte den gut etablierten Nazischriftsteller Eberhard Wolfgang Möller mit einer Neubearbeitung. Dass die Wahl auf Möller fiel, war aus ideologischer Sicht nicht überraschend. Möller hatte Lobeshymnen auf Hitler geschrieben und 1934 auch das erfolgreiche antisemitische Drama *Rothschild siegt bei Waterloo*. Von Drehbüchern und Film allerdings hatte er wenig Ahnung. Metzger befand, Möller schreibe „geradezu unmögliche Dialoge".[32] Die Regie übernahm zunächst Peter Paul Brauer, der im Februar 1939 als Produktionschef zu Terra gestoßen war. Nach dem Krieg behauptete Brauer, er habe die Regie absichtlich übernommen, um das Projekt zu torpedieren. Er, Alf Teichs (der mit einer „Nichtarierin" lebte) und Mitdramaturg Wolf von Gordon hätten beschlossen, „den Film mit unzulänglichen Mitteln vorwärts zu treiben, um ihn dann bei gegebener Gelegenheit sterben zu lassen".[33] Zu diesen Mitteln gehörten die Probeaufnahmen: Teichs, so Gordon, hätte Rudolf Fernau und Ferdinand Marian geraten – beide kamen damals für die Hauptrolle in Betracht – möglichst schlecht zu spielen.[34] Als Marian dann 100.000 Mark in Schweizer Franken für die Übernahme der Rolle verlangte, schrieb Brauer an das Propagandaministerium und erklärte das Projekt wegen der vom Ministerium verhängten Gagenbeschränkungen für undurchführbar.[35]

Wenn man den Nachkriegszeugnissen von Brauer, Teichs und Gordon Glauben schenkt, wollten sie den Film auf jeden Fall verhindern. Ob das wirklich stimmt, ist anhand der dürftigen Aktenlage nicht zu klären. Sicher ist, dass Goebbels 1939 intervenierte, um das Projekt voranzubringen. Grund war der deutsche Überfall auf Polen. Sofort wurden antisemitische Maßnahmen gegen die etwa 3 Millionen Juden im besetzten Polen eingeführt. Um diese Maßnahmen zu unterstützen, kam Goebbels zuerst auf die Idee, einen „Ghettofilm" drehen zu lassen. Am 5. Oktober – die letzten polnischen Truppen kapitulierten am 6. Oktober – sprach Goebbels mit Fritz Hippler, SS-Hauptsturmführer und Leiter der Filmabteilung im Propagandaministerium, über den geplanten Film; dieser müsse „die schneidendste antisemitische Propaganda werden, die man sich denken kann".[36] Am 7. Oktober brachte Goebbels seinen Hass auf die Juden besonders deutlich zum

Ausdruck: „Diese Juden sind gar keine Menschen mehr“, notierte er im Tagebuch, sondern „mit einem kalten Intellekt ausgestattete Raubtiere, die man unschädlich machen muß“.[37] Als Hippler Mitte Oktober 1939 mit Aufnahmen für den Ghettofilm aus Polen zurückkehrte, die auch jüdische Schächtungen zeigten, reagierte Goebbels deutlich: „dieses Judentum muß vernichtet werden“.[38] Aus diesen und anderen Aufnahmen stellte Hippler den antisemitischen Kompilationsfilm *Der ewige Jude* her, der allerdings erst ein Jahr später am 28. November 1940 in die Kinos kam. Es steht fest: Goebbels dachte im Herbst 1939 an die Lösung des „Judenproblems“ – und an Filme, die diesen Prozess begleiten würden. In diesem Kontext erinnerte er sich wieder an das *Jud-Süß*-Projekt und trieb es entscheidend voran.[39]

## Goebbels und Harlan

Dass Goebbels wieder Interesse an der Jud-Süß-Thematik zeigte, hatte auch damit zu tun, dass die 1938 in Auftrag gegebenen antisemitischen Spielfilme *Robert und Bertram* (Uraufführung 7. Juli 1939) und *Leinen aus Irland* (UA 16. Oktober 1939) aus propagandistischer Sicht misslungen waren. Frustriert über die Verzögerung bei dem *Jud-Süß*-Film, ließ Goebbels im November 1939 Brauer als Regisseur durch Veit Harlan ersetzen. Harlan, der zuerst als Schauspieler seinen Weg gemacht hatte, war erst 1935 ins Regiefach gewechselt, wo er 1937 mit dem Film *Der Herrscher* einen großen Erfolg landete. Die Hauptfigur, Industriemagnat Matthias Clausen, glich in wesentlichen Zügen Hitler. Goebbels fand den Film „modern und nationalsozialistisch“.[40] Er war begeistert. Hitler ebenfalls: Laut Goebbels war „der Führer [...] davon ganz ergriffen“.[41] Auch Harlans Film *Jugend* (1938) fand Gefallen beim Propagandaminister: „Alle sind auf das Tiefste erschüttert.

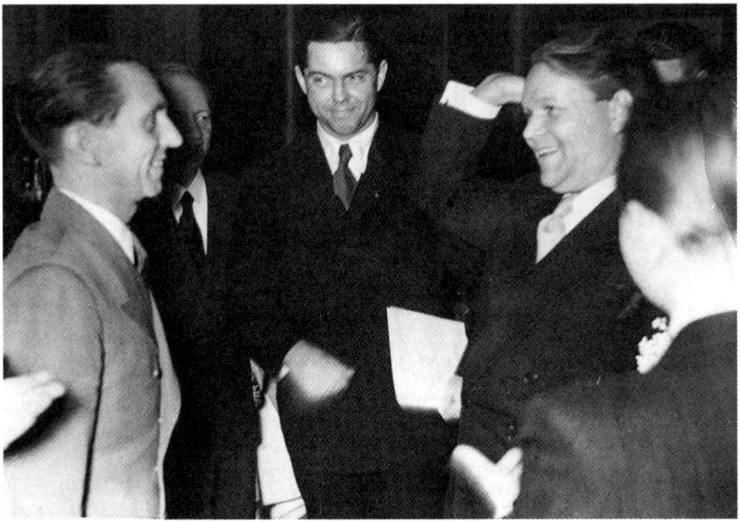

Propagandaminister Joseph Goebbels (l.) gratuliert Regisseur Veit Harlan (r.) nach der Uraufführung des Films *Der große König* am 4. März 1942; im Hintergrund links Hauptdarsteller Otto Gebühr, in der Mitte der Leiter der Abteilung Film im Propagandaministerium Fritz Hippler

Die Tragik ist ergreifend und rührend."[42] Dass jetzt Goebbels auf Harlan kam, war also naheliegend.

Harlan zufolge gab es allerdings einen anderen Grund, warum ihm Goebbels das Projekt zuschob: Er hasste ihn. Woher kam dieser Hass? 1936 wurde Goebbels – seit 1931 verheiratet – der schönen tschechischen Schauspielerin Lída Baarová vorgestellt. Sie verliebten sich ineinander. Weil Baarová mit Harlans damaliger Frau, der Schauspielerin Hilde Körber, eng befreundet war, trafen sich Goebbels und Baarová oft heimlich in Harlans Haus. Harlans Sohn Thomas, zu der Zeit 7 oder 8 Jahre alt, erinnerte sich später an die Besuche. Goebbels bat ihn manchmal, ans Fenster zu gehen und nachzuschauen, „ob die

Gestapo immer noch da ist mit dem schwarzen Auto".[43] Wegen seiner Beziehung zu Baarová stand Goebbels unter Beobachtung – von Himmler, vielleicht im Auftrag von Magda Goebbels. Gleichzeitig ließ Hilde Körber auch Harlan durch Privatdetektive beobachten, weil sie ahnte, dass er eine Affäre mit der schwedischen Schauspielerin Kristina Söderbaum angefangen hatte.[44] Als Goebbels von Harlans Affäre mit Söderbaum hörte, wollte er sie nach Schweden zurückschicken. Körber und Baarová haben ihm das ausgeredet.[45] Dann wollte Goebbels von Harlan, dass er als Grund für seine Scheidung von Körber nicht Söderbaum, sondern Baarová angibt. Als nächster Schritt, so der Plan von Goebbels, sollte Harlan mit Baarová eine Scheinehe eingehen, um den Verdacht von Goebbels und Baarová abzuwenden. Das hätte auch den Vorteil gehabt, dass Baarová deutsche Staatsbürgerin hätte werden können, und „so dem Zugriff Himmlers entrissen" wäre, wie Harlan es formulierte.[46] Harlan lehnte diesen Plan entschieden ab. Er wollte Söderbaum heiraten, nicht Baarová.

Wie die Historikerin Ingrid Buchloh schreibt, hatte die Baarová-Affäre für „alle mittelbar oder unmittelbar Beteiligten negative Folgen".[47] Goebbels fiel bei Hitler in Ungnade. Es war bekannt, dass der nationalsozialistische Mustervater öfter Ehebruch beging (wie übrigens Magda auch). Seine Beziehung zu Baarová war aber für Hitler nicht akzeptabel. Als die Baarová-Affäre im August 1938 einen Krisenhöhepunkt erreichte, waren die deutschen Beziehungen zur Tschechoslowakei äußerst gespannt: Dass Goebbels sich gerade jetzt zugunsten einer Tschechin scheiden lassen und sogar ihretwegen seine Stelle als Propagandaminister aufgeben wollte, war mehr als eine Peinlichkeit. Hitler insistierte, dass Goebbels stattdessen Baarová aufgibt: „Wer Geschichte schreibt, hat kein Recht auf Privatleben!"[48] Baarová, der ein striktes Auftrittsverbot auferlegt wurde, kehrte nach Prag zurück. Weil sie als Vermittlerin die Beziehung von Goebbels und Baarová unter-

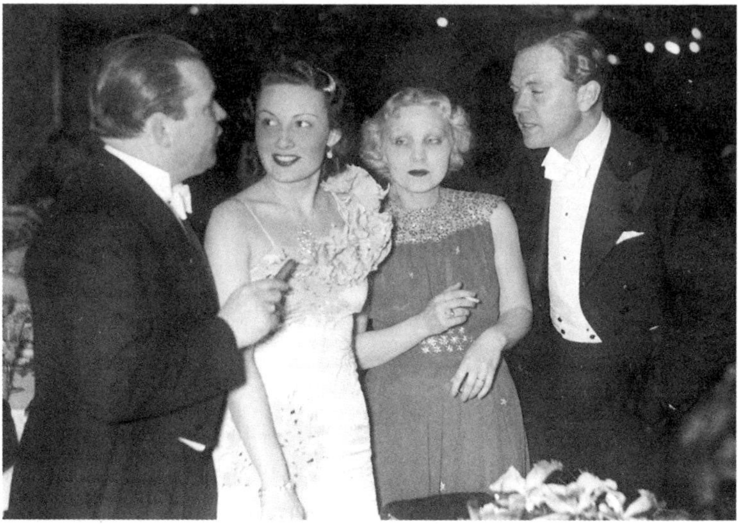

Veit Harlan, Lída Baarová, Hilde Körber und Gustav Fröhlich, zu dieser Zeit mit Baarová liiert (von links), beim Presseball, Februar 1937

stützt hatte, wurde Hilde Körber gesellschaftlich geächtet. Im März 1939 schrieb sie einen verzweifelten Brief an Hitler: „Was habe ich getan, mein Führer, dass Sie mich ausschließen aus jeder Gemeinschaft der Künstler?"[49] Für Körber und Harlan bedeutete die Baarová-Affäre die Einmischung Goebbels in ihre Privatsphäre – bis in die notarielle und gesetzliche Regelung ihrer Scheidung hinein. Harlan war davon überzeugt, er habe mit seiner Weigerung, Baarová zu heiraten, den ewigen Hass des Propagandaministers auf sich gezogen: In der Nacht, in der er den Heiratsvorschlag ablehnte, sei laut Harlan „ein eiserner Vorhang zwischen Goebbels und mir heruntergegangen".[50]

Wenn Goebbels Harlan mit *Jud Süß* beauftragte, weil er ihn hasste, dann wollte er sich rächen – vielleicht auch dafür, dass Harlan mit dem Film *Die Reise nach Tilsit* (1939) Eheprobleme behandelt hat, die für Eingeweihte an seine eigenen und wohl auch an die von Goebbels erinnerten. In dem Film verliebt sich der Mann einer deutschen Fischersfrau an der Kurischen Nehrung in eine schöne Polin. Bei einer Sondervorführung im Propagandaministerium erhob sich Magda Goebbels und stürzte tränenüberströmt aus dem Zimmer, weil sie sich an die Baarová-Affäre erinnert fühlte. Joseph Goebbels tobte.[51] In seinem Tagebuch beschwerte er sich über den Film: „Immer wieder dieselben schweren Eheprobleme, die einem allmählich auf die Nerven fallen."[52]

Mit dem Auftrag, *Jud Süß* zu drehen, nahm Goebbels Harlan wieder in die nationalsozialistische Pflicht – der Künstler war dazu da, dem Staat zu dienen. Als Harlan den Auftrag zuerst ablehnte, tat er das „einzig und allein deshalb, weil mein guter internationaler Filmname durch die Arbeit an so einem Film schwer gefährdet war". Also war „Egoismus der klar ersichtliche Grund", wie er 1950 in einem Brief an Leopold Gutterer, den ehemaligen Staatssekretär im Propagandaministerium schrieb.[53] Folgt man Harlan hier, dann wollte Goebbels seinen internationalen Ruf ruinieren. Goebbels wusste auch, dass Harlan in erster Ehe mit einer Jüdin (Dora Gerson) verheiratet gewesen war und dass er jüdische Freunde hatte: Ihm *Jud Süß* aufzudrücken, würde ihn zwingen, eine klare antisemitische Position zu beziehen. Harlan spürte den Hass des Propagandaministers vor allem in seiner Reaktion auf Harlans Versuch, den Auftrag loszuwerden. Harlan behauptete später immer wieder, er habe sich kriegsfreiwillig gemeldet. Goebbels habe das als „Desertion an die Front" interpretiert und gedroht: „Herr Harlan, ich kann Sie zerquetschen wie eine Wanze an der Wand."[54] *Jud Süß* zu drehen war demnach kein Auftrag, den man annehmen oder nicht annehmen konnte, sondern ein Befehl. In einem Brief an den Mediziner Arthur Jores aus dem Jahre 1950 schrieb Harlan: „Man weiß ja heute wieviel Menschen Goebbels an der Wand zerquetscht hat und zwar aus viel geringeren Gründen als denen einer offenen Verweigerung eines kriegsdienstlichen Befehls, auf die offiziell die Todesstrafe stand."[55]

Harlan sah sich als Befehlsempfänger und stilisierte sich damit zum Opfer von Goebbels. Dabei war es höchst unwahrscheinlich, dass Goebbels Harlan wegen einer konsequenten Ablehnung hätte umbringen lassen – und dieser hätte „nein" sagen können, ohne sich an die Front zu melden. Gefragt während des Harlan-Prozesses, ob Harlan im Falle einer Ablehnung an Leib und Leben bedroht gewesen wäre, antwortete der ehemalige Produktionschef von Terra, Alfred Greven: „Ach Jott – er hätte eben mit der Elektrischen fahren müssen."[56] Harlan hätte also höchstens wirtschaftliche Risiken auf sich nehmen müssen.[57] Indem er die Nachkriegswelt glauben machen wollte, er hätte unter einem unausweichlichen Zwang gestanden, lenkte Harlan von der Frage ab, ob er den Auftrag nicht nur ungern angenommen hätte: schließlich bedeutete der Staatsauftrag die Chance, sich als ein führender Künstler des „Dritten Reiches" zu profilieren, und Harlan war ehrgeizig. Sicherlich hatte Harlan jüdische Freunde. Aber er hatte auch antisemitische Äußerungen von sich gegeben, wie zum Beispiel in einem umstrittenen Interview im *Völkischen Beobachter* aus dem Jahr 1933 (siehe nächstes Kapitel).[58] 1935 spielte er in einem Film mit, der den Einfluss jüdischer Filmproduzenten kritisch darstellte (*Nur nicht weich werden, Susanne!*). In dem schon zitierten Brief an Gutterer schrieb Harlan, dass er bei seiner ursprünglichen Ablehnung des Auftrags „gar nicht auf den Gedanken kam", dass er mit dem Film den Juden hätte schaden können – die mögliche Auswirkung des Filmes auf das Schicksal der Juden war also nicht seine Sorge. Und in einem Brief an Fritz Hippler behauptete Harlan, es sei das Wesen eines Kriegsfilmes, entweder „gegen Juden oder Engländer oder Amerikaner oder Kapitalisten oder Kommunisten oder

Christen" zu hetzen.[59] Harlans Beziehung zum Antisemitismus war kompliziert, zumindest ambivalent. Und das sollte sich auch bei der Herstellung von *Jud Süß* zeigen, vor allem beim Drehbuch.

## Harlans Überarbeitung

Nachdem Harlan den Auftrag – oder den „Befehl" – entgegengenommen hatte, überarbeitete er das Drehbuch von Metzger und Möller, das er als „stürmerhaft" beschrieb.[60] Goebbels fand die Überarbeitung „großartig".[61] Harlan behauptete nach dem Krieg immer wieder, er hätte versucht, an wesentlichen Stellen den penetranten Antisemitismus der Drehbuchvorlage abzumildern, indem er zum Beispiel üble Bettszenen und antisemitische Szenenüberschriften entfernt hätte.[62] Das lässt sich durch einen Vergleich der zwei noch existierenden Drehbücher bestätigen, die sich im Archiv der Deutschen Kinemathek in Berlin befinden: Beim ersten handelt es sich um die letzte Fassung des Metzger-Möller-Drehbuches und beim zweiten um eine überarbeitete Fassung von Harlan – wahrscheinlich die Version, die er Goebbels vorlegte.[63] In diesem überlieferten Harlan-Drehbuch fehlt etwa ein zutiefst antisemitischer Bänkelsang, der im Metzger-Möller-Drehbuch enthalten war. Auch die Verbindung in diesem Drehbuch zwischen dem Purimfest und jüdischen Rachegelüsten wird von Harlan geschwächt, wenn nicht entfernt. Allerdings enthält das Harlan-Drehbuch eine stark antisemitisch geprägte Szene, die in der Vorlage fehlt. Süß lässt die Hälfte einer Schmiede unter dem absurden Vorwand abreißen, das Haus stünde auf einer Straße, die er besitzt (in Wirklichkeit geht die Straße um das Haus herum). Als der Schmied Hans Bogner (Emil Hess) dagegen protestiert, beschwert sich Süß beim Herzog, der den Schmied hängen lässt.

Während seines Prozesses nach dieser Szene gefragt, gab Harlan unumwunden zu, sie hinzugedichtet zu haben.[64] Er gab ebenso zu, dass die „Handlung des Juden fraglos unsympathisch“ ist, verteidigte aber den Abriss als eine derjenigen „Gewaltmethoden, die Gerichtsvollzieher heute noch in ähnlicher Form gebrauchen“ – ein Schutzargument, das völlig übersieht, dass der Abriss ein absolutes und willkürliches Unrecht ist.[65] In der harlanschen Fassung wird auch die Folterung von Faber – dem Süß vorwirft, konspirativ gegen den Herzog vorzugehen – mit der Vergewaltigung von Dorothea durch Süß direkt verknüpft. Wenn Süß ein weißes Taschentuch durch das offene Fenster hängt, wird Faber gefoltert, zieht er das Tuch zurück, hört die Tortur auf. Nur indem sie sich Süß sexuell hingibt, kann Dorothea verhindern, dass ihr Ehemann weiter gequält wird. Laut Harlan war dieses an Puccinis *Tosca* erinnernde Motiv eine Idee von Goebbels. Bei der Bearbeitung der Drehbuchvorlage aber hatte Harlan noch freie Hand: In seinem Tagebuch notierte Goebbels unter dem 5. Dezember 1939, dass Harlan „eine Menge neuer Ideen“ für das Drehbuch hätte.[66] Auch wenn man von dem eingeführten Taschentuchmotiv absieht, verlängerte Harlan die Vergewaltigungsszene um einiges. Er baute zudem die Rolle von Süß’ Faktotum Levy aus. Während im metzger-möllerschen Drehbuch Süß Oppenheimer als „Süß“ bezeichnet wird, heißt er bei Harlan nur noch „der Jude“. Er wird zum Typus stilisiert.

Die meisten Änderungen gegenüber der Metzger-Möller-Vorlage, die Harlan durchgeführt hat, hatten mit einer Straffung und Verdichtung der Handlung zu tun. Sie waren also dramaturgischer Art. Sein neues Drehbuch aber wurde dann, so Harlan, im Laufe der Dreharbeit dauernd umgeschrieben – und zwar fünfmal, teilweise von Goebbels und seinen Mitarbeitern selbst.[67] Harlans Erklärung dafür war einfach: Goebbels war mit seiner Darstellung des Jüdischen nicht zufrieden und ließ daraufhin „sämtliche positive Szenen des Juden“

herausschneiden.[68] Dabei hatte sich doch Goebbels, wie wir gesehen haben, lobend über Harlans erste Drehbuchüberarbeitung geäußert: „Das wird der antisemitische Film werden."[69] Im April und dann wieder im August 1940 war er ebenso voll des Lobes für die Muster des Filmes.[70] Welche „positiven Szenen des Juden" Harlan meint, bleibt schleierhaft, denn in dem überlieferten Harlan-Drehbuch gibt es keine.[71]

Eine Ausnahme bildet vielleicht die Szene, wo sich Dorothea um eine Handverletzung kümmert, die Süß sich zugezogen hat: Die Möglichkeit einer Empathie zwischen den beiden wird angedeutet. In dem fertigen Film fehlt diese Szene tatsächlich. So ganz anders als das überlieferte Drehbuch ist der fertige Film insgesamt aber nicht, auch wenn Harlan später diesen Eindruck erwecken wollte. Harlan behauptete zum Beispiel, Goebbels hätte auf die Hereinnahme einer Proklamation am Ende des Filmes insistiert, in der Landschaftskonsulent Sturm die Ausweisung der Juden aus Württemberg ankündigt.[72] Diese Proklamation gibt es aber schon in der harlanschen Überarbeitung des Metzger-Möller-Drehbuches – sie ist nicht nachträglich eingefügt worden. Es kann natürlich sein, dass Harlan selber beim Filmen vom Drehbuch abwich und dass Goebbels diese Änderungen dann entfernen ließ.[73] Das könnte vor allem bei der Schlussszene der Fall gewesen sein. Harlan wollte eine Szene einfügen, wo Süß vor seiner Hinrichtung einen langen Fluch ausspricht, der so anfängt: „Ihr Wüteriche, Baalsdiener und Sodomsrichter! Verdorren sollen Eure Glieder wie die Weiden am wasserlosen Kidron."[74] Laut Harlan war Goebbels wütend. Er ließ den Fluch durch ein Winseln ersetzen: Süß bettelt um sein Leben. Allerdings lässt sich fragen, warum Harlan diesen Fluch hereinbringen wollte. Wäre dadurch der Schuldspruch und die Bestrafung von Süß moralisch infrage gestellt worden? Oder sollte der Fluch dazu dienen, das Dämonische und Rachsüchtige an

Süß klar herauszustellen – so dass seine Tötung um so gerechtfertigter erscheinen würde? Harlan beteuerte übrigens, dass die Schlussszene auf Anweisung von Goebbels nachsynchronisiert wurde.[75] Im fertigen Film ist eine Nachsynchronisation visuell nicht zu erkennen.

## Musik und Bildsprache

Wenn Harlan nach dem Krieg immer wieder die Verantwortung für den fertigen Film ablehnte, dann vor allem wegen der von Goebbels geforderten Schnitte, Textänderungen und der angeblich neu gedrehten Schlussszene. Wie dem auch sei, für das, was *nicht* von fremder Hand verändert worden ist, muss er geradestehen. Die teils schwulstige, teils sentimentale Filmmusik wurde von Wolfgang Zeller komponiert, aber sicherlich trägt Harlan eine gewisse Verantwortung für deren Anwendung. Gleich zu Anfang nimmt die musikalische Begleitung des Vorspannes die ganze Geschichte des Films vorweg: Fremdländisch klingender Gesang übertönt zuerst eine heroisch anmutende Orchestermusik, harmonisiert sogar mit dieser, wird aber allmählich von dieser überlagert und „überwunden". Nach dem Vorspann übrigens verkündet ein Text, dass die im Film geschilderten Ereignisse auf geschichtlichen Tatsachen beruhen – eine übliche Floskel bei vielen Historienfilmen, die die Glaubwürdigkeit des zu Zeigenden erhöhen sollte. In diesem Fall aber wirkt dieser Glaubwürdigkeitsstempel besonders infam, weil *Jud Süß* nicht nur keine geschichtliche Wahrheit erzählt, sondern daneben den antisemitischen Mythos bedient, dass die Juden immer auf die Zerstörung der Christen hingewirkt hätten. An einer Stelle wird das besonders deutlich, wenn Levy sagt: „Der Herr erhebe sein Antlitz, dass sie sollen umkommen durch Feuer und Schwert."[76]

Vor allem trägt Harlan Verantwortung für den Handlungsablauf als Ganzes, das Drehbuch als Ganzes und die Mise en Scène. Gerade bei der Bildsequenz und beim Bildaufbau spürt man, wie Harlan gekonnt Techniken anwendet, um die antisemitische Botschaft zu untermauern. Ein paar Beispiele dürften das verdeutlichen. Gleich nach der vom Volk begeistert gefeierten Amtseinführung des Herzogs wechselt die Szene in das Wohnhaus von Sturm und seiner Tochter Dorothea: Ihr Verlobter Faber begleitet Dorothea am Cembalo, während sie das spätmittelalterliche Liebeslied „All mein Gedanken" zum Besten gibt. Ein neuer Szenenwechsel zeigt uns wieder den Herzog und die Herzogin, wie sie auf die Begeisterungsstürme reagieren. Es sind Bilder der Zusammengehörigkeit: Der Herzog vereint mit den Landständen, mit der Herzogin und mit seinem Volk, Dorothea mit Faber und ihrem Vater, die auch den neuen Herzog feiern. Aristokratie, Volk und Bürgertum erscheinen wie eine große Familie, ein Eindruck, der durch des Herzogs Worte: „Mein Volk! Mein Land!" bestätigt wird.[77] Am Ende der Amtseinführung zeigt die Kamera das Wappen von Württemberg: Das Bild blendet dann in eine Nahaufnahme des Ladenschildes von Süß im Frankfurter Ghetto über. Die hebräische Schrift („Münzen und Juwelen") ist für die meisten Zuschauer buchstäblich nicht lesbar. Jetzt beherrscht das Fremdartige das Bild, was durch den Musikwechsel betont wird: Das Unheimliche ersetzt das Heroisch-Patriotische. Gleich darauf sieht man des Herzogs Hofmeister Remchingen, wie er sich gerade etwas befremdet anschickt, bei Süß zu läuten. Levy macht die Tür auf und betrachtet Remchingen mit kaum verhohlener Verwunderung und Skepsis (obwohl Remchingen sich angekündigt hatte). Hier begegnen sich, so die Bildsprache, zwei Welten, die eindeutig *nicht* zusammengehören, ein Zusammenkommen, das zu der Zerstörung der Harmonie zwischen Herzog und Herzogin, Landständen und Volk führen wird, wie auch zum Tod Dorotheas.

Das Bedrohliche an diesem Zusammenkommen wird dadurch unterstrichen, dass genau in dem Augenblick, als Remchingen läutet, ein kleinwüchsiger Jude vorbeikommt, der Remchingen belustigt und wie geistig gestört anschaut. Für die Nationalsozialisten waren die Juden rassisch minderwertig, und trotzdem stellten sie in ihrer Phantasie eine Gefahr dar. Indem sich der kleingeratene Jude über Remchingen mokiert, wird diese Spannung veranschaulicht.

Überblendungen sind bei Harlan eine beliebte Technik. Als Süß den Herzog zum ersten Mal trifft, wirft er eine Handvoll Münzen auf den Tisch, damit sich der Herzog sein so ersehntes Ballett leisten kann. Das Bild der fallenden Münzen blendet über in eine Szene, die sich drehende, tanzende Frauen zeigt. In der Bildmitte sieht man eine Frau, die sich allmählich von den anderen absondert und dem Herzog ein Kusshändchen zuwirft – wenig später liegt sie in seinen Armen. Damit wird der Zweck des Balletts deutlich. Der Beamte Fiebelkorn (Walter Werner) will nicht, dass er und seine Tochter Minna (Anny Seitz) einer Forderung des Herzogs nachkommen, im herzoglichen Palast zu erscheinen. Seine Befürchtung bestätigt sich: Beim Maskentanz holt sich der Herzog gerade Minna heraus und belästigt sie. Die Überblendung, wo aus Münzen vom Herzog beäugte Tänzerinnen werden, deutet auf die Verbindung zwischen Geld und sexueller Macht, Ausnutzung und Sittenverfall hin – und zwischen Judentum und Degeneration, eine zentrale Idee der nationalsozialistischen Rassentheorie. Es stimmt zwar, dass der Herzog der Lüstling ist, aber Süß führt ihm die Frauen zu. Fiebelkorn bringt es auf den Punkt: „Der Jude arrangiert wieder mal'n Fleischmarkt, diesmal im Schloss, und unsere Töchter sind gut genug, die Ware dafür abzugeben."[78] Dass Süß ebenfalls bei sexuellen Gelüsten keine Hemmungen kennt, wird klar, wenn er sich an Dorothea bei dem Maskenball heranmacht – obwohl er ihr deutlich zuwider ist.

Ein letztes gutes Beispiel der antisemitischen Bildsprache befindet sich in der Szene, wo sich die Landstände beim Herzog über den verheerenden Einfluss von Süß beschweren und Röder (Albert Florath) vom Herzog verlangt, er solle Süß, der „sein säuisches Wesen an unseren Frauen und Töchtern" treibt, „das Handwerk [...] legen".[79] Um den Herzog von dem vermeintlich schlimmen Wirken der Juden zu überzeugen, bringt Sturm antisemitische Zitate aus den Werken Luthers. Während dies geschieht, lauern Süß und Levy hinter einem Guckloch in der Wand. Dieses Guckloch, vom Inneren des Zimmers betrachtet, hat die Form einer Fratze, die stark an die Fratzen an den Fassaden romanischer oder gotischer Kirchen erinnert. Monsterähnliche oder teuflische Fratzen an kirchlichen Außenwänden hatten die Funktion, das Böse fernzuhalten. Hier aber ist das Gesicht des Bösen an einer Innenwand und nach innen gerichtet. Die Symbolik ist klar: Der Teufel in Form des Juden haust in der herzoglichen Residenz. Dass Süß und Levy sozusagen eins mit der Fratze werden, um die Landstände zu belauern und zu belauschen, unterstreicht das. Es wird ebenso unterstrichen, wenn die Kamera ganz nah an die Fratze heranfährt – bei den Luther-Worten: „Darum wisse, du lieber Christ, dass du nebst dem Teufel keinen giftigeren Feind hast denn einen rechten Juden."[80] Harlan bringt katholische Symbolik und lutheranische Aussprüche zusammen und kombiniert sie mit nationalsozialistischen Vorstellungen von Rassereinheit und Rassenschande, um antisemitische Gefühle bei den Zuschauern anzusprechen oder erst zu erzeugen.

Am Ende entstand ein Film, für dessen antisemitischen Charakter alle am Drehbuch Beteiligten verantwortlich waren – und alle Schauspieler, auch wenn sie sich gesträubt haben (wie Ferdinand Marian, der Jud Süß spielte). Nach dem Krieg verstrickt sich Harlan in Widersprüche, wenn er auf der einen Seite den antisemitischen Charakter des fertigen Filmes zugibt, auf der anderen trotzdem argumentiert, der Film sei „kein Pogromfilm".[81] Das ist er aber. *Jud Süß* liefert einen angeblich historisch verbürgten Beweis für die Gefährlichkeit der Juden, vor allem, wenn es ihnen erlaubt ist, sich unter Christen und Deutschen frei zu bewegen. Indem Süß und Levy, gefolgt von allen Juden aus dem Ghetto, nach Stuttgart ziehen, bringen sie nur Unheil. Es stimmt, dass der Herzog im Film ein schwacher, libidinöser und machtgieriger Mensch ist, aber Süß manipuliert und betrügt ihn, stürzt ihn in Abhängigkeit, presst die Bevölkerung aus, übt eine Willkürherrschaft im Namen des Herzogs aus, unterstützt dessen sexuelle Ausschweifungen und versetzt Württemberg in einen Zustand des Bürgerkriegs – alles, damit seine „Stammesgenossen" von dem moralischen, wirtschaftlichen und politischen Zerfall profitieren können. Es mag ebenfalls sein, dass Harlan das „Stürmerhafte" an der Drehbuchvorlage zum Teil entfernt hat, aber sein Film wirkt manchmal wie eine inszenierte Bestätigung der antisemitischen Thesen von Hitler, wie sie in *Mein Kampf* Ausdruck gefunden haben. Hier beschreibt Hitler, wie „der Jude" angeblich die Nichtjuden ausbeutet: „Mit widerlicher Schmeichelei macht er sich an die Regierungen heran, lässt sein Geld arbeiten und sichert sich immer wieder den Freibrief auf solche Art zu neuer Ausplünderung seiner Opfer."[82] Ferner behauptet Hitler, dass die Juden nach der Weltherrschaft gieren und sich deswegen bemühen, sich in Besitz der staatsbürgerlichen Rechte zu setzen: „Dies ist der Grund der Emanzipation aus dem Ghetto."[83] Das könnte als Kurzbeschreibung von *Jud Süß* dienen. Auch Hitlers Wahnvorstellung von dem „schwarzhaarigen Judenjungen", der „stundenlang [...] auf das ahnungslose Mädchen" lauert, „satanische Freude in seinem Gesicht", damit er sie „mit seinem Blute" schänden könne, findet eine Entsprechung in dem Film, wenn Süß Dorothea nachstellt und sie schließlich vergewaltigt.[84]

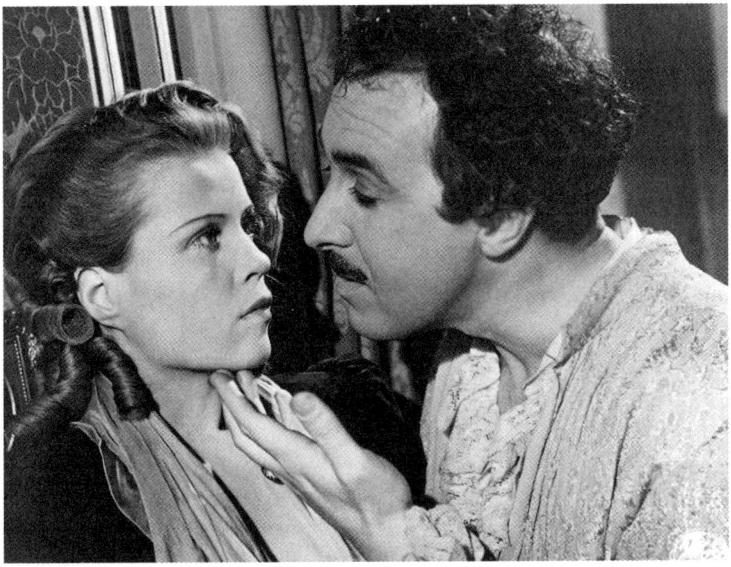

Jud Süß bedrängt Dorothea Sturm; Szene aus *Jud Süß* mit Ferdinand Marian und Kristina Söderbaum

Hitler hatte übrigens für den deutschen Hofadel nichts als Verachtung übrig: „Den deutschen Fürsten war es zu danken, daß die deutsche Nation sich von der jüdischen Gefahr nicht endgültig zu lösen vermochte."[85] Er setzte auf das Bürgertum, was ja am Ende von *Jud Süß* über den morschen Adelsstand triumphiert. *Jud Süß* lässt sich auch klar in Bezug zu der nationalsozialistischen Rassenpolitik setzen. Am Ende des Filmes wird Süß gehängt, weil er „mit einer Christin sich fleischlich vermenget" hatte – obwohl in Wirklichkeit bei der Urteilsverkündung 1738 auf eine Benennung der Straftaten verzichtet wurde.[86] Man fühlt sich hier erinnert (und das war sicherlich beabsichtigt) an die Nürnberger Rassengesetze von 1935, die sexuelle Beziehungen zwischen Juden und nicht jüdischen Deutschen verboten, um die „Reinhaltung des deutschen Blutes“ zu sichern. Die Geschichte wird zum Spiegelbild der Gegenwart. Das gilt auch für die Behandlung des Vertreibungsthemas im Film. Unter dem Druck der nationalsozialistischen Verfolgungsmaßnahmen verließen in den Vorkriegsjahren etwa 250.000 Juden das Gebiet des Deutschen Reiches. Gleich nach Kriegsbeginn fingen die Nazis an, Juden in Richtung Generalgouvernement (Polen) zu deportieren, um dort ein „Judenreservat“ (Nisko-Plan) zu schaffen. Die Dreharbeiten für *Jud Süß* fanden in der ersten Jahreshälfte von 1940 statt – zu einer Zeit, als die ersten Ghettoisierungen durch die Nazis forciert wurden. Dass am Ende des Filmes die Juden aus dem historischen Württemberg verbannt werden, reflektiert und rechtfertigt die Vertreibung der Juden in der Gegenwart. Am fatalsten wirkt die Tatsache, dass es gerade *osteuropäische* Juden sind, die Harlan in den Ghetto- und Synagogenszenen zeigt und teilweise übertreibt bis zur Karikatur. Außer dem mondänen Süß erinnern die jüdischen Nebenfiguren eher an Schtetl-Juden (vor allem Levy) als an deutsche Juden. Ihre Kleidung, ihr Verhalten, ihre Sprache sowie ihre religiösen Bräuche, Riten und Gesänge werden als fremd dargestellt. *Jud Süß* war für die Nazis eine perfekte Propaganda, lieferte er doch den vermeintlichen Beweis dafür, dass die Juden von einer gefährlichen Andersartigkeit waren. Harlans Film endete mit einer Empfehlung: Juden sollen umgebracht oder in ihre Ghettos zurückgetrieben werden. Das war genau die Praxis, die die Nazis verfolgten, nicht zuletzt im Generalgouvernement.

## *Jud Süß* und die „Endlösung“

Harlan wusste Bescheid über die prekäre Situation der Juden im Generalgouvernement, weil er im Januar 1940 zusammen mit seinem

Regieassistenten Alfred Braun und Kameramann Conny Carstennsen dort hingefahren war, und zwar nach Lublin, wo er das Ghetto besuchte. Der Grund: Harlan wollte sich mit dem „jüdischen Ritus" befassen, weil schon nach dem ursprünglichen Drehbuch Synagogenszenen vorgesehen waren.[87] Diese Szenen waren auch im überlieferten harlanschen Drehbuch vorhanden. Dort steht in der Regieanweisung, dass die Juden sich in „fremden, orientalischen Rhythmen singend und tanzend" drehen, während ihre Gesänge eindeutig jiddisch gefärbt sind. Obwohl der Film im westlichen Deutschland in Frankfurt und Stuttgart spielt, wollte Harlan also ein ostjüdisches Purimfest verfilmen – ein Fest, das er als „Fest der Rache an den Gojims" interpretierte.[88] Im Harlan-Prozess bezeichnete Carstennsen die Zustände im Lubliner Ghetto als „furchtbar": „Die Häuser gingen tief in die Keller hinein. Es kamen nachts laufend Transports an, und die Juden wurden im Ghetto zusammengepfercht, die Leute sahen sehr verhungert aus."[89] Laut Harlan war das Ghetto „im allerärmsten Stile"[90] – darüber, dass die deutschen Besatzer dafür verantwortlich waren, sagt er nichts. Nach Lublin verfrachteten die Nazis auch Juden aus Mährisch-Ostrau und Wien, aber es waren vor allem die Ostjuden, die dort zu leiden hatten. Carstennsen plante, 120 Juden nach Berlin zu bringen, um die Aufnahmen zu machen. Nachdem dieser Plan am Ausbruch von Fleckfieber im Ghetto gescheitert war, musste umdisponiert werden.[91] Harlan fuhr im Februar 1940 nach Prag.

Dort wurden die Synagogen-Aufnahmen im Barrandov-Studio gedreht, wofür die Prager Alt-Synagoge nachgebildet worden war.[92] Im Verlauf des Harlan-Prozesses wurde deutlich, dass die in Prag verfilmten Riten die einer eher ostjüdischen Sekte (Chassidim-Sekte) waren. Und doch waren die Juden, die Harlan in Prag zur Verfügung gestellt wurden, hauptsächlich Prager oder ausgewanderte deutsche und österreichische Juden, darunter auch Kantoren. Wie sie dazu gekommen sind, die Synagogenszenen so zu spielen, wie sie dann im Film zu sehen sind, ist nie genau geklärt worden. Harlan behauptete, die Juden hätten von sich aus den Gottesdienst gestaltet: „In diesen rein jüdischen Dingen musste ich mich selbstverständlich auf die von jüdischer Seite gemachten Vorschläge verlassen."[93] Laut Carstennsen sind „die Juden in ihrer Kostümierung erschienen" und haben „vollkommen selbständig" gehandelt.[94] Produktionsleiter Otto Lehmann dagegen erinnerte sich an eine vorherige Regiesitzung und auch daran, dass sich Harlan zumindest über den geplanten Ablauf informiert hat.[95]

Es ist unwahrscheinlich, dass Westjuden auf die Idee gekommen wären, sich wie Ostjuden zu verkleiden und einen ostjüdischen Gottesdienst vorzuführen, wenn Harlan das nicht ausdrücklich gewollt hätte. Harlan hat nach dem Krieg immer wieder seine eigene Rolle bei der Prag-Reise heruntergespielt. Bedrich Dostal, der damals jüdische Pioniere in Prag betreute, erinnerte sich daran, wie ein Mann, der wahrscheinlich Harlan war, bei ihm im ockerfarbigen Kamelhaarmantel und mit Baskenmütze erschien, um jüdische Komparsen zu suchen. Dostal lehnte ab, berichtete aber weiter, dass es Harlan dann gelungen war, jüdische Emigranten aus Deutschland einzuspannen.[96] Harlan hat aber stets dementiert, Komparsen eigenhändig ausgesucht zu haben. Über die Hilfe, die von der SS oder der Zentralstelle für jüdische Auswanderung bei der Suche nach Komparsen in Lublin oder Prag geleistet wurde, hat er allerdings nur sehr verschwommen berichtet – im Gegensatz zu Lehmann, der ja die Zusammenarbeit koordinierte.[97] Wenn man Harlan folgt, waren am Ende die Juden schuld: Sie hatten sich selbst ausgesucht und selber den Gottesdienst inszeniert. Harlan hat meines Wissens nie darüber reflektiert, dass er, also der Regisseur Harlan, letztendlich für die möglichst verfremdende Darstellung der Juden verantwortlich war – zu einer Zeit, als Ju-

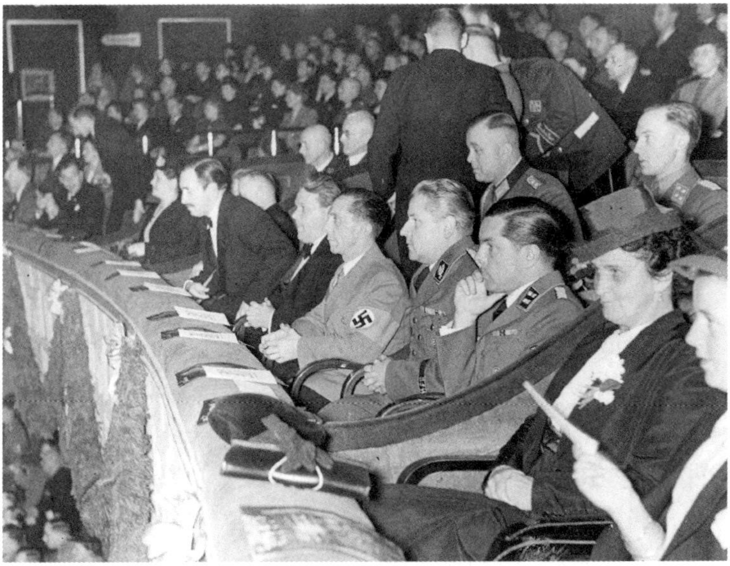

Blick auf die Ehrenloge bei der deutschen Uraufführung von *Jud Süß* am 24. September 1940 im Berliner UFA-Palast am Zoo: Ministerialrat Dr. Fritz Hippler, Staatssekretär im Propagandaministerium Leopold Gutterer, Reichsminister Joseph Goebbels, Regisseur Veit Harlan und Hauptdarsteller Ferdinand Marian (von rechts)

den schon den schlimmsten Zwangsmaßnahmen und Ghettoisierung ausgesetzt waren.

Etwa sechs Monate später, am 5. September 1940, wurde *Jud Süß* bei den Filmfestspielen in Venedig uraufgeführt. „Aufrichtige Bewunderung" erfüllte die Zuschauer, berichtete der *Film-Kurier*, „angesichts dieses Werkes, das an einem Ereignis, an Figuren der Geschichte das zerstörende und zersetzende Tun des Judentums zeigt".[98] Michelangelo Antonioni, der in den 1950er Jahren als Regisseur Berühmtheit erlangen sollte, war begeistert: „Wenn dies Propaganda ist, so begrüßen wir Propaganda. Dies ist ein überzeugender, prägnanter, außerordentlich wirkungsvoller Film."[99] Die öffentliche deutsche Premiere fand in Berlin am 24. September statt. Am selben Tag wurde *Jud Süß* auch in einer geschlossenen Vorstellung aufgeführt, an der „führende Männer des Staates, der Partei und der Wehrmacht" teilnahmen.[100] „Ein ganz großes Publikum mit fast dem gesamten Reichskabinett", notierte Goebbels in seinem Tagebuch: „Der Film hat einen stürmischen Erfolg. Man hört nur Worte der Begeisterung. Der Saal rast. So hatte ich es mir gewünscht."[101]

*Jud Süß* wurde mit dem höchsten Prädikat als „staatspolitisch und künstlerisch besonders wertvoll" ausgezeichnet.[102] Zwei Tage nach der deutschen Premiere berichtete Goebbels freudig, dass Hitler „sehr eingenommen vom Erfolg" war: „Alle loben den Film über den grünen Klee", schrieb Goebbels weiter, „was er auch verdient."[103] Auch Hitlers Stellvertreter Rudolf Heß war beeindruckt. Er schrieb Goebbels ein „Loblied" auf den Film.[104] Bis 7. Oktober 1940 hatten in Berlins UFA-Palast etwa 60.000 Zuschauer *Jud Süß* gesehen.[105] Danach wurde Harlans Film überall im Reich gezeigt, zog ein großes Publikum an und erwies sich als Kassenschlager – auch in der Provinz. Bis Mitte November 1940 hatten 75 Prozent aller Einwohner von St. Wendel (Saar), 66 Prozent aller Einwohner von Mährisch-Schönberg und 50 Prozent aller Einwohner in Schwetzingen eine Vorstellung besucht.[106] Aus Schweinfurt wurde berichtet, mit *Jud Süß* hätte der Luli-Palast „das größte Geschäft" seit 1911 gehabt.[107] Aus Leipzig und Dresden wurden in einzelnen Kinos Gesamtbesucherzahlen von über 100.000 gemeldet.[108] Am 27. November 1940 bekam im Königsberger „Kapitol" die 100.000. Besucherin ein Geschenk, und zwar „einen Marzipangruß mit dem Ufa-Zeichen, ein Dutzend Freikarten und einen Strauß herrlicher weißer Chrysanthemen". Sie war sichtlich hoch erfreut.[109]

Die Nazi-Propagandamaschine sorgte dafür, dass *Jud Süß* auch in den besetzten Gebieten und im befreundeten Ausland gezeigt wurde – zum Beispiel in der Slowakei, in Frankreich, Rumänien, Dänemark, Belgien und den Niederlanden. Überall war der Film ein Renner. Aus dem Generalgouvernement wurde Anfang Dezember berichtet, *Jud Süß* wäre mit „noch nie dagewesenem Erfolg" angelaufen: „Krakau, Warschau, Lublin, Radom melden Rekordkassen."[110] Im Vichy-Frankreich gab es einzelne Proteste. Die französische Widerstandsbewegung versuchte sogar, bei Sondervorführungen Bomben hochgehen zu lassen.[111] Doch auch hier war *Jud Süß* ein Publikumserfolg: So groß war das Interesse an dem Film in Marseille, dass er bald auch in Nizza, Toulon, Perpignan, Avignon und Vichy gezeigt wurde.[112] Im Mai 1941 lief *Jud Süß* in Paris an – zwei Monate später wurden mehrere Tausend Juden im Vélodrome d'Hiver festgehalten und dann deportiert. Als der Film in Budapest anlief, „stürmten die Menschen schon in den frühen Morgenstunden die Kassen" und standen Schlange, um eine Eintrittskarte zu bekommen. Laut der Nazi-Presse veröffentlichten Provinzblätter in Ungarn Leserzuschriften, in denen gefordert wurde, der Film solle bald auch an anderen Orten aufgeführt werden: „In Kaschau, in Raab wurden sogar Flugzettel mit dieser Forderung verbreitet".[113] Vor allem in Ungarn und in Rumänien konnte *Jud Süß* seinen Beitrag dazu leisten, den in diesen Ländern schon vorhandenen Antisemitismus weiter anzuheizen.

*Jud Süß* wurde also europaweit eingesetzt. Otto Froböse, ehemaliger Revisor der Terra-Verleihabteilung, schätzte die Anzahl von *Jud-Süß*-Kopien, die während des Krieges in den Kinos „ununterbrochen terminiert" waren, auf 450 – gut 200 Kopien mehr als bei anderen Erfolgsfilmen. „Die Kinos erzielten Rekordeinnahmen, die Verleihfirma auch", berichtet Froböse weiter. Die Summe der Einnahmen aus Eintrittsgeldern bezifferte Froböse auf 20 Millionen Mark, die Anzahl der Zuschauer, die den Film gesehen haben, auf 21 Millionen – eine Zahl aber, die sich nur auf ortsfeste Kinos in Deutschland, Österreich,

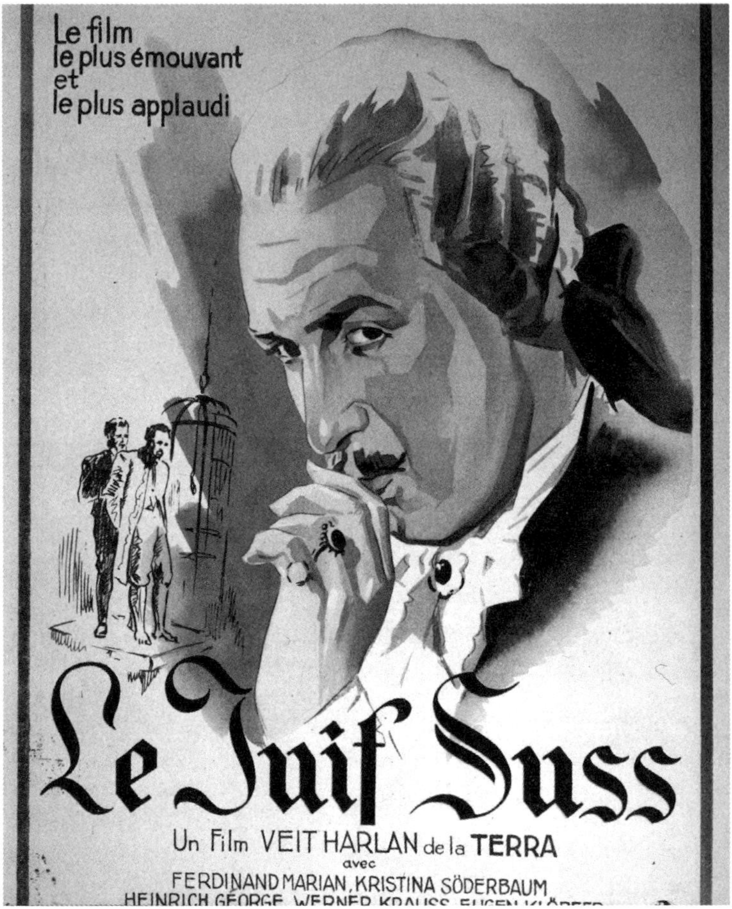

Filmplakat für die Vorführung von *Jud Süß* im besetzten Frankreich

Elsass-Lothringen und die westlichen Teile des besetzten Polens bezieht.[114] In der nationalsozialistischen Presse wurde berichtet, *Jud Süß* wäre der meistgesehene Film im Jahre 1940 – erstaunlich, wenn man bedenkt, dass der Film erst im September in die Kinos kam. 1941 haben immerhin etwa 6 Millionen Zuschauer *Jud Süß* gesehen.[115]

In ihrem Buch über Veit Harlan schreibt die Filmhistorikerin Ingrid Buchloh, es wäre bei Vorführungen von *Jud Süß* nur in vereinzelten Fällen zu Ausschreitungen gekommen.[116] Wichtig ist hier festzuhalten, dass die Anzahl der Ausschreitungen – was immer man unter Ausschreitungen versteht – kein ausreichender Gradmesser für die antisemitische Wirksamkeit des Filmes ist. Der Film hatte schon dadurch gewirkt, dass er bei den Zuschauern antisemitische Gefühle verstärkt oder ausgelöst hat. Ralph Giordano, Sohn einer jüdischen Klavierlehrerin, schaute sich im Herbst 1940 den Film mit seinem guten Freund Fiete an. Nach der Vorstellung sagte Fiete grüblerisch und gleich zweimal zu Giordano: „Irgend etwas muß doch dran sein." Giordano betont, Fiete sei kein Judenfeind gewesen – trotzdem blieb er von dem Film nicht unbeeindruckt. Giordano beschreibt eindringlich den lähmenden Effekt der Filmvorführung und fügt hinzu: „Die Luft war schwer, die mörderische Wirkung des Films überwältigend präsent. So präsent, daß ich glaubte, mich nicht erheben zu können, ohne erkannt zu werden."[117]

Andere Zuschauer waren noch anfälliger für die antisemitische Botschaft als Fiete. Der SS-Reichssicherheitsdienst berichtete im November 1940 von Protesten, als im Film gezeigt wurde, wie Juden aus dem Frankfurter Ghetto in Stuttgart einziehen. In Berlin reagierten Zuschauer auf den Film, indem sie die Ausweisung der Juden aus Deutschland verlangten.[118] Helene Rothenberg, Witwe eines 1936 verstorbenen jüdischen Bankiers, besuchte eine Vorführung von *Jud Süß* in einem Berliner Kino in Neukölln. Als der Film aus war, sagte eine Frau in der Nähe: „Diese verfluchten Juden, wenn ich bis jetzt etwas für sie übrig hatte, so hat jetzt dieser Film alles genommen. Diese Juden sind schuld an unserem Unglück. Dies verfluchte Judenpack müsste man aufhängen." Darauf erklärten noch weitere Zuschauer, die Juden müssten aufgehängt werden.[119] Harlans *Jud Süß* war durchaus geeignet, Verständnis für die antisemitische Emigrations-, Deportations- und Vernichtungspolitik der Nazis zu erwecken.[120] 1941, kurz bevor der „Judenstern" eingeführt und mit der Deportation der deutschen Juden begonnen wurde, wurden *Jud Süß* und *Die Rothschilds* eingesetzt, um die Bevölkerung auf diese Maßnahmen einzustimmen.[121]

Laut Norbert Wollheim, damals verantwortlich für die Berufsschulen der Reichsvereinigung der Juden in Deutschland, machte sich 1940 die Reichsvereinigung Sorgen, dass Aufführungen von *Jud Süß* zu Ausschreitungen führen würden, was ja angeblich auch das Reichssicherheitshauptamt für möglich hielt. Wenn es doch nicht dazu gekommen ist, dann – so Wollheim – weil die Reichsbehörden zu dem Zeitpunkt keine Wiederholung der „Novemberaktion 1938" wollten.[122] Es gab aber schon Gewalttaten. In Wien wurde ein Jude von Jugendlichen, die nach einer Vorführung von *Jud Süß* aus dem Kino kamen, zu Tode getrampelt.[123] In Buchau (im südlichen Württemberg) wurde *Jud Süß* am 16. November 1940 gezeigt. Daraufhin wurden die Fenster jüdischer Wohnhäuser eingeschlagen. Im Anschluss an die Filmvorführung wurde von Angehörigen der Hitlerjugend auf dem Synagogenplatz ein Galgen aufgestellt und eine Puppe aufgehängt, die einen Juden darstellen sollte.[124] Auch außerhalb des Deutschen Reichs gab es bei Vorführungen Ausschreitungen. Zum Teil waren die Verantwortlichen Mitglieder faschistischer Gruppierungen, die mit Angriffen auf Synagogen die nationalsozialistische Reichspogromnacht nachzuholen versuchten. Nachdem der Film in Belgien Anfang April 1941 gezeigt worden war, wurden am Ostermontag in Antwerpen mehrere Synagogen und das Haus des Oberrabbiners in Brand gesteckt.[125] Vorführungen von *Jud Süß* in Italien im Jahr 1941 führten direkt zu Angriffen auf Synagogen in Triest und Casale.[126] Judenfeindliche Demonstrationen gab es auch in Ungarn. Bei Straßendemonstrationen in Budapest wurde, wie der Zeuge Béla Angyal berichtete, das „Schaufenster eines jüdischen Juweliers in der Nähe des Kinos eingeschlagen".[127] Eugen Königsberg erinnerte sich, wie er eines Tages in Budapest die Rákóczi-Straße entlangging, als die Zuschauer nach einer Vorführung von *Jud Süß* aus dem Urania-Kino kamen: „Ich habe selbst gesehen, wie ein Jude [...] am Bart gerissen wurde."[128] Als der Film 1944 in Budapest wieder ins Programm genommen wurde, führte das zu Ausschreitungen und vielleicht sogar Pogromen gegen Juden nach dem Verlassen des Kinos.[129]

Als Goebbels im März 1941 erfuhr, dass *Jud Süß* in Ungarn Straßendemonstration ausgelöst hatte, war er begeistert. Er schrieb in seinem Tagebuch: „Dieser Film ist in der Tat ein neues Programm. Beweis, daß auch Filme ganz nach unserer Anschauung wirken und zünden können."[130] Dass *Jud Süß* würde „zünden" können, ahnte auch der Reichsführer SS und Chef der deutschen Polizei Heinrich Himmler. Schon am 30. September 1940 ordnete er an, dass „die gesamte SS und Polizei im Laufe des Winters" den Film zu sehen bekommt.[131] Am 15. November bestimmte Himmler weiter, dass alle Mitglieder der Sicherheitspolizei und Ordnungspolizei den Film anzusehen hatten.[132] Kaum eine Woche später kündigte der örtliche Polizeiführer im Distrikt Lublin Sondervorführungen für alle SS- und Polizeimitglieder an.[133] Lublin war genau die Stadt, in der Harlan jüdische Statisten gesucht hatte. Jetzt, zehn Monate später, wurde der antisemitische *Jud Süß* eingesetzt, um das brutale Zwangsarbeitsprogramm zu begleiten, dem Juden in der Region ausgesetzt waren. Wenn die Vorführungen des Filmes in regulären Kinos hauptsächlich dazu dienten, bei der Bevölkerung die Akzeptanz für antisemitische Maßnahmen zu erhöhen oder zu erzeugen, hatten die Vorführungen vor SS-Männern (vor allem in den besetzten Ostgebieten) eine weitere Funktion: Sie sollten helfen, die Bereitwilligkeit zum Töten zu steigern. Deswegen wurde der Film nach dem Überfall auf die Sowjetunion Mitte 1941 auch den Einsatzgruppen gezeigt, bevor sie Massenerschießungen durchführten.[134] Einem ähnlichen mörderischen Zweck dienten die Vorführungen in den Konzentrations- und Vernichtungslagern. Hier wurde der Film regelmäßig „verordnet". Im Oktober 1940 befahl etwa der Kommandant des KZ Buchenwald, dass das ganze SS-Lagerpersonal den Film anzusehen hatte.[135] Bei SS-Aufseherinnen im KZ Ravensbrück wurde der Film praktisch als Trainingsfilm angewandt;[136] genauso war es im KZ Dachau.[137] Die Auswirkungen dieser Vorführungen auf das SS-Personal und die Häftlinge sind gut belegt.

Eines Tages im Frühjahr oder Sommer 1941 – so der ehemalige Sachsenhausenhäftling Walter Peiser – mussten alle Juden in der Strafkompanie vor Block 10 antreten, wo die SS-Scharführer ihnen erklärten, sie hätten *Jud Süß* besichtigt und gesehen, „dass die Juden noch übler wären, als sie das bisher gedacht hätten". Daraufhin hätten die Scharführer die Juden brutal misshandelt und einen Wolfshund auf sie gehetzt.[138] Paul Wilhelm Rass, politischer Häftling und Häftlingssanitäter in Sachsenhausen, berichtete, dass jede Vorführung vor Angehörigen der SS-Wachmannschaften von einer Hetzrede des SS-Obersturmführers begleitet wurde. Danach wurden die inhaftierten Juden „in einer Art und Weise drangsaliert und gequält wie keineswegs vorher"; „beispielsweise wurden in den der Filmvorführung folgenden Nächten aus dem ‚Judenblock' 19 (Devisen-Dokumente-Fälscherwerkstatt) zwei Juden erschossen und einer schwer verletzt. Von dieser Zeit an wurde den Juden die Aufnahme in das Lazarett grundsätzlich verweigert."[139] Von ähnlichen Gräueltaten berichteten der Neuengamme-Gefangene Helmut Bickel und der Dachauer Häftling Max Durner. Bickel erinnerte sich, dass nach einer Vorführung von *Jud Süß* die Juden – barfuß in Holzsandalen – hinter der SS-Garage Sport machen mussten. Weil es Winter war, hatten die Gefangenen nachher erfrorene Füße: „Zum Teil begingen sie in der Nacht Selbstmord."[140] Durner erzählte, nach Vorführungen von *Jud Süß* kamen die jüdischen Häftlinge ins Arbeitslager oder wurden im Krematorium eingesetzt – und später erschossen.[141] Im Lager Auschwitz wurde *Jud Süß* ebenfalls vorgeführt, zum Beispiel vor Angehörigen des IG-Farben-Konzerns in Auschwitz-Monowitz. Auschwitz-Häftling Norbert Wollheim war überzeugt, es habe kaum einen unter den SS-Funktionären im KZ Auschwitz gegeben, der „nicht den Film *Jud Süß* gesehen hat und sich durch ihn in seiner judenfeindlichen Haltung bestärkt fühlte".[142]

Wie wir spätestens aus der ersten, allerdings umstrittenen „Wehrmachtsausstellung" (1995–1999) erfahren haben, war die deutsche Wehrmacht indirekt und manchmal auch direkt am Judenmord beteiligt.[143] Schon im November 1939 bestellte das Oberkommando der Wehrmacht zusätzliche Kopien von *Jud Süß* wegen der „hohen Nachfrage" innerhalb der Truppenteile.[144] Laut Terra-Revisor Otto Froböse wurden mindestens 150 Kopien allein für die Wehrmacht hergestellt.[145] Sie machten den erwünschten Eindruck. Wenige Tage nach seiner Einberufung wohnte der Soldat Rudolf Stobbe mit seiner Einheit einer Vorführung von *Jud Süß* bei. Die Mehrzahl seiner Kameraden sahen in dem Film einen Beweis dafür, dass die Juden eine „verworfene Rasse" seien.[146] Gegen Kriegsende, so erinnerte sich ein Offizier, der in einem Truppenlager in der Nähe von Lüneburg diente, wurde *Jud Süß* immer noch zweimal wöchentlich gezeigt. Der Film wirkte „auf die einfachen, unverbildeten Zuschauer eindeutig judenfeindlich aufreizend und verhetzend", ja sogar „verheerend".[147] Am Ende kann man dem Auschwitz-Überlebenden Norbert Wollheim nur zustimmen, wenn er schreibt: „Es ist kein Zweifel [...], dass die Aufführung des

Films *'Jud Süß'*, nicht zuletzt auch die verletzende und das Judentum beleidigende Form, in der die Vorführung plakatiert wurde, den Bemühungen des Propagandaministers hervorragende Dienste geleistet und die deutsche Bevölkerung vergiftet bzw. den mit der Ausrottung und Vernichtung der jüdischen Menschen beauftragten Funktionären in SS, Partei, Militär usw. das seelische Werkzeug für das Mordhandwerk geliefert hat."[148]

Angesichts des propagandistischen Einsatzes von *Jud Süß* bis zum Kriegsende und der verheerenden Auswirkungen des Films verwundert es, dass es auch Zuschauer gab, die *Jud Süß* gar nicht als antisemitisch empfanden. Dass Harlan, wie wir sehen werden, seinen Film so einschätzte, war natürlich eine durchschaubare Selbstentlastungsstrategie. Wie aber kommt eine deutsche Zuschauerin dazu, während des Harlan-Prozesses 1949 einen Brief an das Hamburger Schwurgericht zu schreiben, in dem sie behauptet, sie und ihr Mann hätten Harlan dafür sehr bewundert, „dass er es gewagt hatte, in der Blüte der Nazizeit den Juden Süss so angenehm darzustellen, indem er ihn einfach zu einem Menschen machte, der durch seine niedrigere gesellschaftliche Stellung durch den Herzog so ausgenutzt wurde"?[149] Wie konnte die politische Emigrantin Selma Steinmetz, die den Film in Toulouse gesehen hatte, allen Ernstes behaupten, in *Jud Süß* wäre die Vertreibung der Juden dargestellt worden: „Das war für mich damals so aktuell, dass es mich zu Tränen gerührt hat"?[150] Sicherlich nutzt der Herzog *Jud Süß* aus – der ihn aber dafür noch stärker ausnutzt und ins Verderben stürzt. Steinmetz hat offensichtlich den Einzug der Juden in Stuttgart als Deportation fehlinterpretiert. Wenn einige deutsche Zuschauer den Antisemitismus im Film nicht bewusst empfunden haben, dann wohl deshalb, weil sie den Antisemitismus so internalisiert hatten, dass es ihnen normal schien, Juden als konspirative Schmarotzer dargestellt zu sehen.

Gelegentlich weisen auch Filmwissenschaftler auf eventuell zweideutige Szenen hin. In einem Kommentar zu einer amerikanischen DVD-Ausgabe von *Jud Süß* behauptet Eric Rentschler, dass in gewisser Weise die Phantasien der Nationalsozialisten in der Figur des Jud Süß widergespiegelt sind: Er stelle ein „kurioses Selbstporträt" der Nazis dar. Rentschlers Interpretation ist nicht von der Hand zu weisen. Süß bringt den Herzog zum Beispiel dazu, die Landstände aufzulösen und ein ihm gefügiges Kabinett einzurichten. Er will Karl Alexander auch durch den Ankauf von Soldaten helfen, absoluter Souverän zu werden. Man könnte sich an Hitlers Beseitigung der Demokratie erinnert fühlen. Ist der Freibrief, den Süß vom Herzog bekommt, nicht eine Art Ermächtigungsgesetz? Genauso aber könnte man argumentieren, dass es die Landstände sind, die die Ideen der Nationalsozialisten verkörpern: Schließlich protestieren sie immer wieder gegen „Blutschande", und Sturm zitiert Luthers „Rat", dass man die „Synagogen und Schulen mit Feuer anstecke".[151] Die Nürnberger Gesetze und die „Reichskristallnacht" werden im Film historisch vorweggenommen und legitimiert, durch die Hinweise auf Luther und durch das Hineinprojizieren eines rassischen Bewusstseins in das „gesunde" landständische Bürgertum des 18. Jahrhunderts.

Mag sein, dass das Zerstörerische an Harlans *Jud Süß* ein Spiegelbild der nationalsozialistischen Destruktivität ist. Sicher ist es aber, dass die Vorstellung, die Juden stellen eine existenzielle Bedrohung dar, den Nazis als moralische Selbstrechtfertigung diente: Es lässt sich leichter morden, wenn man in dem zu Ermordenden eine Gefahr sieht. Durch fünf Kriegsjahre hindurch lieferte *Jud Süß* eine filmische Rechtfertigung für den Holocaust.

# Kapitel 2: Veit Harlan vor Gericht

## Harlan geht offensiv in die Defensive

Nach dem Krieg wurde gegen Harlan ein Berufsverbot verhängt: Auf einer schwarzen Liste von Schauspielern und Regisseuren, die die Briten kurz vor Kriegsende erstellten, stehen er und seine Frau Kristina Söderbaum sogar an erster und zweiter Stelle.[152] Der wesentliche Grund für das Berufsverbot war *Jud Süß*. Harlan wehrte sich sofort, in dem er eine 22-seitige (anschließend ins Englische übersetzte) Schrift verfasste und 60 Kopien anfertigen ließ, die er an die britische Besatzungsmacht, Freunde, Bekannte und Journalisten verteilte.[153] Er betitelte seine Schrift „Wie ich zum Nationalsozialismus stand".[154] Im August 1945 folgte ein zweiter Text, den er als „Postskriptum" zu „Wie ich zum Nationalsozialismus stand" bezeichnete. Während sich die erste Schrift an alle richtete, die sich für „meinen Fall" interessierten, war die zweite für die Behörden bestimmt, „die sich mit meiner Zulassungswürdigkeit zur künftigen Kulturarbeit in Deutschland maßgeblich beschäftigen wollen".[155] Dazu schickte er an Captain Phillips, der sich bei den Alliierten mit Harlan befasste, einen Bericht, der auf die vielen Fälle aufmerksam machte, in denen er Juden oder Personen, die mit Juden verheiratet waren, geholfen hätte.[156] Gleich nach Kriegsende also nahm Harlan eine aktive Abwehrhaltung gegen jede Kritik ein. Daran änderte sich in den darauffolgenden Jahren nichts.

In „Wie ich zum Nationalsozialismus stand" beteuerte Harlan seine ablehnende Einstellung gegenüber dem Nationalsozialismus und trug eine Reihe von Selbstentlastungsargumenten vor. Es sei für Filmschaffende nicht möglich gewesen, so Harlan, dem nationalsozialistischen Zwang zu entgehen, und organisierter Widerstand sei auch kaum möglich gewesen. Was *Jud Süß* anbelangt, habe Harlan versucht, „diesen diffamierenden Auftrag los zu werden", aber Goebbels habe darauf bestanden, dass er die Regie übernimmt. Ein deutscher Regisseur, habe ihm Goebbels gesagt, könne sich nicht weigern, einen antisemitischen Film zu drehen, denn schließlich seien es die Juden, die antinationalsozialistische Filme drehten. Widerspruch, laut Harlan, wäre sinnlos gewesen. Goebbels habe dann immer wieder in die Filmhandlung eingegriffen, zum Beispiel habe Harlan den Fluch in der Schlussszene entfernen müssen und „eine quälende Länge von Ferneinstellungen einschneiden, die das Hochziehen am Galgen darstellten". Auch sonst, wie Harlan am Beispiel einiger seiner anderen Filme darlegte, habe Goebbels sich immer wieder eingeschaltet, so dass Harlan kaum in der Lage gewesen sei, unabhängig zu arbeiten. Harlan beschrieb auch sein schwieriges persönliches Verhältnis zu Goebbels, der es ihm nie verziehen habe, dass er nicht bereit gewesen war, Lída Baarová zu heiraten, und es nicht mochte, dass Söderbaum in seinen Filmen immer so große Rollen spielte. Goebbels habe sich auch in seinen Scheidungsvertrag eingemischt. Zweimal habe Harlan versucht, sich kriegsfreiwillig zu melden, um der goebbelschen Zwangsherrschaft zu entkommen. Von Harlan wurde gegen Kriegsende erwartet, dass er einen Propagandafilm dreht. Vor die Wahl gestellt, habe er sich für eine Verfilmung von Shakespeares *Der Kaufmann von Venedig* entschieden. Harlan wollte den Originaltext von Shakespeare verwenden, Goebbels aber, dass er die Geschichte von Shylock stärker betont. Am Ende sei das Projekt in Vergessenheit versunken.[157]

Über drei Seiten listete Harlan Fälle auf, wo er „jüdisch verheiratete Künstler" unterstützt habe. Damit wollte er beweisen, er wäre durchaus judenfreundlich gewesen und habe auch eine Art persönlichen Widerstand gegen die Ausgrenzung der Juden geleistet. Ganz am Schluss erfahren wir, er sei von der Gestapo beobachtet worden. In seiner zweiten, „Postskriptum“ genannten Schrift geht Harlan mehr auf das Widerstandsthema ein. Ende 1944 habe er den Plan entwickelt, über Schweden nach England zu gelangen, um dort die Alliierten über die destruktiven Absichten der Nazis aufzuklären. Durch die „Indiskretion eines Gestapo-Beamten“ hätte Harlan nämlich erfahren, dass „die Nationalsozialisten die Absicht hätten, sämtliche KZ's in die Luft zu sprengen, bzw. die Insassen zu töten“. Weiter hätte er erfahren, dass „Befehle in Vorbereitung seien, Berlin und sämtliche Groß-Städte Deutschlands zu verbarrikadieren und zu Festungen zu erklären“ – was ja nur das Leiden der Bevölkerung unnötig verlängert hätte. Über einen schwedischen Journalisten, einen schwedischen Pfarrer und den Attaché der schwedischen Gesandtschaft in Berlin Torsten Brandel habe sich dann Harlan bemüht, seinen Plan in die Tat umzusetzen. Brandel aber hätte ihm nicht viel Hoffnung gemacht, da „die schwedische Gesandtschaft ein so großes politisches Risiko nicht übernehmen könne“. Am Ende zerschlug sich der Plan, von dem die Gestapo übrigens Wind bekommen hätte. Er habe aber bei der schwedischen Gesandtschaft ein Schreiben niederlegen können, in welchem er seine „Gegnerschaft zum Nationalsozialismus klar bekannte“.[158]

## Wahrheiten und Unwahrheiten

Mit den beiden genannten Verteidigungsschriften schuf Harlan sein erwünschtes Selbstbild: Er habe unter unausweichlichem Zwang gestanden, Juden und anderen geholfen und sich in Gegnerschaft zur NSDAP befunden. Dieses Bild stimmt, und es stimmt nicht. Dass er den *Jud-Süß*-Film nicht übernehmen wollte und unter einem gewissen Druck stand, als Goebbels ihm dazu den Auftrag gab, ist gut belegt.[159] Allerdings war Harlan durchaus in der Lage, Goebbels die Stirn zu bieten. Wie er in „Wie ich zum Nationalsozialismus stand" schreibt, blieb er standhaft in seiner Weigerung, Lída Baarová zu heiraten, obwohl sie angeblich behauptet hätte, Goebbels würde ihn sonst im KZ einsperren lassen. Nach der Scheidung von seiner zweiten Frau Hilde Körber hat Harlan sich geweigert, ein ihm und Körber von Goebbels vorgesetztes Dokument zu unterschreiben, in dem beide sich verpflichten sollten, sich Dritten gegenüber nie wieder über ihre Ehe- und Scheidungsprobleme zu äußern.[160] Harlan hat übrigens oft betont, es sei ihm gelungen, das *Kaufmann von Venedig*-Filmprojekt sterben zu lassen – was aber natürlich die chaotischen Zustände gegen Kriegsende leichter machten.[161] Dass Goebbels sich immer wieder in die Entstehung von *Jud Süß* einmischte und Änderungen verlangte, ist von anderer Seite bestätigt worden, auch wenn die Beweise letztendlich fehlen.[162] Nur – wie wir im letzten Kapitel gesehen haben – hat Harlan nicht nur „stürmerhafte" Passagen aus dem ersten Drehbuch entfernt, sondern Szenen und Figuren (vor allem Levy) hereingebracht, die den antisemitischen Eindruck eher verstärken. Zweifelsohne wollte Harlan eine Jud-Süß-Figur schaffen, die glaubhaft wirken sollte, und dass Ferdinand Marian als Süß über eine erotische Ausstrahlung verfügte, ist wahr. In einem Brief an Lion Feuchtwanger schrieb Harlan, Marian habe nach *Jud Süß* „Waschkörbe von Liebesbriefen aus allen Städten Deutschlands" bekommen.[163] Gleichzeitig kann diese Ausstrahlung im Film als Bestätigung der nationalsozialistischen Obsession mit der vermeintlich zersetzenden Wirkung jüdischer Erotik interpretiert werden.

Ohne Zweifel hat sich Harlan während des „Dritten Reiches" und vor allem während des Krieges immer wieder für einzelne Juden, „Halbjuden" oder ihre nicht jüdischen Ehepartner eingesetzt. Das erforderte Mut und Durchsetzungsvermögen. Von den zahlreichen

Beispielen seien hier nur drei genannt. Der Schauspieler Hans Meyer-Hanno war in den Augen der Nazis aus zwei Gründen suspekt: Er war überzeugter Kommunist und mit der jüdischen Pianistin Irene Sager verheiratet. 1942 intervenierte Harlan persönlich beim Reichsminister für Erziehung Bernhard Rust und versuchte zu verhindern, dass der „halbjüdische" Sohn der Meyer-Hannos die Schule verlassen musste – allerdings ohne Erfolg.[164] Meyer-Hanno war Mitglied der Beppo-Römer-Widerstandsgruppe, die zu dem Umfeld der „Roten Kapelle" gehörte. Nach dem 20. Juli 1944 wurde er verhaftet und vor den Volksgerichtshof gestellt. Harlan ging zum zuständigen Staatsanwalt und erreichte, dass Meyer-Hanno, dem ein Todesurteil drohte, mit drei Jahren Gefängnis davonkam (tragischerweise wurde er gegen Kriegsende erschossen, als er zu fliehen versuchte). Als zweites Beispiel kann man auf Harlans Hilfeleistung für die österreichische Schauspielerin Frida Richard hinweisen. Richards „halbjüdische" Tochter Frieda „Fritzi" war aus Frankreich nach Osten deportiert worden. Ihre Mutter versuchte verzweifelt herauszufinden, wohin. Sie reiste sogar persönlich nach Auschwitz, wo ihr aber mitgeteilt wurde, ihre Tochter befinde sich gar nicht dort. Richard wandte sich im März 1943 an Harlan. Daraufhin kontaktierte er diverse SS-Stellen, das Hauptamt für Volkswohlfahrt, das Propagandaministerium und das Auswärtige Amt, in der letztendlich vergeblichen Hoffnung, mehr über den Verbleib von Richards Tochter herauszufinden.[165]

Als letztes Beispiel sei der Schauspieler Joachim Gottschalk genannt. Gottschalk weigerte sich, sich von seiner jüdischen Frau Meta Wolff zu trennen. Als ihr im November 1941 die Deportation nach Theresienstadt drohte, beging das Ehepaar Selbstmord. Harlan war einer der wenigen, die den Gottschalks zu helfen versuchten. Er bemühte sich bei Goebbels, Gottschalk für seinen Film *Die goldene Stadt* freizubekommen. Laut seiner Fahrerin Luzie Schölzer hätte Harlan kurz vor Gottschalks Tod „vier Stunden mit Goebbels“ gerungen, um Gottschalk „die Erlaubnis zu weiterer Arbeit zu sichern“. Hätte er nicht nach Prag reisen müssen, hätte er es auch geschafft.[166] Nach einer anderen Version war es Harlan und Eugen Klöpfer gelungen, für Gottschalk und seine Frau eine Ausreisegenehmigung für die Schweiz zu bekommen. Am gleichen Tage aber sei Gottschalk ins Propagandaministerium befohlen worden „und nahm sich nach der Rückkehr, der eine furchtbare Unterhaltung vorangegangen sein muss, mit seiner Frau und seinem Kind das Leben“.[167] Nach dem Krieg musste sich Harlan allerdings gegen die Kritik wehren, er hätte nichts unternommen, seiner jüdischen ersten Frau – Dora Gerson, von der er schon 1924 geschieden wurde – zu helfen. Gerson wurde am 14. Februar 1943 in Auschwitz ermordet. Harlan hat die Kritik mit der Behauptung zurückgewiesen, er habe es sehr wohl versucht. Er behauptete auch, er habe nicht gewusst, dass sie im KZ war, und dass er als Nichtnationalsozialist und Filmregisseur sowieso nicht die geringste Möglichkeit gehabt hätte, in das „Geschehen der grausigen Konzentrationslagervorgänge einzugreifen, von denen man keine Ahnung hatte“.[168] Aber dass Frida Richard in Auschwitz gewesen war, um ihre Tochter zu suchen, wusste er doch – und in ihrem Fall hatte er sich schon bemüht, helfend einzugreifen.

Immer wieder in den späten 40er und 50er Jahren wies Harlan darauf hin, dass er Juden geholfen hätte und mit Juden befreundet war – zum Beispiel mit Francesco de Mendelssohn und dem Regisseur Fritz Kortner, die 1929 Trauzeugen bei seiner Hochzeit mit Hilde Körber gewesen waren. Als Freund führte er auch Theaterkritiker Julius Bab an, obwohl Bab sich nach dem Krieg von Harlan deutlich distanzierte.[169] Diese Hilfeleistungen und Freundschaften sollten beweisen, Harlan könne kein Antisemit gewesen sein – vor allem auch deswegen nicht, weil seine erste Frau ja Jüdin war. Leider aber gibt es mehr als einige Indizien dafür, dass Harlan durchaus antisemitische Gefühle hegte. 1933 hat er dem *Völkischen Beobachter* ein Interview gegeben, in dem er gegen die „herrschenden, jüdischen und marxistischen Herren" wetterte, die seinem Vater im Vorstand des Verbandes der Deutschen Bühnenschriftsteller das Leben schwer machten. In dem Interview gibt Harlan dem jüdischen Dramatiker Hans José Rehfisch mehr oder weniger die Schuld an seines Vaters Tod nach einem Herzinfarkt.[170] Nach dem Krieg bestritt Harlan, dass das abgedruckte Interview mit dem übereinstimmte, was er der Interviewerin gesagt hatte.[171] Auf seine Rolle in dem antisemitischen Film *Nur nicht weich werden, Susanne!* (1935) von Arzén von Cserépy wurde schon im ersten Kapitel hingewiesen. Als Harlan im Januar 1940 das besetzte Polen besuchte, um für *Jud Süß* jüdische Religionsriten zu filmen, gab er ein Zeitungsinterview, in dem er verlauten ließ, die Deutschen haben mit den „Negern" mehr gemeinsam als mit „dieser Rasse".[172] Als Harlan entnazifiziert wurde, kannte man diesen Artikel anscheinend nicht.

Nach dem Krieg häufen sich bei Harlan die antisemitischen Bemerkungen. Harlan lehnte jegliche Verantwortung für die antisemitische Ausrichtung von *Jud Süß* ab. Versuche, ihm diese Verantwortung aufzuerlegen, wurden von ihm als Angriff auf seine Person verstanden: Er sah sich als Opfer, keineswegs als Mittäter. Dass es unter seinen Kritikern auch Juden gab (und in dem Harlan-Prozess jüdische Nebenkläger) nahm er zum Anlass, dem Judentum im Allgemeinen eine ihm gegenüber feindliche Absicht zu unterstellen. Diese Absicht wiederum verstand er als Ausdruck einer jüdischen Machtbesessenheit. Nicht er, Harlan, war das Problem, sondern die Juden. Man erkennt hier eine Form von „sekundärem Antisemitismus" oder „Schuldabwehrantisemitismus".[173] Traditionelle antisemitische Vorstellungen wurden von Harlan auf die Juden – als Gruppe, aber auch individuell – projiziert, um ihre Kritik an ihm zu delegitimieren.

Schon seine erste, oben besprochene Nachkriegsschrift erwähnt den vermeintlichen jüdischen Einfluss – aber nur in der englischen Fassung. Während die deutsche Fassung auf „emigrierte Kollegen" hinweist, die Harlan auf eine schwarze Liste gesetzt haben,[174] ist in der englischen Fassung von „my Jewish colleagues" die Rede – obwohl es nicht klar ist, welche Liste Harlan meint resp. welche Juden.[175] Am deutlichsten treten antisemitische Gefühle in einem unveröffentlichten (und wohl nur für die Schublade gedachten) Harlan-Aufsatz aus dem Jahre 1953 oder 1954 hervor.[176] Hier wettert Harlan gegen den vermeintlich allzu großen Einfluss der Juden im Nachkriegsdeutschland: „Ungebührlich vordränglerisch füllen die Immigrierten Büros, Bühne, Film und Presse. Deutsche Millionen versickern im israelischen Wüstensand [...]. Die Morgenröte des Auferstehungstages liegt über der dürstenden Erde. Die Juden haben wieder ihre Häuser und Geschäfte [...] demokratische Freiheit gilt dann nicht, wenn es den Juden so gefällt. Also eine Minderheit von 60.000 Menschen will in Deutschland ein 60-Millionen-Volk geistig vergewaltigen".[177] Dieser Aufsatz wurde niedergeschrieben, nachdem Harlan in Hamburg freigesprochen worden war und trotzdem in der Öffentlichkeit oft als moralisch belastet abgelehnt wurde (siehe nächstes Kapitel). Harlans Rechtsanwalt in den späten 40er Jahren, Hans Fillié, bestätigte ihn in dem Glauben, dass die Juden ihn kaltstellen wollten. Im Januar 1948 schrieb Fillié in Gegenwart von Kristina Söderbaum einen Brief an Harlan, in dem er eine „ausschließlich jüdische" Kampagne gegen diesen vermutete, die von Amerika aus gesteuert würde. Ferner meinte Fillié, die westdeutsche Presse werde „von diesen jüdischen Kreisen ausschließlich beherrscht"; auch die Bühnen und Filmgesellschaften seien „von diesen Kreisen abhängig".[178] Wenn Harlan-Filme oder Theatervorstellungen abgesagt wurden, vermutete Harlan einen jüdischen Hintergrund, auch wenn es gar keinen gab, oder nicht nur einen jüdischen.[179]

Auch Harlans „Postskriptum" muss man mit einer gewissen Skepsis begegnen. Dass Harlan Ende 1944 sich an die schwedische Gesandtschaft wandte, in der Absicht, nach Schweden zu entkommen, ist wahr. Söderbaum hat auch ohne Zweifel ein Schreiben Harlans beim schwedischen Attaché Torsten Brandel hinterlassen. Nach dem Krieg bemühte sich Harlans Sekretärin Lu Schlage, das Dokument aufzutreiben. Im Februar 1949, angesichts des nahenden Prozesses gegen Harlan, schrieb sie an den schwedischen Generalkonsul und sogar an den schwedischen König: Es gebe ein Gerücht, Harlans Schreiben würde inzwischen im schwedischen Außenministerium lagern.[180] Das Dokument, so Schlage, würde Aufschluss über Harlans Gegnerschaft zum Nationalsozialismus geben, wie auch über sein Vorhaben, nach England mit wichtigen Informationen über nationalsozialistische Pläne zu gelangen. Im März 1949 antwortete der schwedische Attaché Brandel, dass das Dokument abhandengekommen sei. Er fügte hinzu, er hätte es nie angenommen, hätte er sich Söderbaum nicht verpflichtet gefühlt, die wegen eines verhafteten schwedischen Seemannes „einen sehr beherzten Eingriff bei den Behörden gemacht hatte". Brandel bezweifelte die Aussagekraft des verlorengegangenen Schreibens: „Der Ton [...] war eifrig und dringlich und schoss weit über das Ziel." Die Mitteilung im Dokument, dass die Nazis sämtliche politische Häftlinge vernichten und die Städte zu Festungen erklären wollten, war laut Brandel für Schweden ohne Wert, „da man schon lange auf der Gesandtschaft in Berlin von ähnlichen Plänen der deutschen Machthaber gehört hatte". Es bleibt also dahingestellt, ob das Dokument, wäre es gefunden worden, Harlan im Prozess wirklich geholfen hätte.[181]

## Erich Kästner contra Veit Harlan

Harlan war einer der wenigen im „Dritten Reich" tätigen Künstler, die sofort nach dem Krieg eine Selbstverteidigungsschrift verfassten. Wenn auch meines Wissens nie in voller Länge veröffentlicht, wurden Teile aus „Wie ich zum Nationalsozialismus stand" in der Presse oft zitiert. Man könnte diese Schrift höchstens mit Ernst von Salomons *Der Fragebogen* vergleichen, der die alliierte Entnazifizierungsprozedur anprangerte. Salomons Buch erschien aber erst 1951.[182] Wenn Harlan manchmal das Gefühl hatte, alle würden sich auf ihn einschießen, dann hatte das nicht zuletzt damit zu tun, dass er sich so energisch verteidigte: Sein Nachlass enthält Tausende von Briefen, die er jeweils an Journalisten, Privatpersonen, Behörden, Rechtsanwälte, Zeitungen und sogar an sämtliche Bundestagsabgeordnete (siehe Kapitel 3) geschickt hat, in denen er lang und breit seine Unschuld beteuerte. Jeder Akt von Selbstverteidigung führte zu einer Gegenreaktion. 1962 schrieb ihm der deutsch-jüdische Schriftsteller Curt Riess: „Die anderen haben ihren Mund gehalten – sei es, weil sie klug genug dazu waren, sei es, weil sie sich genierten, sei es aus Feigheit. Sie haben ihn nie gehalten – und den Erfolg bekommen Sie mit einer schon geradezu peinlichen Regelmäßigkeit immer wieder zu spüren."[183] Weil er sich weigerte, Schuld einzugestehen, machte es Harlan seinen Gegnern leicht, sich moralisch über ihn zu erheben. Dass er sich seinerseits über andere, darunter auch Juden, moralisch erhob, verschlimmerte die Situation nur noch.

Am 30. November 1945 veröffentlichte der weltberühmte Schriftsteller Erich Kästner einen Artikel in der von den amerikanischen Besatzungsbehörden herausgegebenen *Neuen Zeitung*, in dem er mit Harlan und seiner „22 Maschinenseiten starken Verteidigungsschrift" abrechnete. Schonungslos gab er Harlans humanistische, christliche, judenfreundliche und widerständige Selbstdarstellung der Lächerlichkeit preis. Am Ende von „Wie ich zum Nationalsozialismus stand" hatte Harlan den Leser informiert, dass er seit vielen Jahren einen Gedanken von Matthias Claudius als Leitwort gewählt habe, nämlich: „Es ist nichts groß, was nicht gut ist." Diesen Spruch würde er in jedes Gästebuch schreiben. „Da hilft also nur noch eins", kommentierte Kästner mit beißendem Sarkasmus: „verbrennt, wenn Professor Harlan zufällig in eurer Stadt eintreffen sollte, ganz schnell eure Gästebücher!"[184] Kästner war im „Dritten Reich" ein verbotener Autor gewesen; seine Bücher wurden im Mai 1933 verbrannt. Er wurde von der Gestapo bespitzelt und lebte von dem Erfolg seiner Bücher im Ausland. Dazu kam, dass sein wahrscheinlich leiblicher Vater Jude war – hätte das die Gestapo herausgefunden, wäre sein Leben und das seiner Mutter noch schwieriger geworden. Dass er auf Harlans Schrift mit Wut reagierte, ist verständlich: Hier versuchte der Regisseur eines antisemitischen Filmes, also ein Mittäter, sich als Opfer hinzustellen. Und doch hatte sich auch Kästner vor allem im Krieg mit dem nationalsozialistischen Kulturbetrieb arrangiert. Obwohl als „Kulturbolschewist" von den Nazis verschrien, wussten die Nazis und vor allem auch Goebbels, dass Kästner gut schreiben konnte. Deswegen durfte er das Drehbuch für den Film *Münchhausen* (1943) schreiben, einen der teuersten und erfolgreichsten Unterhaltungsfilme der Nazizeit. Unterhaltungsfilme spielten eine wichtige Rolle bei dem Versuch, die Bevölkerung im Krieg bei Laune zu halten.

Schon 1934 hatte Klaus Mann, der Sohn des Nobelpreisträgers Thomas Mann, Kästner dafür kritisiert, dass er sich mit seinem Roman *Drei Männer im Schnee* (1934) der Nazi-Unterhaltungsindustrie angepasst hätte.[185] Harlan reagierte zornig auf Kästners Artikel. In seinem Aufsatz „Berühmt – Berüchtigt" betonte er nachdrücklich, dass er bei *Jud Süß* unter Zwang gestanden hätte, und weist darauf hin, dass auch Kästner unter Zwang gestanden haben muss, sonst hätte er nicht zugelassen, dass er das Drehbuch für *Münchhausen* nur mit Pseudonym (Berthold Bürger) habe verfassen dürfen. Harlan schreibt auch, dass er 1938/39 zu erreichen versuchte, dass Kästners Berufsverbot aufgehoben werde – er habe sogar Goebbels aufgesucht und sei einer der Wegbereiter dafür gewesen, dass Kästner für *Münchhausen* engagiert wurde. Hier wird deutlich, dass der Kampf um moralische Hoheit nach dem Krieg nicht nur zwischen Emigranten und den sogenannten „inneren Emigranten" ausgefochten wurde, sondern auch unter denjenigen, die im „Dritten Reich" geblieben waren.[186]

Ein weiteres Beispiel ist die Auseinandersetzung zwischen Harlan und dem Kabarettisten Werner Finck, der 1935 von den Nazis im KZ eingesperrt und im Januar 1939 aus der Reichskulturkammer ausgeschlossen wurde. Nach Harlans erstem Freispruch (siehe später im Kapitel) im April 1949 veröffentlichte Finck einen offenen Brief in *Die Welt*, in dem er Harlan als einen Menschen bezeichnete, dem man als „Ausgestoßener" während der NS-Zeit nicht ganz vertraute – im Gegensatz zu Ernst von Weizsäcker, der als „Freund" galt.[187] Harlan wies in seiner Antwort – nur an Finck gerichtet – auf die Hilfe hin, die er Gottschalk geleistet hatte: Und was hätte er, Finck, für Gottschalk getan?[188]

Die Reaktionen von Kästner und Finck auf Harlan waren im Wesentlichen nur gerecht: Harlan war ein Mittäter, der keiner gewesen sein wollte. Allerdings übersah die absolute Schwarz-Weiß-Zeichnung die Ambivalenzen im Fall Harlans – und im Falle Kästners (weniger Finck, der bis zum Kriegsende von der Gestapo verfolgt wurde). Bei den Spannungen zwischen Kästner, Finck und Harlan ging es um die Frage, wer den Anspruch erheben durfte, im Nachkriegsdeutschland bei der kulturellen Erneuerung mitzuwirken. Gleich nach dem Krieg haben die Alliierten Kästner damit beauftragt, bei dem Aufbau einer neuen deutschen Filmwirtschaft und einer demokratischen Zeitung (eben der *Neuen Zeitung*) mitzuhelfen.[189] Finck war zwischen 1945 und 1947 maßgeblich daran beteiligt, Kabaretts zu gründen; er war auch Mitherausgeber von *Das Wespennest*, der ersten satirischen Zeitschrift im Nachkriegsdeutschland. Harlan hatte bis 1950 mehr oder weniger Berufsverbot, aber seinen Anspruch, wichtigster Regisseur in Deutschland zu sein, hatte er nicht aufgegeben, und er behauptete ihn wieder nach seinem Freispruch. In einem Brief an seinen Bruder Peter warf Harlan Kästner „Hetzpropaganda" vor. „Seit wann", schrieb er, „ist man verpflichtet, gut zu sein – und zwar im bürgerlichen Sinne?" Am Beispiel Michelangelos, so Harlan, könne man sehen, dass man bei anfechtbarem Charakter trotzdem ein großer Künstler sein kann. Harlan verstrickt sich so in Widersprüche: Auf der einen Seite betonte er seinen eigenen Mut während der Nazizeit, auf der anderen erwartet er, dass man Künstler nicht nach moralischen Prinzipien beurteilt. Beide Argumente waren aber eine Reaktion auf dasselbe Problem. Gerade durch die Distanzierung zu Harlan versuchten andere ihre eigene Lauterkeit unter Beweis zu stellen.[190]

## Harlan gegen die VVN: Unerwünscht im Waterloo-Theater

Hamburgs Waterloo-Theater hatte einen Ruf als eines der wenigen Kinos, die während der NS-Zeit eine gewisse Unabhängigkeit bewahren konnten. Heinrich Bernhard Heisig, Geschäftsführer seit 1934, war kein Freund der Nazis: Er wurde sogar in den 30er Jahren für eine kurze Zeit in „Schutzhaft" genommen.[191] Verfechter eines sozial engagierten Kinos, brachte Heisig viele englische, russische und französische Filme – und amerikanische. „Trotz der wütenden Angriffe der Nazipresse", so Heisig nach dem Krieg, „zeigte ich, wie ich heute noch mit Genugtuung feststellen kann, bis zum November 1940 amerikanische Filme."[192] Nach der Befreiung fungierte das Waterloo-Theater als offizielles Erstaufführungstheater für die gesamte britische Zone. Hier kamen wichtige Filme über den Holocaust auf die Leinwand, wie zum Beispiel der Dokumentarfilm *Die Todesmühlen* (1946) und *Morituri* (1948), ein Spielfilm von Eugen York, der sogar am 24. September 1948 im Waterloo-Theater seine deutsche Erstaufführung erlebte. Hier fand am 17. April 1948 die Hamburger Premiere von Kurt Maetzigs erstem DEFA-Film statt: *Ehe im Schatten* (1947). Der Film behandelt die tragische Situation von Joachim Gottschalk und Meta Wolff im „Dritten Reich" bis zu ihrem Freitod. Bei der Premiere kam es zu einem Eklat. Veit Harlan und Kristina Söderbaum weilten unter den Zuschauern. Aber nicht lange. Kurz vor Beginn der Vorstellung hagelte es Proteste. Vertreter der VVN – der Vereinigung der Verfolgten des Naziregimes – und der Notgemeinschaft der durch die Nürnberger Gesetze Betroffenen bestanden darauf, dass Harlan und Söderbaum des Hauses verwiesen werden. Heisig kam dieser Forderung nach und bat Harlan und Söderbaum, das Kino zu verlassen. Nach der Aufführung bei der anschließenden Pressekonferenz erklärten sich „sämtliche Teilnehmer der Premiere" mit dem Rausschmiss solidarisch.[193]

Der kleine Skandal schlug Wellen. Darüber wurde in der Presse weit über Hamburg hinaus berichtet. Bei dem Film *Ehe im Schatten* ging es um Opfer des Naziregimes – unter den Zuschauern saßen einige davon. Die Reaktion auf Harlans Anwesenheit zeigte deutlich, dass dieser, auch wenn er sich zu den Opfern von Goebbels zählte, nicht zu diesen gehörte. Im Gegenteil: Er war Nutznießer des Regimes gewesen und hatte auch bei einem antisemitischen Film Regie geführt. Jetzt war es Harlan, der erleben musste, was es heißt, ausgegrenzt zu werden. Hier wurden zwar wieder Linien trennscharf ge-

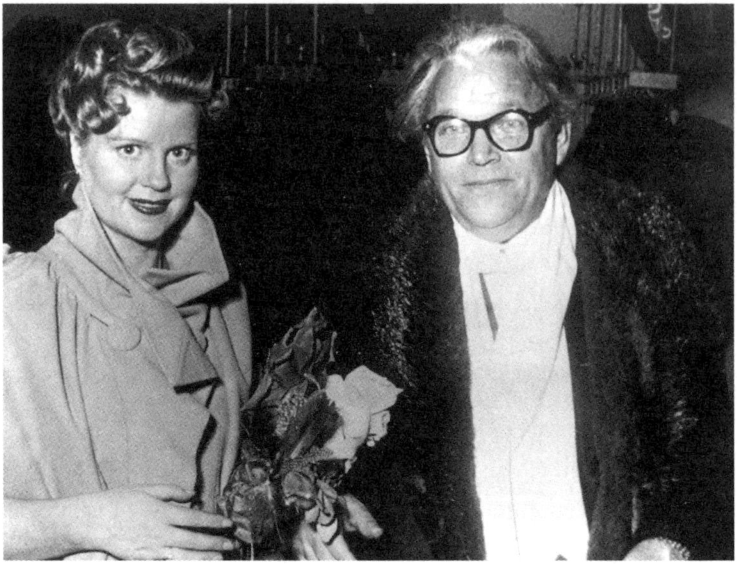

Veit Harlan mit Ehefrau Kristina Söderbaum 1953

zogen, die den Widersprüchen zwischen Harlans persönlichem und beruflichem Verhalten keine Rechnung trugen. Denn Harlan hatte sich ja bemüht, Gottschalk und seiner Frau zu helfen. Unter anderem hatte er für Gottschalks Frau und Kind eine Ausreisegenehmigung in die Schweiz besorgt, woraufhin Goebbels angeblich bereit gewesen wäre, Gottschalk wieder in einem Film auftreten zu lassen.[194] *So* gesehen hatte Harlan vielleicht das Recht, unter den Zuschauern zu sitzen. Aber in dem Augenblick, wo *Ehe im Schatten* zur Vorführung kam, galt nicht sein Einsatz für einzelne Juden, sondern seine filmische Unterstützung der nationalsozialistischen Verfolgungspolitik, unter der Gottschalk und seine Frau und Millionen andere zu leiden hatten.

Harlan protestierte vehement gegen den Kinoverweis und gegen falsche Berichte in der Presse. Hier wurde zum Beispiel behauptet,

Harlan sei uneingeladen erschienen, und zwar auffällig gekleidet. Dagegen betonte Harlan, er sei mit einer „ordnungsgemäßen Einladung" (durch Freunde) ins Kino gekommen und keineswegs mit „weiten Pumphosen, karierten Kniestrümpfen" oder „mit türkischer Zipfelmütze und einer bis über den Rücken hängenden Quaste", sondern in einem normalen Anzug.[195] Harlan drohte der *Welt*, der *Hamburger Allgemeinen Zeitung* und der *Neuen Zeitung* mit einem Strafverfahren, falls „keine Berichtigung der entstellten Wiedergabe" erfolgen würde.[196] Tatsächlich wurde seine schriftliche Berichtigung in der Presse gedruckt. Zweifelsohne bezweckte die Falschdarstellung – uneingeladen und geckenhaft angezogen – die Herabsetzung von Harlan als eitlen Eindringling. Schlimmer wurde die Situation, als Harlan sich beim Kinobesitzer Heisig über den Rausschmiss beschwerte und eine Art Warnung aussprach: „Die Welt ist rund. Eines Tages wird meine Frau wieder auf der Leinwand sein und ich neben der Kamera – ich möchte Ihnen daher im Sinne einer weit schauenderen (sic) Vernunft den Rat geben, sich für die peinliche Szene zu entschuldigen."

Dadurch provozierte Harlan nur noch mehr. Wenig später erschienen Harlans Brief und Heisigs Antwort im von Heisig mitgegründeten *Film-Echo*, zusammen mit einem Brief von Walter Koppel, an den Heisig Harlans Brief weitergeleitet hatte.[197] Koppel, deutscher Jude, 1942 von den Nazis wegen „Hochverrat" verurteilt, hatte 1947 in Hamburg die Real-Film GmbH mitgegründet. Angesichts Harlans „Taktlosigkeit" bezeichnete Heisig dessen Ansinnen, er, Heisig, sollte sich entschuldigen, als „absurd": „‚Die Welt ist rund', Herr Harlan, aber sie hat dennoch viele Ecken." Auf Harlans spitze Bemerkungen reagierte Heisig scharf: „Ihrer ‚weitschauenden Vernunft' zu folgen, halte ich nicht für ratsam." Denn wenn Harlans Vernunft wirklich so weitschauend gewesen wäre, hätte er wohl den Durchhaltefilm *Kolberg* (UA: 30.01.1945) nicht gedreht. Schließlich war der kommende totale Zusammenbruch klar erkennbar „auch für den Unbefangensten". Koppel empfand Harlans Bemerkung „die Welt ist rund" durchaus als Drohung: „Diese prononcierte Feststellung birgt die ganze Lebensweisheit des Opportunisten in sich und alle Philosophie des laissez faire." Beide Lebensanschauungen beschrieb Koppel als „verabscheuungswürdig".[198] Die genaue Bedeutung von Harlans Drohung blieb zwar etwas unklar. Klar war es aber, dass er mit seiner Rehabilitierung und mit der Fortsetzung seiner erfolgreichen Karriere als Regisseur rechnete – mit der Rückkehr also zu einer Position kultureller Stärke, die für seine Feinde nur von Nachteil wäre.

## Harlan contra Prinz

Harlans moralische Selbstüberhöhung speiste sich aus seiner Überzeugung, er sei der Einzige in der Filmbranche gewesen, der wirklich energisch versucht hatte, Goebbels die Stirn zu bieten und Juden zu helfen. Sie wurde dadurch verstärkt, dass er meinte, gegen eine unfaire Doppelmoral (zum Beispiel bei Kästner) und Diskriminierung (Kinoverweis) ankämpfen zu müssen. In seinen eigenen Augen war er zum Opfer eines Bewältigungsbetriebs geworden, der ihm eine Sündenbockrolle zuschrieb. Ganz unrecht hatte er nicht. Viele in der ehemaligen nationalsozialistischen Filmindustrie haben fragwürdige Rollen gespielt, aber es war Harlan, der im Rampenlicht der Kritik stand. Indem er aber diese Kritik nicht nur nicht akzeptierte, sondern mit allen ihm zur Verfügung stehenden Mitteln (auch juristischen) zu entkräften versuchte, zog er nur noch mehr Kritik auf sich. In der Presse wurde er oft als der lospolternde Uneinsichtige dargestellt. Sein ungebrochenes, aber verletztes Selbstwertgefühl führte ihn sogar dazu, mit Drohungen und Anschuldigungen gegen Juden um sich zu werfen, wie im Falle des Rabbis Joachim Prinz.

Harlan und Prinz kannten einander schon lange, bevor Prinz – damals Rabbi in Berlin – 1937 nach Amerika emigrieren konnte. Im Juli 1948 schrieb Harlan an Prinz einen Brief, in dem er ihm eine „Unterhaltung" über den kommenden Prozess in Hamburg (wo Harlan wegen Verbrechen gegen die Menschlichkeit vor Gericht musste) anbot. Laut Harlan könnte der Prozess nur Unheil bedeuten, „Unheil für das Judentum, Unheil für das geschlagene deutsche Volk, Unheil für die westlichen Siegermächte". *Jud Süß*, schrieb Harlan, war kein Hetzfilm, sondern eine „Darstellung des jüdischen Problems mit künstlerischen Mitteln". Wegen der ungeheuren Verbrechen, die die Deutschen am Judentum begangen hatten, wären sie nicht berechtigt, „über das allzu Menschliche des jüdischen Problems" zu reden. Wenn die Verteidigung vor Gericht trotzdem „erzwungen wird zu sprechen", dann würde erneut ein Gegensatz heraufbeschworen werden, „der im Interesse des Friedens besser überbrückt würde durch den Willen zur Verständigung und zur gegenseitigen Toleranz". Hier verteidigt Harlan seinen Film, als würde *Jud Süß* ein objektiv bestehendes jüdisches „Problem" beschreiben. Das erinnert stark an die Terminologie der NS-Ideologie.

Harlans Brief war letztlich eine Drohung: Am Ende würden die Juden durch den Prozess mehr zu leiden haben als er, vermutlich, weil ihre „problematischen" Seiten zur Sprache kommen würden. Prinz reagierte gelassen, aber deutlich: „Was das Unheil betrifft, das dem jüdischen Volk aus dem Prozess entstehen könnte – lassen Sie das unsere Sorge sein." Die Hauptsache wäre, dass Gerechtigkeit geschieht. Wenn nur ein einziger Jude „durch den Film gelitten hätte und in den Tod getrieben wäre, wäre das Grund genug, die Menschen, die ihre Künstlergabe in den Dienst der Henker gestellt haben, vor das Tribunal des Rechtes zu zitieren". Dieser Briefwechsel wurde in mehreren westdeutschen und Berliner Zeitungen gedruckt und warf kein gutes Licht auf Harlan.[199] Im August 1948 antwortete Harlan auf Prinz in einem Brief, den er allerdings (laut Aktenlage) nicht abschickte. Wie so oft in seiner Korrespondenz wies er darauf hin, dass der Auftrag, *Jud Süß* zu drehen, ein Goebbels-Befehl war. Dann informierte er Prinz, dass „zahlreiche orthodoxe Rabbiner und Cantoren" vom Oberrabbiner in Prag den Auftrag bekommen hätten, „sich den Aufnahmen zur Verfügung zu stellen". Daraus schließt Harlan, diese Juden hätten ihr Volk verraten, weil sie sich ebenfalls „in den Dienst der Henker" gestellt hätten.[200] Zwar schreibt Harlan, dass die Juden dafür keine Schuld trifft, aber er macht sie mitverantwortlich – obwohl es keineswegs klar ist, ob sie wussten, worum es in dem Film ging oder inwiefern die Synagogenszenen durch Harlan selbst gestaltet wurden. Die Funktion dieser Szenen, nämlich die Juden als kulturell fremdartig darzustellen, haben die mitspielenden Juden mit Sicherheit nicht verstanden. Dass Harlan den Zwang, unter dem diese Juden standen, mit dem Zwang vergleicht, unter dem er vermeintlich stand, ist ein weiteres Indiz dafür, dass ihm manchmal jeder Realitätssinn abhandenkam. Die meisten der damals mitspielenden Juden sind nachher im Holocaust umgekommen.

In seinem nicht abgesandten Brief bestritt Harlan, dass *Jud Süß* Pogrome ausgelöst hatte (Prinz hatte von der verheerenden Auswirkung einer Vorführung in Krakau berichtet). Aber er zögerte nicht, Juden eine Mitverantwortung für einen antisemitischen Film zuzuschieben. Dadurch werden die Opfer zu Mittätern. In seiner Replik auf den Autor des Romans *Jud Süß* (1925) Lion Feuchtwanger verfolgt Harlan eine ähnliche Selbstentlastungsstrategie. Feuchtwanger hatte 1941 im amerikanischen Exil einen offenen Brief veröffentlicht, in dem er Harlan und die *Jud-Süß*-Schauspieler scharf zur Rechenschaft zog: Sie hätten aus seinem Roman einen „wüst antisemitischen Hetzfilm im Sinne Streichers und seines ‚Stürmers' gemacht".[201] Er hatte auch die

Frage nach ihrer künstlerischen und moralischen Verarmung gestellt: „Man kann, fürchte ich, nicht sieben Jahre hindurch gesinnungsloses, schlechtes Theater machen, ohne dass man an Talent einbüßt. Sonderbarerweise verlumpt gleichzeitig mit der Seele auch die Kunst."[202] Der offene Brief wurde erst 1947 in Deutschland bekannt. Harlan schrieb an Feuchtwanger und warf ihm vor, er würde von der Situation im „Dritten Reich" nichts verstehen. Es folgte ein Absatz, in dem Harlan Feuchtwanger dafür verantwortlich machte, dass sein Film *Jud Süß* überhaupt entstanden ist. Harlan bezeichnet Feuchtwangers Roman als Propaganda – für Jud Süß. Denn Feuchtwanger, so Harlan, hätte einen „verbrecherischen Menschen" zu reinigen versucht. Diese Propaganda wäre dann Goebbels „in den Schoß" gefallen, der sich provoziert fühlte, eine Gegenpropaganda zu schaffen. Auch wenn Feuchtwanger in seinem Roman von edlen Motiven und Goebbels von hassenswerten ausgegangen sei, „so bleibt doch eine Unwahrheit eine Unwahrheit".[203]

Nach dieser Lesart wäre durch die vermeintliche Einseitigkeit des *Jud-Süß*-Romans von Feuchtwanger ein dialektischer Prozess in Gang gesetzt worden. Harlan übersieht völlig, dass Feuchtwangers Darstellung von Jud Süß in seinem Roman nicht nur positiv war. Harlan betonte, er habe das Menschliche an Jud Süß aufzeigen wollen.[204] Wenn es aber darauf ankam, Feuchtwanger anzugreifen, dann stellte er Jud Süß als „Verbrecher" dar. Seine Selbstentlastungsmethoden variierten je nach Adressaten.

## Die misslungene Entnazifizierung

Seit Kriegsende durfte Harlan als Regisseur oder Schauspieler nicht mehr auftreten. Das war angesichts von *Jud Süß* nur verständlich. Weil aber der Verlauf der Entnazifizierung (nicht nur) von Künstlern in den Besatzungszonen mehr als einige Inkonsistenzen aufwies, empfand sich Harlan auch hier als Opfer. Der Schauspieler Wolfgang Staudte hatte eine Rolle in *Jud Süß* übernommen – laut Harlan durchaus freiwillig. Gleich nach dem Krieg inszenierte Staudte den ersten DEFA-Spielfilm *Die Mörder sind unter uns* (1946), der ihn sofort berühmt machte. „Aus welchem Grunde also bin ich nun derjenige, der bestraft, verfolgt und verachtet werden muß", schrieb Harlan, „während er derjenige ist, der beklatscht, bejubelt und verehrt werden darf und überall dort Eingang findet, wo mir die Türen versperrt sind?"[205] Staudtes Rolle in *Jud Süß* war allerdings sehr klein. Werner Krauß, der eine Hauptrolle als Sekretär Levy und weitere jüdische Nebenrollen spielte, musste eine langwierige Entnazifizierung über sich ergehen lassen, die mit seiner Einstufung als „Mitläufer" endete.[206] Harlans Spruchkammerbescheid fiel günstiger aus. Beschwert hat sich Harlan meines Wissens nie über den Fall Wolfgang Liebeneiner. Liebeneiner hat den Euthanasie-Film *Ich klage an* (1941) gedreht, konnte aber während seines Entnazifizierungsprozesses ungehindert seinem Beruf nachgehen. 1947 erschien sein wichtiger Nachkriegsfilm *Liebe 47*. Dass Harlan zu Liebeneiner schwieg, lag wohl teilweise daran, dass Liebeneiner ihm eine wichtige Stütze wurde.

Mit dem Ausgang seiner Entnazifizierung aber konnte Harlan nicht unzufrieden sein: Mitte Dezember 1947 stufte ihn der Hamburger Zentralausschuss für die Ausschaltung von Nationalsozialisten in die Gruppe V der „Unbelasteten" ein. Die Entscheidung wurde über den Kopf des für Kultur zuständigen Fachausschusses 7 und eines vom Zentralausschuss selbst eingesetzten Unterausschusses getroffen. Nicht nur das war skandalös. Der Zentralausschuss traf die Entscheidung, bevor belastendes Material, das in Berlin zusammengestellt worden war, in Hamburg eingesehen werden konnte. Dazu kam, dass vor dem Zentralausschuss lediglich zwei Zeugen gehört wurden: Kristina

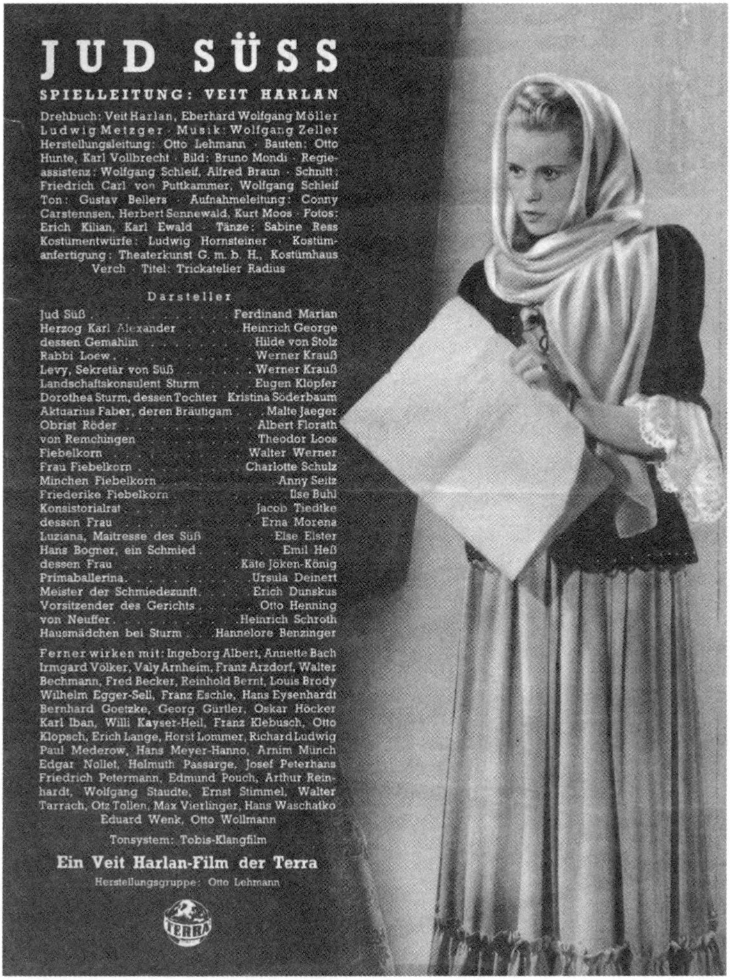

# JUD SÜSS

**SPIELLEITUNG: VEIT HARLAN**

Drehbuch: Veit Harlan, Eberhard Wolfgang Möller Ludwig Metzger · Musik: Wolfgang Zeller Herstellungsleitung: Otto Lehmann · Bauten: Otto Hunte, Karl Vollbrecht · Bild: Bruno Mondi · Regieassistenz: Wolfgang Schleif, Alfred Braun · Schnitt: Friedrich Carl von Puttkammer, Wolfgang Schleif Ton: Gustav Bellers · Aufnahmeleitung: Conny Carstennsen, Herbert Sennewald, Kurt Moos · Fotos: Erich Kilian, Karl Ewald · Tänze: Sabine Ress Kostümentwürfe: Ludwig Hornsteiner · Kostümanfertigung: Theaterkunst G. m. b. H., Kostümhaus Verch · Titel: Trickatelier Radius

Darsteller

| | |
|---|---|
| Jud Süß | Ferdinand Marian |
| Herzog Karl Alexander | Heinrich George |
| dessen Gemahlin | Hilde von Stolz |
| Rabbi Loew | Werner Krauß |
| Levy, Sekretär von Süß | Werner Krauß |
| Landschaftskonsulent Sturm | Eugen Klöpfer |
| Dorothea Sturm, dessen Tochter | Kristina Söderbaum |
| Aktuarius Faber, deren Bräutigam | Malte Jaeger |
| Obrist Röder | Albert Florath |
| von Remchingen | Theodor Loos |
| Fiebelkorn | Walter Werner |
| Frau Fiebelkorn | Charlotte Schulz |
| Minchen Fiebelkorn | Anny Seitz |
| Friederike Fiebelkorn | Ilse Buhl |
| Konsistorialrat | Jacob Tiedtke |
| dessen Frau | Erna Morena |
| Luziana, Maitresse des Süß | Else Elster |
| Hans Bogner, ein Schmied | Emil Heß |
| dessen Frau | Käte Jöken-König |
| Primaballerina | Ursula Deinert |
| Meister der Schmiedezunft | Erich Dunskus |
| Vorsitzender des Gerichts | Otto Henning |
| von Neuffer | Heinrich Schroth |
| Hausmädchen bei Sturm | Hannelore Benzinger |

Ferner wirken mit: Ingeborg Albert, Annette Bach Irmgard Völker, Valy Arnheim, Franz Arzdorf, Walter Bechmann, Fred Becker, Reinhold Bernt, Louis Brody Wilhelm Egger-Sell, Franz Eschle, Hans Eysenhardt Bernhard Goetzke, Georg Gürtler, Oskar Höcker Karl Iban, Willi Kayser-Heil, Franz Klebusch, Otto Klopsch, Erich Lange, Horst Lommer, Richard Ludwig Paul Mederow, Hans Meyer-Hanno, Arnim Münch Edgar Nollet, Helmuth Passarge, Josef Peterhans Friedrich Petermann, Edmund Pouch, Arthur Reinhardt, Wolfgang Staudte, Ernst Stimmel, Walter Tarrach, Otz Tollen, Max Vierlinger, Hans Waschatko Eduard Wenk, Otto Wollmann

Tonsystem: Tobis-Klangfilm

**Ein Veit Harlan-Film der Terra**

Herstellungsgruppe: Otto Lehmann

Die Besetzungsliste von *Jud Süß* im *Illustrierten Film-Kurier*, Nr. 3130; Werner Krauß spielte gleich mehrere Juden

Söderbaum und eben Wolfgang Liebeneiner.[207] Söderbaum hat ihren Mann verständlicherweise verteidigt. Weil sie eine führende Rolle bei *Jud Süß* spielte, hätte natürlich jede kritische Stellungnahme zum Film ein schlechtes Licht auf ihre Beteiligung geworfen. Liebeneiner, als damaliger Produktionsleiter der UFA unter anderem für Harlans *Kolberg* mitverantwortlich, hielt *Jud Süß* nicht für antisemitisch. Das überrascht nicht. Wer im Glashaus sitzt, wirft nicht mit Steinen. Hätte Liebeneiner behauptet, *Jud Süß* sei ein antisemitischer Film, hätte Harlan keinen Augenblick gezögert, Liebeneiner vorzuwerfen, er habe mit *Ich klage an* das nationalsozialistische Euthanasieprogramm unterstützt. Eine ähnliche Beziehung instrumentellen Charakters unterhielt Harlan zu dem früheren Filmintendanten im Propagandaministerium Fritz Hippler, der nach dem Krieg Harlans Einschätzung, er wäre ein Opfer von Goebbels gewesen, immer wieder bestätigte. Als Gegenleistung verzichtete Harlan während seines Prozesses darauf, von der deutschen Justiz zu verlangen, sie sollte auch strafgerichtlich gegen Hippler vorgehen.[208] Schließlich hatte Hippler den antisemitischen Kompilationsfilm *Der ewige Jude* (1940) hergestellt.[209]

Harlans Verteidigungsstrategie während der Entnazifizierung in Hamburg baute auf ein einfaches Argument: Er habe darauf hingewirkt, dass „die Sympathie des Publikums sich in dem von ihm inszenierten Film ‚Jud Süß' von dem Herzog von Württemberg abwandte, und dass das Schicksal des Jud Süß Mitleid erwecke".[210] Dieses Argument wurde anscheinend von dem Zentralausschuss akzeptiert – nicht ohne Harlans Zutun. Am 25. November 1947 hatten sich die Mitglieder des Ausschusses zusammen mit Harlan *Jud Süß* angeschaut. Daraufhin schrieb Harlan an den Ausschuss einen Brief, in dem er behauptete, er habe im Film ein Judentum porträtiert, „welches sich in der Abwehr gegen Grausamkeit, Entrechtung und Ausweisung aus dem Land befindet". Sein Film habe eine Situation geschildert, die die Nürnberger Rassengesetze vom Jahr 1935 „vorwegnimmt". Diese Situation aber wird keineswegs als „Folgeerscheinung für ein vorgeblich

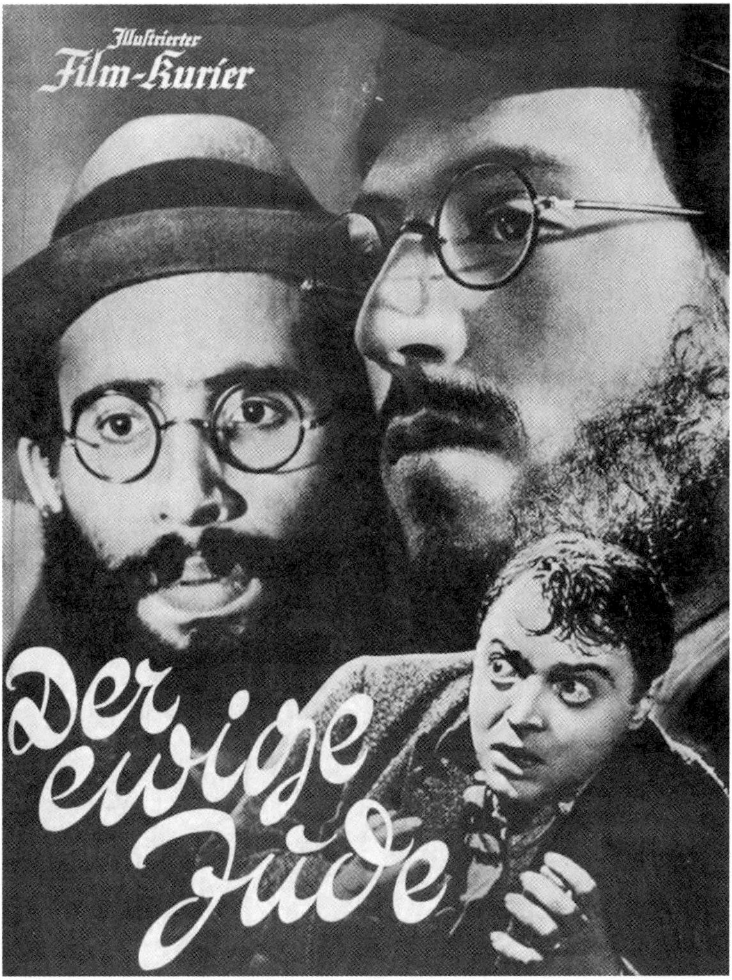


Titelseite des *Illustrierten Film-Kuriers*, Nr. 3152, zum Film *Der ewige Jude*, 1940; unten rechts: der 1933 emigrierte jüdische Schauspieler Peter Lorre

schädliches Verhalten der Juden gegen die Deutschen" dargestellt. Im Film seien es die Deutschen, die die Juden angreifen, und nicht umgekehrt. Wenn man Harlan hier folgt, dann ist *Jud Süß* ein Film, der den historischen und nationalsozialistischen Antisemitismus kritisiert – trotz der Änderungen durch Goebbels, die Harlans ursprüngliche Absicht „nicht völlig zerstören" konnten.[211] Angesichts der Tatsache, dass Jud Süß im Film ganz Württemberg gnadenlos auspresst, gegen die Landstände vorgeht, Dorothea vergewaltigt und sie in den Tod treibt, ist Harlans Interpretation nicht nur gewagt, sondern absurd. *Jud Süß* rechtfertigt den antijüdischen Standpunkt der Nichtjuden, fordert die Zuschauer dazu auf, diesen Standpunkt zu teilen, und billigt die Ausgrenzung der Juden durch den Judenbann.

Während viele Gruppe-V-Einstufungen von ehemaligen Tätern, Mittätern und Mitläufern unbemerkt oder unkommentiert blieben, trat bei Harlan das Gegenteil ein. Kaum war die Meldung bekannt, trat der Fachausschuss 7 aus Protest zurück. Sofort kündigte die Entnazifizierungskommission für Kunstschaffende in Berlin an, weiteres Belastungsmaterial zusammenzustellen. Der Verband der Filmproduzenten in der Amerikanischen Besatzungszone forderte seine Mitglieder auf, jegliche Zusammenarbeit mit Harlan abzulehnen, und der Vorstand des Filmklubs in Berlin protestierte gegen die Einstufung in einer Erklärung.[212] Der Filmklub forderte auch alle Filmschaffende in Deutschland dazu auf, Informationen über das politische Verhalten Harlans während der Nazizeit der Kommission mitzuteilen.[213] Die Proteste zeigten Wirkung. Plötzlich erklärte der Zentralausschuss, die Entnazifizierung Harlans sei gar nicht abgeschlossen; es sollte ein Sonderausschuss gebildet werden und eine Sonderaufführung von *Jud Süß* und *Kolberg* organisiert werden, zu der auch die Presse eingeladen würde.[214] Nachdem der Hamburger Senator Franz Heitgres (KPD) in seiner Funktion als Vorsitzender des Komitees ehemaliger politischer Gefangener eine Filmvorführung von *Jud Süß* in Abwesenheit Harlans organisierte, schrieb ihm dieser einen Brief. Hier äußerte er die Besorgnis, die Zuschauer von heute, „von dem Gift der Polemik angesteckt", seien nicht in der Lage, in dem Film das zu sehen, was die damaligen Zuschauer in ihm gesehen hätten – nämlich „dass die Juden im Kampf gegen den Antisemitismus lagen".[215] So mutierte unter Harlans Rechtfertigungen ein antisemitischer in einen philosemitischen Film.

Harlans Versuch, *Jud Süß* umzuinterpretieren, wurde von den jüdischen Opfern der Nationalsozialisten schärfstens kritisiert. Die Behauptung, der Film sei nicht antisemitisch, sei ein „Hohn auf die Opfer des Faschismus", meinte etwa Kurt Epstein, Staatskommissar für Wiedergutmachung in Hessen, der im KZ Dachau eingesessen hatte. *Jud Süß*, so der Mitbegründer der VVN in Hessen Hans Mayer, habe die „geistigen Voraussetzungen für Auschwitz und Maidanek geschaffen".[216] Vertreter der Filmwelt waren genauso entsetzt über Harlans Apologetik. Harlan, so der Vorstand des Berliner Filmklubs, habe „im Auftrage des Propagandaministeriums antisemitische und militaristische Filmpropaganda getrieben".[217] Im Protest des Filmklubs allerdings spiegelt sich die ganze Zwiespältigkeit der Reaktionen auf Harlan. Zum Vorstand des Berliner Filmklubs gehörten Josef von Báky und Herbert B. Fredersdorf. Der Ungar Báky war ein wichtiger Regisseur der nationalsozialistischen Unterhaltungsindustrie gewesen: Seine Filme *Annelie* (1941) und *Münchhausen* (1943) waren große Erfolge. Fredersdorfs Vergangenheit war noch problematischer, hatte er doch mit *Spähtrupp Hallgarten* (1941) ebenfalls „militaristische Filmpropaganda" getrieben: Der Film spielte im von der Wehrmacht besetzten Norwegen, und wurde nach dem Krieg von den Alliierten verboten.[218] Einige der Regisseure und Schauspieler, die sich nach 1945 explizit von Harlan abwandten, hatten auch mit den Nazis auf fragwürdige Weise kollaboriert. Ihre Mitschuld, auch wenn sie nicht so beträchtlich war wie seine, haben sie auf Harlan abgeladen.

Nichtsdestotrotz war die breite Front, die sich gegen Harlans Entlastung zwischen politisch und rassisch Verfolgten, Künstlern, Politikern und Pressevertretern bildete, beeindruckend. Es herrschte ein Konsens angesichts der Opfer des Judenmordes, dass „Männer wie Krauß und Harlan“ keinen Platz mehr in der Gemeinschaft derer haben, „die der Erneuerung der deutschen Kunst dienen wollen und dürfen“.[219] Peter de Mendelssohn – nach dem Krieg Pressechef bei der britischen Kontrollkommission in Düsseldorf – beschrieb Harlans Entnazifizierung als „das wichtigste geistige Ereignis innerhalb Deutschlands“ im Jahre 1947. „Diese Ruchlosigkeit versteht sich (leider) von selbst“, schrieb er weiter: „und wer das nicht begreift, darf (es tut mir leid) auch nicht mitreden.“ Das wichtigste geistige deutsche Ereignis überhaupt, so Mendelssohn, hatte sich außerhalb Deutschlands abgespielt – die Veröffentlichung von Thomas Manns Alterswerk, dem Roman *Dr. Faustus*.[220] Mendelssohn kontrastierte einen geistigen Tiefpunkt innerhalb Deutschlands mit einem Höhepunkt außerhalb Deutschlands. Aber auch Hoffnung war in seinem Artikel zu spüren, nämlich dass der Tiefpunkt ein Wendepunkt sein könnte.

Das hofften wohl auch einige Opfer des Nationalsozialismus. Am 3. Januar 1948 schrieb die Notgemeinschaft der durch die Nürnberger Gesetze Betroffenen an den Generalstaatsanwalt in Hamburg und bat im Falle Harlans um die Erhebung einer Anklage wegen Verbrechens gegen die Menschlichkeit. Der Film habe den „eindeutigen Zweck“ gehabt, „die deutsche Bevölkerung sowie die Bevölkerung der von Deutschland besetzt gewesenen Gebiete gegen die jüdischen Bevölkerungsteile aufzuhetzen“.[221] Anfang Februar 1948 zeichnete sich schon ab, dass die Staatsanwaltschaft ein Verfahren gegen Harlan eröffnen würde. Eventuell spielte auch der Vorsitzende der Jewish Agency und spätere israelische Premierminister David Ben-Gurion bei der Einleitung rechtlicher Schritte eine Rolle. Peter Witte, damals Ministerialreferent des Sonderministeriums für Entnazifizierungsfragen und Mitglied der Kommission für Sozialfragen bei der UNESCO, schrieb später an Harlan, er hätte sich in Jerusalem und Tel Aviv mit Ben-Gurion und Golda Meir getroffen. Ben-Gurion bat ihn, Harlans Entnazifizierungsakte an die Gerichtsbehörden weiterzuleiten, was Witte dann tat – gegen die ausdrückliche Empfehlung von Erzbischof Kardinal Faulhaber, der den Ausgang des Entnazifizierungsverfahrens als ausreichend betrachtete.[222] Wer auch immer an der Einleitung des Verfahrens beteiligt war, Harlan fühlte sich wiederum zu Unrecht angegriffen. Er schrieb sofort an den Präsidenten des Landgerichts Hamburg und beteuerte seine Unschuld mit den bekannten Argumenten (er hätte Juden geholfen und hätte bei *Jud Süß* unter Zwang gestanden).[223] Seine Sorgen waren letztlich unbegründet. Das Gerichtsverfahren brachte ihm einen Freispruch.

## Der Harlan-Prozess

Was oft verkürzt als der „Harlan-Prozess" bezeichnet wird, waren eigentlich zwei Prozesse vor dem Hamburger Landgericht, das entscheiden musste, ob Harlan an der Verfolgung der Juden mitgewirkt hatte und sich daher eines Verbrechens gegen die Menschlichkeit schuldig gemacht hatte.

Der erste, am 3. März 1949 eröffnet, endete am 23. April 1949 mit einem Freispruch. Die Staatsanwaltschaft ging in die Revision. Am 12. Dezember 1949 hob der Oberste Gerichtshof der Britischen Zone das Urteil auf und verwies den Fall an das Landgericht in Hamburg zurück. Harlan wurde am 29. April 1950 erneut freigesprochen – diesmal endgültig, denn die Staatsanwaltschaft verzichtete diesmal auf

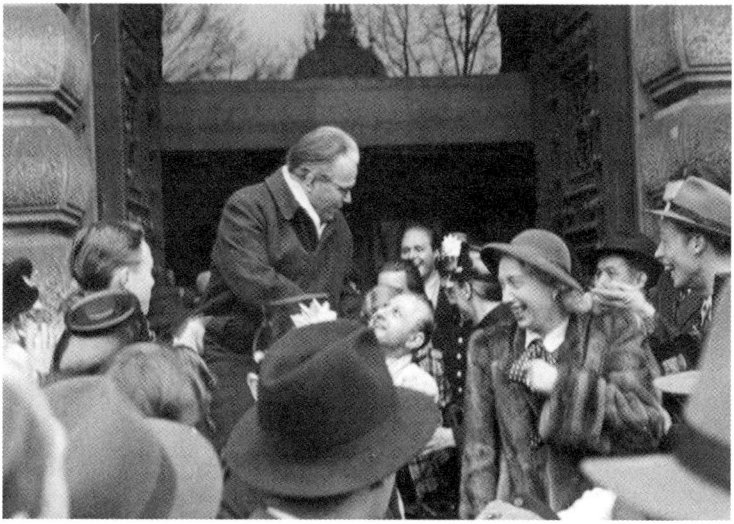

Veit Harlan wird nach dem Freispruch des Hamburger Schwurgerichts am 23. April 1949 von Anhängern auf den Schultern aus dem Gerichtsgebäude getragen

einen Revisionsantrag. Wie kam es zu diesem Urteil? Wie wurde es begründet?

Im ersten Prozess kam das Schwurgericht zu dem Schluss, es gebe keine konkreten Beweise dafür, dass *Jud Süß* Verbrechen gegen die Menschlichkeit ausgelöst hätte.[224] Zwar befand das Gericht, *Jud Süß* sei ein antisemitischer Hetzfilm und Harlan habe daher an einem Angriffsverhalten gegen die Juden mitgewirkt. Allerdings sei der Zweck des Filmes laut der Urteilsfindung nicht eindeutig feststellbar. Es schien dem Gericht unwahrscheinlich, dass Goebbels mit *Jud Süß* den Widerstand gegen die nationalsozialistischen Judenmaßnahmen hätte schwächen wollen: schließlich hätte es einen öffentlichen Protest dagegen nie gegeben. Das Gericht war auch nicht davon überzeugt, dass der Film als Begleitpropaganda für die Massendeportationen und anschließende Vernichtung der Juden beabsichtigt war, denn zur Zeit der Filmherstellung 1939/40 seien diese Deportationen und der Holocaust noch nicht geplant gewesen. Ohne ausreichende Erklärung kommt das Urteil zu dem Schluss, die Nazipropaganda hätte 1940 eine Art „toten Punkt" erreicht. Dazu kommt, dass der Film, so das Gericht, nicht zum Töten der Juden aufruft. Wenn der Film den Zweck gehabt hätte, die Bevölkerung in Deutschland gegenüber der Judenpolitik positiv zu stimmen, dann wäre das an und für sich kein Verbrechen gegen die Menschlichkeit gewesen.

Am bedenklichsten war die Meinung des Gerichts, es gebe keine handfesten Beweise, die Juden hätten als Folge des Filmes äußeres oder inneres „Ungemach" erlitten. Diese Ansicht war nur deshalb möglich, weil die Zeugnisse der Juden, die von der negativen Auswirkung des Filmes berichteten, von dem Landgericht nicht ernst genommen wurden. Laut dem ehemaligen Sachsenhausen-Gefangenen Walter Peiser wurden nach einer Vorführung von *Jud Süß* vor der Lagermannschaft die jüdischen Gefangenen schwer misshandelt. Das Gericht meinte, es könnte doch sein, dass die KZ-Wachen lediglich die „voraufgegangene Filmunterhaltung als billigen und bequemen Vorwand benutzt hat, wieder einmal in gewohnter Weise über die Judeninsassen des Lagers herzufallen". Der Bericht eines Soldaten, der von antijüdischen Ausschreitungen in Antwerpen nach einer *Jud-Süß*-Aufführung erzählte, wurde als unzuverlässig abgetan, weil der Zeuge die Entfernung zwischen dem Kino und der jüdischen Geschäftsstraße falsch eingeschätzt hatte. In der Urteilsfindung wurden die kontrastierenden Berichte zweier jüdischer Überlebender gegeneinander ausgespielt. Norbert Wollheim, ein Auschwitz-Überlebender, hatte die Angst der Reichsvereinigung der Juden in Deutschland geschildert, als *Jud Süß* angekündigt wurde: Sogar das Reichssicherheitshauptamt (RSHA), so Wollheim, war der Meinung, es könnte wie im November 1938 zu Ausschreitungen gegen Juden kommen. Das Gericht wertete diese Angst als Reaktion auf die Filmplakate, nicht auf den Film selbst, den Wollheim schließlich nicht gesehen habe. Dass das RSHA vor Ausschreitungen gewarnt habe, sei laut dem Urteil nur Taktik gewesen, um die Juden zu verängstigen. Dagegen nahm das Gericht den Bericht des Theresienstadt-Überlebenden Heinz Leopold viel ernster. Leopold hatte *Jud Süß* 1940 gesehen und meinte, der Film hätte bei den Juden keine Angst hervorgerufen: Sie hätten den Film eher als „eine unwesentliche Bagatelle empfunden". Leider hat das Gericht viel zu wenig beachtet, wie Nichtjuden (vor allem deutsche) auf den Film reagierten. Vor dem Landgericht Ravensburg wurde 1948 zum Beispiel ein Prozess geführt, in dem deutlich wurde, dass nach einer Vorführung von *Jud Süß* in Buchau im November 1940 SA-Männer die Fensterscheiben jüdischer Häuser eingeschlagen hatten.[225] Davon nahm das Landgericht Hamburg keine Notiz.

Die Urteilsfindung des Landgerichts Hamburg wurde in der Presse häufig sehr kritisch kommentiert, und das aus verständlichen Gründen. Die Erfahrungen der jüdischen Zeugen mit Ausnahme Leopolds wurden trivialisiert und jegliche kausale Verbindung zwischen *Jud-Süß*-Vorführungen und anschließender Gewalt gegen Juden bestritten. Die Auswirkung von Propaganda wurde dadurch negiert. Weil Gewalt eingebauter Bestandteil des NS-Systems war, wäre es auch ohne *Jud Süß* zu Gewalttaten gekommen – so die Meinung des Gerichts. Das Urteil war umso gravierender, weil es einen beträchtlichen Symbolwert hatte: Wenn *Jud Süß*, neben *Der ewige Jude* sicherlich der übelste nationalsozialistische Film, immer nur höchstens *Anlass*, nie aber *Ursache* von Gewalt gewesen war, dann galt das sicherlich auch für alle andere NS-Filme, die rassistisch angelegt waren. Im Grunde bedeutete das Urteil einen Freispruch für die gesamte NS-Filmindustrie. Am traurigsten wohl war die Tatsache, dass das Gericht auch den Zeugen Leopold ausnutzte, um zu dem Freispruch zu gelangen. Dass Leopold den Film nicht beängstigend fand, hatte wohl damit zu tun, dass für ihn in seiner Situation die unmittelbare Bedrohung durch die Gestapo weitaus beängstigender war. Dagegen empfand zum Beispiel Ralph Giordano sehr wohl Angst, als er den Film anschaute. Der vorsitzende Richter war alles andere als unvoreingenommen: Walter Tyrolf, NSDAP-Mitglied, war in der NS-Zeit Staatsanwalt am Sondergericht in Hamburg, wo er in vielen Fällen – auch bei leichtem Diebstahl oder „Rassenschande" – Todesurteile beantragt hatte. Leider war der Zeuge Leopold, dem das Gericht nur zu bereitwillig Glauben schenkte, auch nicht ganz zuverlässig. Leopold war Leiter der Gruppe „Die aus Theresienstadt", die am 4. März 1946 von den Briten aufgelöst worden war: Leopold beanspruchte für sich die Führung der jüdischen Gemeinschaft in Hamburg, leugnete aber dabei immer wieder „jeden Antisemitismus im Nachkriegsdeutschland"[226] – erstaunlich, wenn man bedenkt, dass es während des Prozesses selbst immer wieder zu antisemitischen Bekundungen unter den Zuschauern kam.

Am 12. Dezember 1949 hat wie gesagt der Oberste Gerichtshof für die Britische Zone in Köln das Urteil aufgehoben und „die Sache zur neuen Hauptverhandlung [...] an das Schwurgericht in Hamburg zurückverwiesen".[227] Im Gegensatz zum Landgericht war das Revisionsgericht davon überzeugt, dass „das in dem Hetzfilm verkörperte, gewollte tatbestandsmäßige Angriffsverhalten des Angeklagten gegen die Juden" erweisbare Folgen im Sinne des Alliierten Kontrollratsgesetzes 10, Art. II 1c verursacht hatte. Der Gerichtshof kritisierte die Würdigung des Sachsenhausen-Zeugen Peiser. Es sei gleichgültig, ob *Jud Süß* der einzige oder nur ein weiterer „Anlass" zur Misshandlung gewesen ist: Der Anlass sei im Grunde eine Ursache. Darüber hinaus vertrat der Oberste Gerichtshof den Standpunkt, dass es nicht einer unmittelbaren Schädigung bedarf, um den Tatbestand eines Verbrechens gegen die Menschlichkeit zu erfüllen. Das Landgericht hätte den Begriff der „Ursächlichkeit" viel zu eng ausgelegt. Nach Meinung des Gerichtshofes konnte eine Schädigung dadurch eintreten, dass das öffentliche Zeigen von *Jud Süß* die bereits verfolgten Juden in der öffentlichen Meinung weiter herabwürdigte und sie in ihren Menschenrechten nachhaltig verletzte, wie auch dadurch, dass der Film andere zu Angriffen gegen die Juden veranlasste oder sie jedenfalls dazu geneigt machte, „solche Angriffe Dritter zu dulden und unwidersprochen hinzunehmen". Es besteht kein Zweifel, dass der Gerichtshof die aufhetzende Wirkung des Filmes klar erkannte.

Interessanterweise werden an den unterschiedlichen Einschätzungen des Landgerichts und des Obersten Gerichtshofs Differenzen klar, die die historiografische Debatte zwischen „Intentionalisten" und „Strukturalisten" (oder „Funktionalisten") vorwegnahmen.[228] Das Hamburger Landgericht bezweifelte, dass Hitler schon in seiner Reichstagsrede vom 30. Januar 1939 – wo er von der „Vernichtung der jüdischen Rasse in Europa" sprach – den Holocaust ankündigen wollte. Das bezweifelte Harlan auch. Immer wieder betonte er, *Jud Süß* entstand zu einer Zeit, als die Nazis fest an einen baldigen Endsieg glaubten. Erst als sich die Niederlage abzuzeichnen begann, also ab 1943, wurden die „millionenfachen Morde" begangen – heraufbeschworen, so Harlan, „aus der Panik des Untergangs".[229] Dieser Interpretationsansatz stellt eine extreme Form der „strukturalistischen" Erklärung für den Holocaust dar, wonach er nicht aus langer Hand geplant wurde, sondern als Reaktion auf Entwicklungen im Zweiten Weltkrieg zu deuten ist. Allerdings hatte Harlan ein Interesse daran, jegliche Verbindung zwischen der Herstellung von *Jud Süß* und der Planung des Holocaust zu leugnen. Diese Verbindung wurde auch vom Landgericht angezweifelt – nicht aber vom Obersten Gerichtshof. Hier wurde in der Entscheidung festgehalten, Hitlers Reichstagsrede vom 30. Januar 1939 gebe seine Intention bekannt, die Juden zu ermorden. Die Rede sei also keine bloße Drohung gewesen. Damit wurde die Entstehung von *Jud Süß* in die Nähe der Holocaustplanung gerückt. Überhaupt machte der Gerichtshof zu Recht darauf aufmerksam, dass *Jud Süß* Analogien zur nationalsozialistischen Judenpolitik aufwies: Lutherzitate in dem Film rechtfertigen anscheinend die Zerstörung der Synagogen am 9. November 1938, sexuelle Beziehungen zwischen Juden und Christen wurden im Film wie im „Dritten Reich" kriminalisiert, und der Film endete mit einem Judenbann, der die Ghettoisierung der Juden durch die Nazis vorwegnimmt. Dass das Revisionsgericht, anders als das Landgericht, die möglichen Auswirkungen des Filmes nicht kleinredete, hatte wohl auch personelle Gründe. Vorsitzender des Gerichtshofes war Curt Staff, SPD-Mitglied und Landgerichtsrat. Er verlor seine Stellung nach der Machtübernahme der Nazis und wurde 1935/36 14 Monate lang im Konzentrationslager Dachau eingesperrt.

## Harlan-Prozess, zweiter Teil

Als der Gerichtshof den Fall an das Landgericht zurückverwies, erklärte er die „äußeren Tatbestände" für gegeben: Das heißt, das Gericht erkannte die menschenrechtsverletzende Wirkung des Filmes als erwiesen an. Von dem Landgericht wurde aber eine eingehende Prüfung des „inneren Tatbestandes" verlangt. Zur Schuld Harlans würde es reichen, so der Gerichtshof, wenn sich feststellen ließe, dass er bewusst und ohne Zwang einen judenfeindlichen Hetzfilm geschaffen hat, der dazu beigetragen hat, die bisherige Verfolgung der Juden zu decken und die künftige mittelbar oder unmittelbar zu unterstützen.

Was jetzt passierte, war eigentlich skandalös – auch dann, wenn man in Betracht zieht, dass die Geschworenenbank anders besetzt war. Das Landgericht, immer noch unter dem Vorsitz von dem vorbelasteten Tyrolf, machte eine hundertprozentige Kehrtwendung, vermutlich um Harlan leichter freisprechen zu können. Nach dem ersten Prozess war das Landgericht zu dem Schluss gekommen, dass Harlan, wenn er wirklich gewollt hätte, auch einen Weg hätte finden können, den Goebbels-Auftrag loszuwerden; er hätte durchaus die „erforderlichen Ausweichfähigkeiten" gehabt. Hätte er abgelehnt, hätte das keine „Bedrohung für Leib und Leben" bedeutet.[230] Als der zweite Prozess am 29. April 1950 mit einem erneuten Freispruch Harlans endete,[231] begründete das Gericht die Entscheidung mit dem Argument, Harlan hätte aus Notstand gehandelt, er sei mehr oder weniger gezwungen worden, den Film zu drehen. Jetzt hieß es auf einmal, dass „Gefahr für Leib und Leben" doch nicht ausgeschlossen werden könnte. In dem Urteil wurde das schwierige Verhältnis zwischen Goebbels und Harlan eingehend besprochen und Goebbels als absoluter Herrscher im Kulturbereich porträtiert, gegen den es schließlich unmöglich war, sich aufzulehnen.

Beide in sich widersprüchlichen Urteile des Landgerichts hatten eine fatale Signalwirkung. Die Entscheidung vom April 1949 bestritt die menschenrechtsverletzende Bedeutung und Wirkung von Nazi-Propaganda – obwohl der Internationale Militärgerichtshof in Nürnberg Julius Streicher sogar zum Tode verurteilt hatte, weil er in seiner Zeitschrift *Der Stürmer* gegen die Juden gehetzt hatte (allerdings hatte er auch zum Mord an den Juden aufgefordert, was Harlan persönlich niemals getan hatte).[232] Die Entscheidung vom April 1950 wirkte als Freibrief nicht nur für Harlan, sondern für alle Kulturschaffenden im „Dritten Reich". Das Gericht folgte Harlan, als dieser behauptete, er hätte sich als Kriegsfreiwilliger an die Front gemeldet, woraufhin ihm

Goebbels den *Jud-Süß*-Auftrag als Kriegsbefehl aufdrückte. Demnach wäre ja Harlan Deserteur gewesen, wenn er abgelehnt hätte – und für Desertion wurde die Todesstrafe verhängt. Damit erschien jegliche Form von Widerstand gegen Goebbels als sinnlos, jeder Versuch als lebensbedrohend und jeder Künstler als ein Opfer eines unumgänglichen Zwangssystems – dies, obwohl im Verlauf der Harlan-Prozesse deutlich wurde, dass sich mehrere Schauspieler geweigert hatten, im *Jud-Süß*-Film mitzuspielen, ohne dass ihnen danach etwas passiert wäre. Nicht, dass sich Harlan nicht gewehrt hätte. Ob er sich energisch und konsequent genug gewehrt hat, war die eigentliche Frage, die aber bei der Urteilsfindung im zweiten Prozess keine Rolle mehr spielte. Zeugen, die von der Auswirkung des Filmes im ersten Prozess gesprochen haben, wurden nicht ernst genommen, und im zweiten Prozess wurden in der Urteilsfindung die Stimmen der Harlan-Kritiker mehr oder weniger übergangen.

Die zwei Urteile des Landgerichts Hamburg sind ein Beweis mehr für die Unwilligkeit deutscher Gerichte, in der frühen Nachkriegszeit das Kontrollratsgesetz (KRG) Nr. 10, das Verbrechen gegen die Menschlichkeit ahndete, konsequent anzuwenden – trotz der Bemühungen des Obersten Gerichtshofes in Köln, der zuständig für die Revision von Urteilen war, die nach dem KRG Nr. 10 ergangen waren.[233] Im April 1951 hat schließlich die Bundesregierung – durch eine Initiative des Justizministeriums – die Alliierten gebeten, die Ermächtigung deutscher Gerichte zur Anwendung des KRG Nr. 10 aufzuheben. Es wurde argumentiert, das KRG Nr. 10 sei mit dem deutschen Rechtssystem unvereinbar, verstoße gegen das Rückwirkungsverbot und bedeute einen Eingriff in die westdeutsche Rechtssouveränität.[234] Am 31. August 1951 haben die Alliierten dann die Ermächtigung zur Anwendung des Gesetzes offiziell zurückgezogen. Fortan wurden NS-Prozesse nur nach deutscher Strafgesetzgebung geführt, obwohl sich das westdeutsche Strafrecht oft als ungeeignetes Mittel erwies, Verbrechen, die im Zusammenhang mit dem Genozid an den Juden zusammenhingen, effektiv zu ahnden. Die Landgerichtsprozesse gegen Harlan waren ein wichtiger Pflasterstein auf dem Weg zum Scheitern des KRG Nr. 10 vor deutschen Gerichten. Am Ende gewinnt man den Eindruck, das eigentliche Opfer eines Verbrechens gegen die Menschlichkeit war Harlan selbst, der durch einen unerbittlichen Goebbels gezwungen wurde, *Jud Süß* zu drehen.

Es schien also Anfang der 50er Jahre, als mussten sich diejenigen, die Harlans Wiedereinsteigen in das Filmgeschäft verhindern wollten, geschlagen geben. Eine apologetische westdeutsche Rechtsprechung, so könnte man meinen, stand im Widerspruch zu den fortschrittlichen Stimmen in Presse und Kultur. Zuerst war das Gericht nicht überzeugt, dass *Jud Süß* Pogrome ausgelöst hat. Überzeugt war es dann später auch nicht mehr, dass Harlan nicht unter einem unausweichlichen Zwang gestanden hatte. Allerdings haben die Richter die Maßstäbe in beiden Fällen sehr hoch gelegt. Ein Film ist ja kein schriftlicher Befehl: Trotzdem waren die betroffenen Zeugen absolut überzeugt, dass zwischen Film und Gewaltausübung ein Zusammenhang bestand. Und auch wenn man nicht absolut beweisen konnte, dass Harlan gar keine Möglichkeit hatte, den *Jud-Süß*-Auftrag abzulehnen, war es doch wahrscheinlich, dass er einen Weg gefunden hätte, wenn er es nur wirklich gewollt hätte. Mit der Entscheidung des Landgerichts war Harlans Entnazifizierung beendet. Er durfte wieder Filme machen. Die Debatte um seine Person, *Jud Süß* und andere Harlan-Filme ging aber weiter und intensivierte sich, bis in die 1960er Jahre hinein.

# Kapitel 3: Harlan wieder im Kino

## Schlägereien

Kinokrawalle sind keine Seltenheit. Im Dezember 1930, bei einer Vorführung des Antikriegsfilmes *Im Westen nichts Neues* in Berlin, ließen die anwesenden Nazis weiße Mäuse frei. Im Februar und März 1951 kam es in der Bundesrepublik zu anhaltenden Protesten gegen Willi Forsts Film *Die Sünderin* (mit Hildegard Knef) wegen angeblicher Verherrlichung von Prostitution und Sterbehilfe. Etwas weniger bekannt sind die Proteste gegen Veit Harlans neue und alte Filme in den 1950er und 1960er Jahren – hauptsächlich, aber nicht nur in der Bundesrepublik. Nach seinem Freispruch durfte Harlan wieder filmen, und es dauerte nicht lange, bis sein erster Film, *Unsterbliche Geliebte* (nach der Novelle *Aquis Submersus* von Theodor Storm), in die westdeutschen Kinos kam. Sofort formierte sich Protest. Anfang März 1951 kam es im Thalia-Theater in Wiesbaden zu einem Pfeifkonzert, Stinkbomben und einem Handgemenge mit der Polizei, wobei der Stadtverordnete Emil Dietz zu Boden gerissen wurde.[235] Ähnliche Szenen spielten sich in Aachen ab, wo Harlan-Gegner zu Beginn der Vorstellung mit Pfiffen, Pfuirufen, Nies- und Stinkpulver gegen den Film demonstrierten.[236] Am schlimmsten waren die Unruhen am 5. April 1951 bei einer Vorstellung des Films in Salzburg, wo es bei den Protesten und Gegenprotesten zu schweren Schlägereien kam, in die auch Passanten und die Salzburger Polizei verwickelt waren. 15 Menschen wurden verletzt – die meisten von ihnen jüdische „Displaced Persons".[237] Als die Polizei die Demonstranten mit dem Schlagstock auseinanderzutreiben versuchte, ergriff eine „tausendköpfige Menge" Partei für die Polizei und attackierte die jüdischen DPs. Die Juden flüchteten, wurden aber verfolgt. Das jüdische Gemeindehaus, wo sie sich verstecken wollten, wurde mit Steinen beworfen.[238]

Bei Vorführungen von Harlans zweitem Nachkriegsfilm *Hanna Amon* (nach einer Idee von Richard Billinger) gab es ebenfalls Proteste und Gegenproteste. Im Januar 1952 schlug die Polizei in Freiburg mit Gummiknüppeln auf demonstrierende Studenten ein. Harlan-Anhänger traktierten dann einige am Boden liegende Studenten mit Fußtritten, bespuckten sie und schrien dabei „Judenlümmel". Es gab mehr als 25 Verletzte.[239] In Göttingen machten „Parteigänger Harlans in ihrem antisemitischen Terror nicht vor Kriegsversehrten und Studentinnen halt". Sie riefen „Judensöldlinge" und „Schlagt die Judenlümmel doch zusammen".[240] Dabei waren die Proteste gegen den Film relativ harmlos verlaufen: Es gelang lediglich einigen Protestierenden, während einer 19-Uhr-Vorstellung 20 Luftballons bis zur Decke hinaufschweben zu lassen und das Projektionslicht abzuschirmen.[241] So gravierend waren die Ausschreitungen in Freiburg und so extrem die Reaktion der Freiburger Polizei, dass der Badische Landtag einen Untersuchungsausschuss einberief. Laut Staatsanwaltschaft hatte die Polizei an dem Abend völlig versagt.[242] Zehn Jahre später waren die Proteste immer noch nicht verstummt. Auch in der Schweiz nicht. In Zürich wurden Vorstellungen von Harlans Film *Das dritte Geschlecht*, der Homosexualität zum Thema hat, von Schlägereien vor dem Stauffacher Kino begleitet.[243]

In den meisten Fällen verliefen die Demonstrationen zwar friedlich, machten den normalen Kinobetrieb aber schwierig. Was immer man von solchen Protestaktionen hält, im Falle Harlans waren sie ein Zeichen dafür, dass die Debatte um seine Person nicht mehr nur eine Angelegenheit der auf kulturelle Erneuerung bedachten Intellektuellen und der Entnazifizierungsbehörden war; sie hatte eine gesamtgesellschaftliche Relevanz angenommen. Die Debatte wurde auch heftig in den Medien geführt. Beteiligt waren unter anderen Vertreter unterschiedlicher Opfergruppen (Juden, politische Opfer des Nationalsozialismus), die Gesellschaft für Christlich-Jüdische Zusammenarbeit, die Kirchen, Studenten, Professoren und Politiker – bis in den Bundestag hinein. Bei der Ablehnung Harlans ging es nur indirekt um seine neuen Filme. Es ging darum, dass Harlan *Jud Süß* gedreht hatte. Hin und wieder wurden ihm auch das Durchhalteepos *Kolberg* (1945) sowie der Film *Die goldene Stadt* (1942) vorgeworfen, der manchem als antitschechisch galt. Für seine Widersacher war es schier unerträglich, dass Veit Harlan wieder ein Millionenpublikum erreichen durfte. Dass er freigesprochen worden war, zählte nicht. Der Journalist Ernst Friedländer brachte es für die Harlan-Gegner auf den Punkt, als er 1952 schrieb, eine positive Eignung könne man nicht daraus ableiten: „Auch Herr von Papen und Dr. Schacht sind freigesprochen. Aber der Widerstand gegen neue Harlanfilme ist berechtigt. Und man müßte sich energisch zur Wehr setzen, wenn Herr von Papen wieder Botschafter werden wollte und Dr. Schacht wieder Präsident der Notenbank. Warum? Weil man nicht zweimal glaubwürdig in der vordersten Linie stehen kann, einmal unter Hitler und dann noch einmal in der Bundesrepublik. Da gilt das Gesetz der einen Chance."[244]

Nach dem Freispruch und der Entscheidung der Staatsanwaltschaft im Juli 1950, nicht in die Revision zu gehen, hatte Harlan an Hippler geschrieben, wie gut seine Laune jetzt sei: „Mein Urteil ist fabelhaft ausgegangen."[245] Die gute Laune währte jedoch nicht lange. Er hatte Probleme in der Familie. Harlans Kinder aus der zweiten Ehe mit Hilde Körber – Thomas, Maria und Susanne – forderten Unterhaltszahlungen in Höhe von 92.000 DM. Er schimpfte auf seine Exfrau, die wegen der Zahlungen vors Gericht gehen wollte: „Der Geist Hilde Körbers ist leider die dunkelste Wolke in meinem Leben. Sie ist dunkler, als alle Politik, die mich in der Nazizeit und nach der Nazizeit bedrohte." Allerdings machte ihm die Politik auch zu schaffen. Weil die Proteste in der

Presse gegen seine Freisprechung nicht aufhören wollten, hatte der Staat die versprochene Ausfallbürgschaft für seinen neuen Film *Unsterbliche Geliebte* zurückgezogen.[246] Harlan hatte massive Schulden – nicht zuletzt wegen des Prozesses in Hamburg. Dann passierte etwas, was ihn für die nächsten zehn Jahre beschäftigen würde. Im September 1950 eröffnete der Leiter der Staatlichen Pressestelle in Hamburg Erich Lüth die „Woche des Deutschen Films". In seiner Eröffnungsrede attackierte er Harlan scharf. Dessen Freispruch sei nur „ein formeller" gewesen: „Die Urteilsbegründung war eine moralische Verdammung." Darüber hinaus verlangte Lüth von Verleihern und Theaterbesitzern „eine Haltung, die nicht ganz billig ist, die man sich aber etwas kosten lassen sollte: Charakter".[247] Das war mehr oder weniger eine Aufforderung zum Boykott von Harlan-Filmen. Als die Domnick-Film-Produktion (Produzent von *Unsterbliche Geliebte*) Anstoß an seinen Bemerkungen nahm, verdeutlichte Lüth seine Position in einem offenen Brief. Harlan, so Lüth, sei der „Nazi-Regisseur Nr. 1" gewesen und durch seinen *Jud-Süß*-Film „einer der wichtigsten Exponenten der mörderischen Judenhetze der Nazis". Harlans Wiederauftreten, befürchtete Lüth, „muss kaum vernarbte Wunden wiederaufreißen und abklingendes Misstrauen zum Schaden des deutschen Wiederaufbaus furchtbar erneuern. Es ist aus allen diesen Gründen nicht nur das Recht anständiger Deutscher, sondern sogar ihre Pflicht, sich im Kampf gegen diesen unwürdigen Repräsentanten des deutschen Films über den Protest hinaus auch zum Boykott bereitzuhalten."[248]

## Die Schuldfrage

Im Jahr 1946 veröffentlichte der Philosoph Karl Jaspers seine wichtige Schrift *Die Schuldfrage*.[249] Darin definierte er in Bezug auf die Verbrechen der NS-Zeit vier Schuldbegriffe: kriminelle Schuld, politische Schuld, moralische Schuld und metaphysische Schuld. Kriminelle Schuld bezieht sich auf verbrecherische Handlungen, die gegen eindeutige Gesetze verstoßen und vor Gericht verantwortet werden müssen. Politische Schuld besteht in den Handlungen der Staatsmänner, aber auch in der Staatsbürgerschaft eines Staates, so dass jeder Bürger für die Folgen dieser Handlungen mitverantwortlich ist. Hier ist die Instanz „die Gewalt und der Wille des Siegers". Für jede Handlung, die man als Einzelner begeht – auch politische und militärische Handlungen – trägt man moralische Schuld. Niemals, schreibt Jaspers, „gilt schlechthin ‚Befehl ist Befehl'". In diesem Fall ist die Instanz das eigene Gewissen, aber auch die „Kommunikation mit dem Freunde und dem Nächsten". Dann beschreibt Jaspers eine vierte Schuldkategorie, die metaphysische Schuld, die sich auf die Solidarität zwischen den Menschen bezieht, „welche einen jeden mitverantwortlich macht für alles Unrecht und alle Ungerechtigkeit in der Welt, insbesondere für Verbrechen, die in seiner Gegenwart oder mit seinem Wissen geschehen".[250]

Die Schuldkategorien, die Jaspers entwirft, mahnen zur Verantwortung. Die Debatte um Harlan in den 1950er Jahren ist ein gutes Indiz dafür, dass ein Bewusstsein um Schuld, ihre Formen, und dazugehörige Fragen von juristischer, sozialer und persönlicher Verantwortung in der jungen Bundesrepublik durchaus vorhanden war. Für Erich Lüth und andere Harlan-Gegner aber bedeutete die Freisprechung Harlans, dass die für kriminelle Schuld zuständige Justiz versagt hatte.[251] Dazu kam, dass Harlan offensichtlich nicht bereit war, nach dem Modell von Jaspers seine moralische Schuld einzusehen. Für Theodor Adorno kann – im Gegensatz zu Jaspers – das Aufarbeiten von moralischer Schuld nicht nur dem eigenen Gewissen überlassen werden: Indem der Schuldige es „lediglich mit sich selbst auszumachen hat, wird er der realen Verantwortlichkeit innerhalb der Gesellschaft enthoben".[252] Im Falle Harlans, könnte man argumentieren, hat die Gesellschaft, oder Teile davon, die mahnende Rolle des Gewissens übernommen, das Harlan anscheinend fehlte. Und wenn schon die Gerichte kein neues Berufsverbot verhängen wollten, dann blieb die gesellschaftliche Möglichkeit eines freiwilligen Boykotts von Harlans Filmschaffen. Lüth und anderen ging es aber nicht nur um Bestrafung, sondern vor allem auch um die Sicherung eines ethischen und kulturellen Neuanfangs. Und es ging Lüth um Versöhnung mit dem Judentum und Israel. Ein Jahr später, im August 1951, hat er die Aktion „Friede mit Israel" ins Leben gerufen, die sich 1952 mit der Gesellschaft für Christlich-Jüdische Zusammenarbeit zusammenschloss.

Für Harlan, die Domnick-Filmproduktion und viele westdeutsche Filmtheater andererseits bedeutete die Boykottaufforderung einen Eingriff in das durch das Grundgesetz verbriefte Recht auf Berufsfreiheit. Lüths Interpretation des Urteils des Hamburger Landgerichts lehnte Harlan vehement ab. Am 24. Oktober 1950 schrieb die Domnick-Filmproduktion an Lüth und behauptete, das Hamburger Schwurgerichtsurteil stelle eine „völlige Rehabilitierung Harlans in politischer, künstlerischer und menschlicher Beziehung dar". Für Lüth war hingegen klar, das Gericht habe in *Jud Süß* ein Verbrechen gegen die Menschlichkeit gesehen und Harlan sei nur „wegen mangelnden Beweises" freigesprochen. Seine „furchtbare politische, moralische und künstlerische Belastung" sei nicht von ihm genommen worden.[253] Harlan sah das anders. Für ihn war der juristische gleichzeitig ein moralischer Freispruch, weil das Gericht es für erwiesen hielt, er habe den Film nur unter Zwang hergestellt und versucht, den antisemitischen Inhalt zu mildern. Für *Jud Süß*, so Harlan, „habe ich keinerlei Schuld, und ich glaube darüberhinaus, dass es wenig Künstler in Deutschland gibt, die mit einer solchen Kraft gegen einen unmoralischen Goebbelsbefehl vorgegangen sind, wie ich es getan habe".[254]

Während er nach außen hin und auch in seiner Korrespondenz regelmäßig seine Unschuld beteuerte, hatte Harlan Momente, in denen sich sein Gewissen anscheinend doch regte. An den Rektor der Universität Hamburg Arthur Jores schrieb Harlan im Dezember 1950: „Meine Schuld liegt nicht in Taten, sondern in Unterlassenheiten und diesem oder jenem Mangel an genügender Kraft, die ich hätte weit über das, was ich getan habe, mobilisieren müssen."[255] Im Januar 1951 folgte dann ein offener Brief von Harlan an den Vorsitzenden des Bundes der Verfolgten des Naziregimes (BVN) Martin Plat, in dem er seine Unfähigkeit, sich Goebbels „verbrecherischen Händen zu entwinden", als eine Schuld bezeichnete, eine, die „er nicht verkleinern" wolle. Diese Schuld „lastet schwer auf meiner Seele".[256] Über diese Schuld, so Harlan, hätte er schon gesprochen, aber die Presse interessiere sich nicht dafür.[257] Im Grunde aber war Harlan jeder Form von öffentlichem Bekenntnis eher abgeneigt: „Was mein Inneres und mein Gebet bedeutet, soll sich in meinem Leben ausdrücken."[258] Seine persönliche Schuld also – ganz im Sinne Jaspers – wollte er auf seine eigene, innere Weise abarbeiten. Nur: Diese Schuld war für Harlan eher eine existenzielle. Seines Erachtens war es kein moralisches Verfehlen, dass er aus dem Goebbels-Auftrag keinen Ausweg hatte finden können, denn niemand hätte von ihm erwarten können, sein Leben aufs Spiel zu setzen. In der Unmöglichkeit, Goebbels nein zu sagen, bestand seine Schuld. Eine Schuld bestand für ihn auch darin, dass er naiv gewesen war. Als Goebbels sich in die Herstellung des Filmes einmischte, habe Harlan geglaubt, er könne dessen Anordnungen einfach ignorieren. Dass Goebbels zum Beispiel den Schluss verändern würde, hätte er nicht geahnt.[259] Harlan sah seine Schuld als eine rein passive, der wirklich Schuldige war seiner Meinung nach Goebbels.

Für Lüth stand dagegen fest, Harlan trage sehr wohl eine moralische Schuld, weil er bei dem Film Regie geführt hat und ihn auch so oder so gewollt habe – schließlich hätte Harlan Anfang 1940 darauf bestanden, dass sein Name im Vorspann von *Jud Süß* nicht hinter denen der Autoren des ersten Drehbuches, Möller und Metzger, stehen sollte (hier übersah Lüth allerdings, dass Harlan Anfang 1940 nicht wissen konnte, welche weiteren Drehbuchänderungen Goebbels verlangen würde).[260] Als die Staatsanwaltschaft am 21. Juli 1950 bekannt gab, sie habe nicht vor, gegen Harlan wieder in die Revision zu gehen, interpretierte sie das zweite Harlan-Urteil des Hamburger Landgerichts genauso wie Lüth: Das Gericht habe festgestellt, dass *Jud Süß* ein antisemitischer Hetzfilm sei und ein Verbrechen gegen die Menschlichkeit, und Harlan habe das erkannt und gebilligt. Nach so langer Zeit aber eindeutig zu beweisen, dass Harlan nicht unter unwiderstehlichem Zwang gehandelt habe, sei schwer möglich.[261] Auf jeden Fall steht schwarz auf weiß in dem Urteil des Hamburger Landgerichts vom April 1950, dass bei Harlan die subjektiven Voraussetzungen eines Verbrechens gegen die Menschlichkeit vorhanden waren, weil er wusste, Goebbels möchte von ihm einen antisemitischen Film, und er mit den möglichen negativen Folgen des Films hätte rechnen können.[262]

## Harlan schreibt an den Bundestag – und dem Papst

In den folgenden Monaten und Jahren kämpfte Harlan unbeirrt und mit allen ihm zur Verfügung stehenden Mitteln gegen Lüths Behauptung einer moralischen Schuld und gegen den Boykottaufruf. Er kämpfte auch gegen die vielen anderen – nicht zuletzt die VVN –, die nicht gewillt waren, seinen Wiedereinstieg ins Filmgeschäft zu tolerieren. Und er kämpfte gegen die Folgen der Proteste, denn die Demonstrationen vor und in den Kinos blieben nicht ohne Wirkung. Immer wieder wurden Vorführungen seiner Filme oft im letzten Augenblick abgesagt oder verboten, meistens, weil die betroffenen Städte Angst hatten, die Proteste würden außer Kontrolle geraten. Im Zuge dieses Kampfes rutschte Harlan immer mehr in zwielichtige, manchmal rechtsradikale Kreise. Schon während seines Prozesses vor dem Hamburger Landgericht wurde deutlich, dass Harlan bei Antisemiten mit Unterstützung rechnen konnte. Im Verlauf der Befragung behauptete die Zeugin Karena Niehoff, ehemalige Sekretärin von Ludwig Metzger, das erste Drehbuch habe keine Vergewaltigungsszene enthalten (was nicht stimmte, aber die Szene ist bei Harlan viel deutlicher). Als der Richter daraufhin die jüdische Abstammung Niehoffs ansprach, kam es zu einem Tumult im Gerichtssaal. Niehoff wurde als „Judensau" beschimpft und bespuckt.[263] Harlan beschwerte sich häufig über Applaus aus einer Ecke, die er für die falsche hielt. Er war aber selbst schuld. Im Verlauf der 50er Jahre wurden seine Beteuerungen, er und *Jud Süß* seien philosemitisch, immer lauter und grotesker. Das machte es weit rechts stehenden, antisemitischen Gruppen sehr leicht, die Angriffe auf Harlan als eine von Juden, Kommunisten oder Sozialdemokraten gesteuerte Diffamierungskampagne darzustellen – eine Sicht, die Harlan manchmal selber zu teilen schien. Harlan suchte auch gerade bei ehemaligen Nazis und Ewiggestrigen Schützenhilfe, die in dem Fall Harlan eine Möglichkeit witterten, die junge Bundesrepublik anzuprangern. Nur so ist Harlans langwährende Freundschaft mit Fritz Hippler zu erklären, dem ehemaligen Reichsfilmintendanten. Im März 1952 zum Beispiel hielt Hippler eine Rede vor einer Protestversammlung der rechtsextremen „Deutschen Gemeinschaft" in Berchtesgaden. Darin bezeichnete er Harlan als ein „Opfer des neudemokratischen Totalitarismus".[264] So wurden demokratische Proteste gegen Harlans Filme diskreditiert.

Im November 1950 wandte sich Harlan an Walter Tyrolf, den ehemaligen NS-Sondergerichts-Staatsanwalt, der ihm als Vorsitzender während seines Prozesses in Hamburg wohlgesonnen war. Darin protestierte er gegen Lüths Auslegung des Urteils und bat Tyrolf um eine Stellungnahme, die wohl klar machen sollte, Harlan sei vom Gericht moralisch freigesprochen worden. Harlan informierte Tyrolf, dass die Domnick-Filmproduktion eine einstweilige Verfügung beim Oberlandesgericht Hamburg gegen Lüth beantragt hatte – vermutlich wollte er mit dieser Information Tyrolf dazu bringen, Einfluss auf die Entscheidung auszuüben.[265] Tatsächlich hat dann am 18. November 1950 die Zivilkammer des Landgerichts entschieden, Lüth dürfe künftig weder die deutschen Theaterbesitzer und Verleiher noch die deutsche Öffentlichkeit dazu auffordern, Harlans Filme zu boykottieren.[266] Das war aber erst der Anfang eines jahrelangen Rechtsstreits und hat nicht verhindert, dass sich die Boykottbewegung weiterhin auswirkte. Dann versuchte Harlan sein Glück beim Bundespräsidenten Theodor Heuss und beschwerte sich, dass sich die deutsche Öffentlichkeit „seit Jahren mit meiner Person und meiner vermeintlichen Schuld" beschäftigte: „Die vergangenen sechs Jahre haben mich und darüberhinaus meine Frau in furchtbare Not und manchmal in tiefste Verzweiflung gestürzt." Er bat Heuss um Hilfe, „denn ich habe keine weitere Instanz als die höchste, nachdem drei Rechtsinstanzen mich freigesprochen haben, und mir dennoch nicht Recht werden soll".[267] Zwei Wochen später bekam Harlan eine Antwort vom Ministerialbeamten Albert Einsiedler: Der Staat, so der Bundespräsident, werde Harlan gegen jede ungerechtfertigte Beeinträchtigung seiner Grundrechte „seinen Rechtsschutz nicht versagen". Später zitierte Harlan diesen Satz immer wieder.[268] Was er aber nicht zitierte, war der folgende Passus: „Eine moralische Rechtfertigung kann jedoch mit hoheitlichen Mitteln nicht erzwungen werden.“[269]

Auch an den Bundestag appellierte Harlan. Am 29. Februar 1952 hatte der SPD-Bundestagsabgeordnete und Rechtsexperte Carlo Schmid während einer Bundestagssitzung in Bonn dagegen protestiert, dass „ausgerechnet am Sitz des deutschen Parlamentes, das ja der vornehmste Hüter der rechten Toleranz zu sein hat, Filme eines Mannes aufgeführt werden, der dazu beigetragen hat, die Voraussetzungen für die Vergasungen von Auschwitz zu schaffen“. Am selben Abend wurde Harlans Melodram *Immensee* (1943) – eine seiner Theodor-Storm-Verfilmungen – vom Bonner Spielplan gestrichen, obwohl alle Karten schon ausverkauft waren.[270] Daraufhin schrieb Harlan einen Protestbrief an alle Bundestagsabgeordneten.

Die Entstehung dieses Briefes zeigt, in welches Fahrwasser er geraten war. Im Frühjahr 1952 nahm Harlan Kontakt zu Werner Naumann auf, den er aus der Nazi-Zeit gut kannte: Naumann war Staatssekretär im Propagandaministerium und persönlicher Referent von Goebbels gewesen. In seinem Testament vom 29. April 1945 hatte Hitler Naumann zum Nachfolger von Goebbels als Propagandaminister eingesetzt. Naumann riet Harlan, sich nicht über die Angriffe gegen seine Person aufzuregen: Er solle sich auf seine Filmkarriere konzentrieren.[271] Harlan aber wollte unbedingt beim Bundestag Protest einlegen. Naumann stellte ein Treffen mit einem Mann in Aussicht, den Harlan als „wichtig“ bezeichnet hatte.[272] Das Treffen fand im Haus von Gerhard Todenhöfer statt. Todenhöfer, ein ehemaliger Vertrauensmann von Hitlers Privatsekretär Martin Bormann, war im „Dritten Reich“ unter anderem stellvertretender Referatsleiter für Judenangelegenheiten im Auswärtigen Amt gewesen.

Der „wichtige“ Mann war höchstwahrscheinlich der CDU-Politiker und spätere Bundeskanzler Kurt Georg Kiesinger, dessen Karriere Todenhöfer in der NS-Zeit unterstützt hatte. Kiesinger hatte ab 1940 in der Rundfunkpolitischen Abteilung des Auswärtigen Amtes gearbeitet. Er gab Harlan den Rat, an alle Bundestagsabgeordneten zu schreiben. Harlan verfasste den Entwurf eines Briefes und schickte ihn an Todenhöfer sowie an Hans Laternser, der ihm mittlerweile als Rechtsanwalt zur Seite stand.[273] Laternser hatte sich als Strafverteidiger des Generalstabes und Oberkommandos der Wehrmacht während der Nürnberger Prozesse einen Namen gemacht und übernahm von 1963 bis 1965 die Verteidigung von fünf SS-Männern im Auschwitzprozess. Inwiefern Kiesinger oder Todenhöfer dann bei der tatsächlichen Zustellung des Harlan-Briefes persönlich geholfen haben, war nicht zu klären. Auch nicht zu klären war, ob Harlan wusste, dass Werner Naumann im Zentrum einer neonationalsozialistischen Gruppierung stand, die die FDP in Nordrhein-Westfalen unterwandern wollte. Am 19. Januar 1953 wurde die Gruppe durch die Briten aufgedeckt und Naumann wegen politischer Verschwörung verhaftet. Jedenfalls sah Naumann in Harlan ein Instrument, das er in seinem Kampf gegen die NS-Aufarbeitung und die SPD einsetzen konnte.

Harlans Brief an alle Bundestagsabgeordneten war eine sieben Seiten lange Philippika: „Ich werde in ganz Deutschland systematisch boykottiert." Er beschwerte sich über Carlo Schmid, über Lüth, über die Demonstrationen gegen seine Filme und darüber, dass seine seines Erachtens gerichtlich erwiesene Unschuld nicht anerkannt würde. Wie immer schob er Goebbels die Schuld an *Jud Süß* in die Schuhe, behauptete sogar, er sei als Regisseur „für den Inhalt eines Films überhaupt nicht verantwortlich".[274] Laut Harlan befänden sich er und seine Frau in einer lebensbedrohlichen Situation: Ihnen „werden Totenkränze geschickt und Steinberge werden vor der Wohnung aufgehäuft". Harlan wollte vor einem „Gremium des Bundestages" gehört werden. Sein Wunsch ging nicht in Erfüllung.

Der Präsident des Bundestags Hermann Ehlers verwies die Angelegenheit an den Petitionsausschuss.[275] Dafür antworteten Harlan einige Abgeordnete, manche wohlwollend. FDP-Mann Martin Blank versicherte Harlan, er würde mit seinen Fraktionskollegen prüfen, „ob eine Möglichkeit besteht, Sie vom Bundestag aus gegen die laufenden Angriffe zu schützen".[276] Hans Ewers, Abgeordneter der nach Kriegsende gegründeten rechtsgerichteten Deutschen Partei (DP), befand, die „Untergrabung einer rein künstlerischen Tätigkeit wegen politischer Missliebigkeit eines Autors" sei nur als „Rückfall in faschistisch-bolschewistische Methoden verständlich".[277] Auch das ehemalige DP-Mitglied Wolfgang Hedler nahm Harlan in Schutz: „Noch nie ist die Unfreiheit der Menschen so groß gewesen, wie heute, noch nie sind die freien Meinungen so unterdrückt und geknebelt."[278] Hedler gehörte der DP bis 1950 an, wurde dann wegen antisemitischer und pronazistischer Äußerungen aus der Partei ausgeschlossen. Am 26. November 1949 hatte er in Neumünster gesagt: „Ob das Mittel, die Juden zu vergasen, das gegebene gewesen ist, darüber kann man geteilter Meinung sein. Vielleicht hätte es andere Wege gegeben, sich ihrer zu entledigen."[279] Die deutschen Widerstandskämpfer hatte er als „Landesverräter" bezeichnet.

Nach eigenem Bekunden bekam Harlan die meiste Unterstützung von der FDP und der Deutschen Partei; „auch bei der CDU sieht es nicht schlecht aus".[280] SPD-Abgeordnete antworteten eher kritisch – zum Beispiel Rudolf Heiland, der am 10. März 1950 gemeinsam mit Herbert Wehner den eben genannten Wolfgang Hedler aus dem Bundestag hinausprügelte. Heiland wies auf die „Zehntausende von aufrechten Männern und Frauen", die in der NS-Zeit „für das Recht gestorben sind". Ob Harlan gezwungen oder freiwillig *Jud Süß* gedreht habe, sei uninteressant. Er solle sich mit Anstand schämen: „Auch wenn man in Schuld hineinschlittert, sollte man die sich ergebenden Konsequenzen tragen."[281] In seiner Antwort auf Harlan schrieb der SPD-Abgeordnete Walter Seuffert, er vermisse „eine offene und eindeutige Erklärung", dass Harlan *Jud Süß* verabscheue und seine Mitwirkung bedauere: „Ich habe stattdessen bisher immer nur Entschuldigungen von Ihnen gehört."[282] Dass in letzter Zeit Aufführungen von Harlans Filmen auch zu antisemitischen Bekundungen geführt hatten, fanden Seuffert wie auch SPD-Politiker Matthias Joseph Mehs in seinem Brief an Harlan besorgniserregend. Mehs sah in Schmids Kritik an Harlan eine notwendige Distanzierung von jeglichem Antisemitismus,[283] während Seuffert von Harlan erwartete, er solle deutlich von seinen rechtsradikalen Unterstützern abrücken. Heinz Meyer (SPD) war nicht beeindruckt von Harlans Brief: Er bedauerte ausdrücklich, dass keine Rechtsmittel gefunden werden konnten, „so unempfindliche Menschen, wie Sie es sind", in die Schranken zu weisen, „hinter denen Sie künftig versuchen können, in positiver aber zurückgezogener Arbeit sich neuen Kredit zu erwerben".[284]

Die kritischen Stimmen aus dem Bundestag versuchten Harlan klarzumachen, dass er Verantwortung auf sich nehmen sollte – schließlich war sein Name nolens volens mit *Jud Süß* aufs Engste verbunden, auch wenn er den Film nicht hatte machen wollen. Während von ihm eine Gewissensprüfung verlangt wurde, sollte dies nicht nur privat vollzogen werden, sondern auch mit gesellschaftlichen Folgen. Ähnlich formulierte es der Vorstand der Gesellschaft für Christlich-Jüdische Zusammenarbeit in Frankfurt in einer allerdings etwas drastischen Erklärung vom Februar 1952: „Vor dem Richterstuhl des moralischen Gesetzes ist die Wahl zwischen eigenem schändlichem Tun und eigener Lebensgefahr eine freie Wahl, ein sittlicher Entschluß. Er muss verantwortet werden nicht nur vor dem eigenen Gewissen, sondern auch vor der Gesellschaft."[285] Dass Harlan nicht bereit gewesen war, durch eine Ablehnung des Goebbels-Auftrages eventuell den Tod in Kauf zu nehmen, wurde als sittliches Verfehlen, ja als Entscheidung zugunsten eines Verbrechens interpretiert. Die gesellschaftlichen Folgen hätten so auszusehen, dass Harlan sich aus der Gesellschaft zurückzieht und keine Filme mehr macht. Dazu war Harlan nicht bereit. Zurückhaltung kannte er nicht. Sich nicht mehr als Regisseur zu betätigen, wäre für ihn schier unerträglich gewesen.

In seiner Verzweiflung wandte sich Harlan an die allerhöchste religiöse und ethische Instanz der Christenheit: den Papst. Harlan war zu der Zeit nicht katholisch. Trotzdem glaubte er, Papst Pius XII. könnte ihn endlich von einer Last befreien. Diese Last war nicht die Last der Schuld, sondern die Last der gegen ihn erhobenen Beschuldigungen. Auf die Idee war er durch den Schweizer Eduard Söderholm gekommen, eine derjenigen zwielichtigen Figuren, die Harlan ihre Hilfe anboten. Söderholm hatte im Januar 1947 in Luzern einen Harlan-Söderbaum-Klub gegründet, „aus Begeisterung und tiefster Überzeugung der großen wahren Kunst, die diese beiden deutschen Künstler den Menschen mit ihren Filmen gaben". Söderholm war überzeugt, Harlan sei nie nationalsozialistisch oder antisemitisch eingestellt gewesen,[286] und setzte sich energisch für Harlans neue Filme ein, als diesen ein Verbot in der Schweiz drohte. Unter anderem nahm er Kontakt zu dem Schweizerischen Israelitischen Gemeindebund auf, der sich gegen die Aufführung von *Unsterbliche Geliebte* in Zürich ausgesprochen hatte. Als es ihm nicht gelang, die jüdische Gemeinde von Harlans Unschuld zu überzeugen, fiel er mit antisemitischen Ausdrücken über sie her. In einem Brief an Harlan schimpfte er über die „Ungeheuerlichkeit und freche Arroganz der Juden".[287]

Söderholm hatte gute Kontakte zu kirchlichen Kreisen in der Schweiz, unter anderem zum Bischof von Basel, Franz von Streng.

Streng riet ihm, sich wegen Harlan „in dieser Gerechtigkeitsfrage an den Heiligen Vater zu wenden".[288] Harlan schickte Söderholm daraufhin eine Kopie des Hamburger Schwurgerichtsurteils vom 29. April 1950 und des Lüth-Urteils vom 11. November 1950 (in dem Lüth untersagt wurde, weiterhin zum Boykott aufzurufen) zwecks Weiterleitung nach Rom: „Dass Sie sich an den Papst wenden wollen, ist ganz ausgezeichnet. Wenn Sie gar hinfahren, ist das einfach erschütternd."[289] Am 10. September 1951 schrieb dann Söderholm an den Papst. In seinem Brief lobte er den ethischen Einfluss von Harlan-Filmen auf junge Menschen. Dass Harlan gezwungen worden sei, *Jud Süß* zu drehen, sei „mehr als ein tragisches Vorkommnis", umso mehr, als Veit Harlan „sich immer als ein Philosemit und großer Menschenfreund bewiesen hat". Söderholm lamentierte über die Boykottbewegung gegen Harlan und über die „Missachtung" von Gerichtsurteilen.[290] Schließlich informierte Söderholm Harlan, er habe den Brief einem Pater Luitfrid aus Engelberg gegeben, der ihn persönlich dem Heiligen Vater überreicht hätte. Der Papst habe lange mit Pater Luitfrid gesprochen und sei „erschüttert gewesen, dass so etwas in Deutschland immer wieder vorkommt".[291] Der Apostolische Nuntius in der Schweiz Filippo Bernardini versicherte Söderholm, das päpstliche Staatssekretariat habe „Ihr Exposé in Erwägung gezogen" und bringe „dieselben Wünsche zum Ausdruck […] wie Sie, dass der Fall Ihres Beschützten eine befriedigende Lösung finden werde".[292]

Gegen Ende des Jahres schrieb Söderholm an Harlan, er sei persönlich nach Rom gefahren und habe mit dem Heiligen Vater gesprochen – eine ganze Stunde lang: „Der Papst versprach mir, dass er zu dieser Angelegenheit Stellung nehmen werde. Wie er das tun wird, werden wir nun nächstens sehen. Ich bin glücklich darüber."[293] Der Papst aber tat anscheinend nichts. Im Mai 1952 besuchte ein Pater mit dem Namen Plazidus den Heiligen Vater in Rom und sprach das Harlan-Thema an. Plazidus berichtete Söderholm, der Papst habe „die unendlich große Notwendigkeit anerkannt“: „Er wird helfen.“ Als Plazidus den Papst fragte, wie er zu helfen gedenke, antwortete dieser angeblich: „Durch mein Gebet werde ich den rechten Weg erkennen, um helfen zu können.“ Das klang alles recht vage. Am 30. Mai teilte Söderholm Harlan mit, er würde noch einmal an den Papst schreiben und Harlans eigenen Brief an den Papst beifügen.[294] In den Akten befindet sich tatsächlich ein Harlan-Brief an „Seine Heiligkeit“, allerdings von September oder Oktober 1952. Im September war es zu einem Vergleich zwischen der Stadt München und Harlans Anwalt gekommen. Der Münchner Stadtrat hatte gegen das „Wiederauftreten des berüchtigten Handlangers des Antisemitismus“ protestiert, musste aber in dem Vergleich die Erklärung abgeben, Harlan sei kein Antisemit und zur Herstellung von *Jud Süß* gezwungen worden.[295] Harlan meinte nun (irrigerweise), die Tage der politischen Anfeindungen seien endgültig vorbei, und wünschte sich dringend vom Papst für sich selbst und seine Frau „eine Stärkung unseres Herzens und unseres Geistes“.[296]

Papst Pius XII. ist dafür viel kritisiert worden, dass er während des Krieges nichts oder zu wenig getan hat, um gegen den Massenmord an den Juden zu protestieren.[297] Ein Freund der Juden war er allem Anschein nach nicht. Nach dem Krieg hat der Papst oder zumindest der Vatikan als Institution einiges getan, um ehemaligen Nazis und Judenmördern die Flucht nach Südamerika zu ermöglichen.[298] Aus Dank ist Adolf Eichmann in die katholische Kirche eingetreten. In die katholische Kirche sind auch Harlan und seine Frau eingetreten – sie allerdings erst am 11. September 1955,[299] er erst im April 1963, kurz vor seinem Tod in Capri. Zu der Zeit, als sich Söderholm beim Papst für ihn einsetzte, wollte Harlan Schützenhilfe, dann Stärkung. Ob er sich mit dem Papst in Rom traf, konnte ich nicht herausfinden.

## Selbstzuschreibung als Opfer und Sündenbockfunktion

Harlan suchte eine Instanz – politische, religiöse, juristische –, die ihn endgültig, quasi per Dekret, freisprechen und von dem Dauerbeschuss durch kritische Stimmen erlösen würde. Das hatte auch handfeste wirtschaftliche Gründe. Das Verbot oder Absetzen seiner neuen Filme *Unsterbliche Geliebte* und *Hanna Amon* in diversen Städten Deutschlands brachte ihm finanzielle Nachteile, auch wenn sie dann doch gezeigt wurden. In vielen Orten liefen sie aber auch ohne Probleme. Mit der Zeit nahm seine ohnehin fragwürdige Selbstentlastungsstrategie noch problematischere Formen an. Er bildete sich ein, er wäre Opfer einer totalitären Gegenwart genauso wie die Juden Opfer des Nationalsozialismus gewesen waren. In dem bereits zitierten offenen Brief an Martin Plat (BVN) sprach er von einer beabsichtigten „Vernichtung meiner Existenz".[300] Lüth, so Harlan, führe einen „Vernichtungskampf" gegen ihn.[301] Als sein Brief an den Bundestag auf Ablehnung bei der SPD stieß, verglich er die Parteidisziplin der Sozialdemokraten mit der der Nazis, „die völlig einig war, wenn die Vernichtung eines Einzelwesens politisch notwendig war, um die eigenen Ziele zu erreichen".[302] Während *Jud Süß* in der Presse immer wieder als Hetzfilm bezeichnet wurde, sah sich Harlan als Opfer einer medialen und politischen Hetzkampagne.[303]

Einerseits sah Harlan sich selbst und die Juden als Opfer, andererseits betrachtete er die Juden in einer klassischen Täter-Opfer-Umkehr als einen Hauptgrund für seine „Verfolgung" in der Gegenwart. Das wird vor allem an dem unveröffentlichten Aufsatz „Menschen – Tiere – Sensatiönchen" deutlich, aus dem schon zitiert wurde. Hier beschwert sich Harlan darüber, dass das ihm grundgesetzlich garantierte Recht auf freie Berufsausübung verwehrt wird: „Diese demokratische

Freiheit gilt dann nicht, wenn es den Juden so gefällt." Der Aufsatz listet die „Unmenschlichkeiten" der Juden auf: „Jesum folterten sie, sie geisselten ihn, trieben Dornen durch die Augen, bespuckten ihn und schlugen ihn ans Kreuz. Das rechnet den Juden heute kein Christ mehr als Greueltaten an. Nur die deutschen Greueltaten – sie sollten verewigt werden." Harlan wolle man auch ans Kreuz schlagen.[304] Hier verband sich Harlans Religiosität mit antisemitischen Regungen. Indem die Juden in Harlans Vorstellung zu Tätern wurden und er zu deren Opfer, stellte er das tatsächliche Verhältnis – durch *Jud Süß* bedingt – auf den Kopf.[305] Unter seinen Brieffreunden gab es etliche, die die Juden als die heutigen Täter ausmachten, nicht zuletzt Fritz Hippler: „Das Weltjudentum, über welchen Begriff ich früher nur lächeln könnte, will in Harlan unbedingt noch ein spätes Schlachtopfer zur Strecke bringen."[306] Unterstützt wurde Harlan auch von Schauspielerin und Duzfreundin Hedwig Wangel, einer strammen Antisemitin, die an eine jüdische Weltverschwörung glaubte. In einem Brief an Harlan interpretierte sie den Holocaust als „göttliche Strafe".[307] Sie schrieb auch an Bundespräsidenten Theodor Heuss, beschwerte sich über die „Verfolgung" Harlans und beschuldigte Israel.[308]

Für Hippler, Wangel und wohl Harlan selbst war Letzterer zum Sündenbock gemacht worden – die Juden und auch Lüth wollten sozusagen ihre Schuld an Missetaten auf ihn abwälzen. Lüth war in der NS-Zeit Chefredakteur der *Deutschen Nähmaschinen-Zeitung* und dann ab 1944 Redakteur von *Dreizack* gewesen, dem Mitteilungsblatt seiner Wehrmachtsdivision, die in Italien stationiert war. Nach dem Krieg wurde er Senatsdirektor in Hamburg. Harlans Reaktion auf Lüths Biografie war eindeutig: „Damit er als ehemaliger Schriftleiter einer braunen Frontzeitung nicht unter die Entbräunung des Senats fällt [...], schießt er jetzt schnell gegen Veit Harlan – dann schießt nämlich keiner auf ihn."[309] Harlan schoss zurück. Er behauptete vor der Öffentlichkeit, *Dreizack* sei eine Waffen-SS- oder SS-Zeitung gewesen, deren Aufgabe es war, aus Soldaten Nazis zu machen, und dass Lüth im April 1944 in der *Nähmaschinen-Zeitung* ein Loblied auf Hitler veröffentlicht hätte.[310] Weil sich Lüth in Paris gegen seine Filme ausgesprochen hatte, warf ihm Harlan Landesverrat vor.[311] Schließlich erwirkte Lüth eine einstweilige Verfügung gegen Harlan, die ihm bestimmte Äußerungen verbot, vor allem die Behauptung, Lüth habe ein Loblied auf Hitler veröffentlicht.[312] Sicherlich hat Lüth auch auf seine Weise die nationalsozialistische Propaganda unterstützt.[313] In Harlans Nachlass befinden sich Auszüge aus der *Nähmaschinen-Zeitung*, die zum Beispiel den italienischen Faschismus oder die angeblich zivilisierende Wirkung der germanischen Rasse feiern. Das lässt sich aber in der ideologischen Schärfe und Hetzwirkung ganz und gar nicht mit *Jud Süß* vergleichen. Dass Harlan diesen Unterschied nicht erkannte, zeigt, wie verbohrt er eigentlich war. „Mir sind viele Hardliner der Unbelehrbarkeit begegnet, aber Harlan war der Unbelehrbarste von allen", schrieb Ralph Giordano treffend.[314]

Dass filmwirtschaftlicher Neid, wie Harlan vermutete, eine Rolle bei den Angriffen auf seine Person spielte, ist möglich. Im Januar 1951 schrieben der Filmregisseur Helmut Käutner und die Schauspielerin Bettina Moissi einen Brief an Lüth, in dem sie behaupteten, Harlans Drehbuch für die von Goebbels geplante *Kaufmann-von-Venedig*-Verfilmung sei noch antisemitischer als *Jud Süß* gewesen. Das bestritt Harlan vehement.[315] Er konnte dabei auch auf eine eidesstattliche Erklärung des Schwergewichtsboxers Max Schmeling hinweisen. Dieser hatte erklärt, er habe zu Kriegszeiten von dem Übersetzer und Mitautor des *Kaufmann-von-Venedig*-Drehbuchs Hans Reisiger erfahren, er und Harlan hätten mit Erfolg die Vorbereitungsarbeiten am Film hinausgezögert.[316] Dass Moissi, wie sie versicherte, gezwungen worden sei, die Rolle der Jessica zu übernehmen, sei laut Harlan unwahr, „sie habe sich im Gegenteil sehr gefreut", als ihr die Rolle angeboten wurde.[317] Lüth stellte sich hinter Moissi und Käutner. Er habe das Drehbuch „in den Händen", und es sei „ein literarischer Skandal". Harlan, so Lüth, vollziehe „Arisierungs-Operationen an jüdischen Figuren". Lüth zitierte eine Äußerung Harlans, in der er Shakespeare mehr oder weniger als Zeugen für die Gültigkeit der nationalsozialistischen Rassenlehre in Anspruch nimmt.[318] Harlans Versuch, wie im Falle von *Jud Süß*, die Verantwortung für den *Kaufmann von Venedig* Goebbels zuzuschieben, überzeugt nicht: Schließlich war es Harlan selbst, der die Idee zur Verfilmung des Shakespeare-Stoffes aufgriff.[319] Goebbels verlangte Änderungen, die Harlan auch durchführte.[320] Dass aber Käutner gerade 1951 auf die Idee kam, Harlan anzugreifen, hatte möglicherweise tatsächlich mit Berufsneid zu tun. Käutner war mit seinen letzten zwei Filmen – *Der Apfel ist ab* (1948) und *Königskinder* (1950) – beim Publikum gescheitert. Im Januar 1951 sprach die ganze westdeutsche Kinowelt über Harlans *Hanna Amon*, bevor er überhaupt angelaufen war. Weil Harlan im Zentrum einer öffentlichen Debatte stand, wurde sein erster Nachkriegsfilm zum Publikumsmagneten.

## „Soll dieser Fluch denn ewig walten?"

Das fragte der jüdische Freund von Harlans Vater, der Theaterkritiker Julius Bab, im Mai 1951, als er sich in der Presse zum Fall Veit Harlan äußerte. Harlan, glaubte Bab, habe sich in einer Zwangslage befunden, aber das sei der Fall „von vielen hunderttausenden Deutschen, die jetzt ganz mit Recht erklären, daß sie keine Nazis gewesen sind, die ‚nur' dem Nazireich in Entfaltung ihrer Kräfte skrupellos gedient haben". Gerade weil dies der Fall von Hunderttausenden sei, schrieb Bab weiter, könne man es verstehen, „daß dieser Veit Harlan sich in eine Märtyrerstimmung hineingesteigert hat, weil er für etwas büßen sollte, was so viele andere unbestraft begingen".[321] Bab, der sich mit Veit Harlan überworfen hatte, schlug hier trotzdem einen versöhnlichen Ton an. Er fragte sich, ob es nicht endlich an der Zeit wäre, „durch diesen mörderischen politischen Lärm wieder die Stimme der Kunst zu hören". Das war auch Harlans Wunsch. Er ging aus vielen Gründen nicht in Erfüllung. Einige dieser Gründe sind schon erläutert worden. Immer mehr stellte sich Harlan als Opfer einer verfehlten, hexenjagdartigen Vergangenheitsbewältigung dar. Dafür bekam er Unterstützung von Altnazis und Antisemiten. Das alles machte ihn zum Symbol einer wehleidigen, arroganten Kultur des Apologetentums, die in krassem Gegensatz zu der tätigen Schuldanerkennung stand, die Lüth und die ihn unterstützenden Opferverbände und Politiker für notwendig hielten.

1950 beschwerte sich der israelische Ministerpräsident David Ben-Gurion, Deutschland habe es bislang versäumt, Hitlers Krieg gegen das Judentum formell abzuschwören und Wiedergutmachung anzubieten. Um diese Situation zu verändern, gründete Lüth die Aktion „Friede mit Israel", zu der er am 31. August 1951 im Radio aufrief. Unterstützt wurde er an dem Tag unter anderem von Norbert Wollheim, dem Vorsitzenden des Verbandes der Jüdischen Gemeinde in der britischen Besatzungszone, der im Harlan-Prozess als Zeuge gegen Harlan auftrat. In seiner Friedensbitte griff Lüth den Begriff der Kollektivscham auf, den Bundespräsident Heuss 1949 geprägt hatte. Dieser Begriff „mag zum Verständnis der deutschen Situation dienen. Es ist aber noch nicht das Wort, das gesprochen werden muss", so Lüth, „um der Versöhnung und der notwendigen Wiedergutmachung den Weg zu bereiten." Lüth rief zu konkreten Taten auf: „Wir müssen sagen: wir bitten Israel um Frieden."[322] Kaum einen Monat nach Lüths Aufruf sprach Bundeskanzler Adenauer im Bundestag von der Verpflichtung zur moralischen und materiellen Wiedergutmachung, „sowohl hinsichtlich der individuellen Schäden, die Juden erlitten haben, als auch des jüdischen Eigentums, für das heute individuell Berechtigte nicht mehr vorhanden sind".[323] In seiner Kampagne gegen Harlan wünschte sich Lüth auch konkrete Taten, nicht zuletzt deswegen, weil Harlan an dieser Kollektivscham keinen Anteil haben wollte. Wie sollte eine Versöhnung mit Israel und eine moralische Rehabilitierung Deutschlands zu erreichen sein, wenn neue und alte Filme von Veit Harlan gezeigt werden? Und wenn diese Filme wieder ein Millionenpublikum finden? „Der Kampf um Harlan", so Lüth, „ist heute ein Kampf um die Seele des deutschen Volkes geworden", dessen Ausgang darüber entscheidet, „ob das deutsche Volk in seiner überwältigenden Mehrheit die Judenverfolgungen verabscheut oder nicht."[324]

Ähnliche Sorgen trieben auch etliche Stadträte um. Am 20. März 1952 bedauerte der Offenburger Stadtrat in einer Entschließung die Vorführung von Harlans Film *Hanna Amon* in der Stadt. *Jud Süß*, so der Stadtrat, hätte wesentlich dazu beigetragen, die Judenverfolgung populär zu machen. Durch das Auftreten Harlans mit seinen Filmen in der Öffentlichkeit entstehe der Eindruck, „daß das begangene Unrecht gutgeheißen wird". Die „Bemühungen der Bundesrepublik und des deutschen Volkes mit den übrigen Völkern wieder in ein gutes Einvernehmen zu kommen", seien dadurch gestört. Der Münchner Stadtrat bedauerte es, dass er nicht in der Lage war, „das Wiederauftreten des berüchtigten Handlangers des Antisemitismus innerhalb der Landeshauptstadt Bayern zu verhindern": Harlan sei „zu einem bedeutenden Teil mitschuldig […] an den Verbrechen des Dritten Reiches".[325]

Auch der Deutsche Ausschuss für UNESCO-Arbeit hielt es für geboten, „daß keine Harlan-Filme erscheinen" – dies, „um die Wirkungsmöglichkeit des deutschen Films durch keine Zweideutigkeit zu belasten und um in klarer Weise von dem Missbrauch abzurücken, der mit dem Film getrieben worden ist, und ihn zu einem Instrument des Völker- und Rassenhasses herabwürdigte".[326] Akademiker in einigen Städten taten sich zusammen, um Protest einzulegen. In Hamburg erklärten acht Professoren ihre Solidarität mit Lüth. *Jud Süß* sei eine Aufforderung zum Pogrom gewesen, und „das Wiedererscheinen Harlans oder seine Produkte" seien störend und sogar verderblich für den „eben beginnenden Genesungsprozess".[327] 48 namhafte Hochschullehrer der Universität Göttingen protestierten gegen die Art und Weise, wie die Stadtpolizei gegen die Studenten bei den Anti-Harlan-Demonstrationen vorgegangen war. Sie lobten das „politische Verantwortungsgefühl" der Studenten, das sie „antisemitischen und undemokratischen Tendenzen entgegentreten läßt".[328] Unter den Unterzeichnern waren die Nobelpreisträger Werner Heisenberg und Otto Hahn.

Was sich hier an den Reaktionen gegen Harlan abzeichnete und entwickelte, war eine Kultur der Vergangenheitsaufarbeitung durch zivile Auf- und Ablehnung – lange vor 1968. Der Nationalsozialismus hatte jegliche Form des zivilen Protestes unterdrückt, so dass sich dieser nach Kriegsende neu bilden musste. Die Anti-Harlan-Proteste spielten dabei eine wichtige Rolle. Sie brachten unterschiedliche Gruppen zusammen: Akademiker, Studenten, Jungsozialisten und andere sozialistische Jugendgruppen, Gewerkschaften, katholische und protestantische Gruppen, Vertreter unterschiedlicher Opferorganisationen, Jüdische Gemeinden, die Aktion „Friede mit Israel", die Gesellschaft für Christlich-Jüdische Zusammenarbeit sowie SPD und KPD (und manchmal auch CDU). Zu einer Kultur des zivilen Protests gehören aber auch diejenigen, die ihrerseits gegen die Proteste protestierten. Harlan antwortete auf Protestresolutionen, führte Prozesse, reiste durch Deutsch-

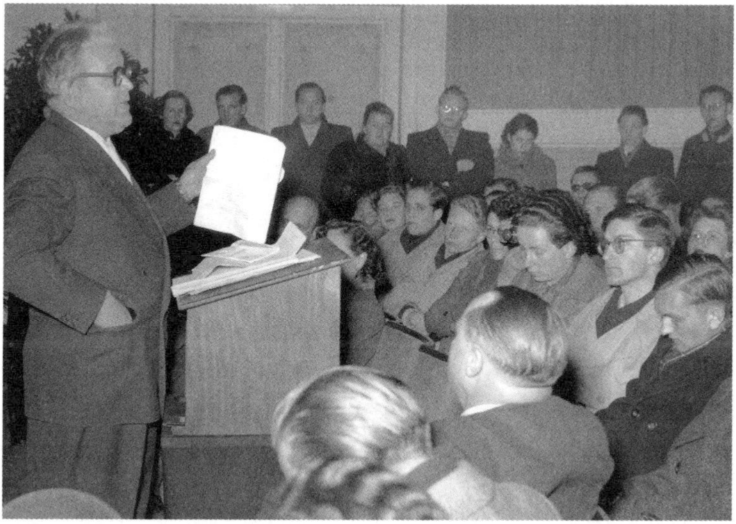

Veit Harlan bei einem Vortrag vor Studenten in Erlangen im Januar 1952, wo er aus seinen Gerichtsakten zitiert

land und sprach vor Studenten. Sein Kampf aber nahm immer selbstgerechtere Formen an, führte sogar zu Vergleichen mit der Figur des Michael Kohlhaas in Kleists gleichnamiger Novelle.[329] Dazu kommt, dass Harlans Helfer bei den Gegenprotesten wie schon angesprochen oft von zweifelhaftem Charakter waren. Da war zum Beispiel der hitlerbegeisterte Antisemit und spätere Holocaustleugner Erwin Schönborn, der eine Gesellschaft zur Förderung von Harlans Film *Unsterbliche Geliebte* gründete. Harlan war tief beeindruckt von Schönborns Hilfsbereitschaft.[330] Schönborn organisierte eine Pro-Harlan-Veranstaltung am Berliner Zoo im Februar 1952, die allerdings verboten wurde. Vor dem Zoo versammelten sich die wenigen Mitglieder der Gesellschaft – ihrerseits mit Gegenprotesten konfrontiert – und brachten unter anderem zum Ausdruck, dass sie gerne ein paar Juden „umlegen“ würden.[331]

Die Befürchtungen von Lüth und anderen, das Vorführen von Harlan-Filmen im Kino würde antisemitischen Aktionen Auftrieb geben, waren gerechtfertigt, wenn auch nicht immer. Am Ende aber waren es die Anti-Harlan-Proteste, die die meiste Aufmerksamkeit auf sich zogen – vor allem, weil sie von der Mehrheit der Kinogänger als Störung empfunden wurden und Stadtverwaltungen wie Polizei Kopfzerbrechen verursachten. Relativ bald stellte sich heraus, dass Harlan weiterhin ein Publikumsmagnet war. Der Skandal um seine Person zog auch Zuschauer an, die bis dahin nie einen Harlan-Film gesehen hatten. Die Premiere von *Unsterbliche Geliebte* fand Ende Januar 1951 nicht in einer Metropole statt (wo größere Unruhen zu erwarten gewesen wären), sondern in Herford, einer Stadt mit einer Bevölkerungszahl von 50.000 Menschen. In den ersten zehn Tagen strömte mehr als ein Drittel der Herforder Bewohner ins Kino, um den Film zu sehen.[332] Auch in Kassel und Göttingen war *Unsterbliche Geliebte* ein Publikumsrenner. In Lübeck war er sogar der größte Kassenerfolg seit Kriegsende,[333] trotz der Tatsache, dass die Lübecker Presse „weder Anzeigen noch Besprechungen gebracht hatte". Als der Film im benachbarten Kiel abgesetzt wurde, führte das zwar zu einer Flut von Protestschreiben der örtlichen Bevölkerung, aber viele Kieler fuhren dann einfach nach Lübeck, um dort ins Kino zu gehen.[334] In München, wo *Unsterbliche Geliebte* erst in der Weihnachtszeit anlief, schauten sich innerhalb von vier Wochen etwa 250.000 Menschen den Film an. Harlan schätzte die Gesamtzahl der Zuschauer in der Bundesrepublik bis Januar 1952 auf etwa sieben Millionen.[335] Kinobetreiber protestierten gegen etwaige Absetzungen und Verbote, weil ihnen dadurch Einnahmen verlorengingen. In Frankfurt führte das Kino „Metro im Schwan" per Postwurfsendung eine Volksbefragung durch: fast 84 Prozent derjenigen, die auf die Befragung reagierten, stimmten für die Aufführung von *Unsterbliche Geliebte*.

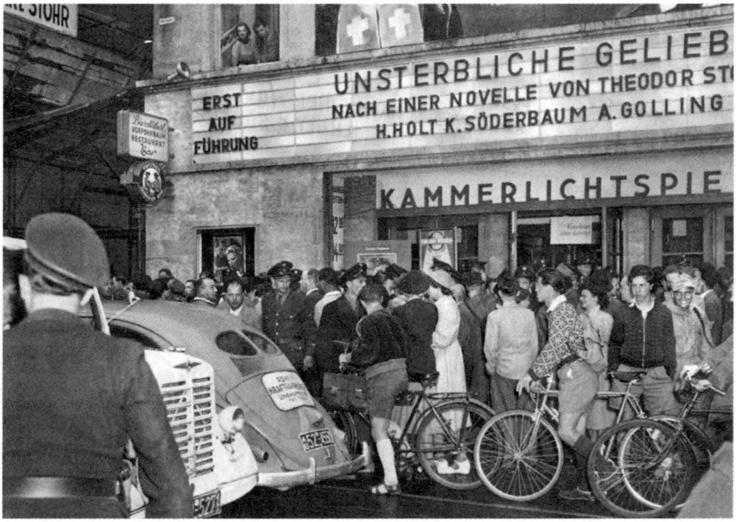


Demonstration vor den Kammerlichtspielen in München gegen die Aufführung des Films *Unsterbliche Geliebte* von Veit Harlan, 1951

Mit der Zeit gelang es Harlan, seiner Rolle als Opfer – aus seiner Sicht – etwas Heldenhaftes abzugewinnen. Seine Frau Kristina Söderbaum wollte sich den Zuschauern vorstellen, als Harlans *Hanna Amon*, in dem sie die Titelrolle spielte, im Januar 1952 in Freiburg anlief. Weil aber Störungen unter anderem durch Stinkbomben vorgefallen waren, fuhr Harlan nach Freiburg, um Kristina zu beschützen. Er trat vor die erste Stuhlreihe bei den ausverkauften Samstagsvorstellungen und bot sich selbst als Zielscheibe an, wenn Zuschauer Stinkbomben werfen wollten. Man solle aber nicht seine Frau belästigen. Seine Galanterie kam gut an – der badische Staatspräsident meinte anerkennend, er hätte seine Frau genauso verteidigt.[336] Auch in anderen Städten trat Harlan als Beschützer seiner Frau auf und hatte damit, so schrieb er, „einen so spontanen Erfolg bei den Tausenden, dass niemand mehr wagt, in unserer Gegenwart einen Protest zu starten".[337] Als *Hanna Amon* in die Kinos kam, war Harlan besser vorbereitet als bei den Protesten gegen *Unsterbliche Geliebte*. Er hielt flammende Reden vor Studenten und Kinobesuchern, betete allerdings immer dieselbe Litanei, er sei von Goebbels gezwungen worden, sei kein Antisemit und nunmehr Opfer einer Verleumdungskampagne. In Erlangen – wo Harlan fast ausschließlich vor konservativen Korporationsstudenten sprach – verfassten die Studenten nach seinem Vortrag eine Resolution, in der sie „im Sinne einer wahren Demokratie und der Gerechtigkeit für alle Menschen" Harlan von der „Schuld an einer Verstärkung des Rassenwahnsinns" freisprachen.[338] Bei *Hanna Amon* fuhren Harlan und Söderbaum von Premiere zu Premiere und wurden nicht nur angeschrien, sondern auch stürmisch gefeiert.[339]

## Streit um Rechte, Rechtsstreit

Die Debatte um Harlans „Wiedererscheinen" in westdeutschen Kinos spielte eine Rolle nicht nur bei der Entwicklung einer Protestkultur, sondern auch allgemein bei der Sensibilisierung der Bevölkerung für das Wesen der Demokratie. Bei Demokratie geht es ja schließlich um das Ausdrücken und Abwägen von unterschiedlichen, manchmal widersprüchlichen Interessen. Es wurden Fragen gestellt, die nicht immer eindeutig zu beantworten waren. Aber es kam nicht so sehr auf die Antworten an als auf die Fragen. Harlan war freigesprochen worden, seine neuen Filme (*Unsterbliche Geliebte*, *Hanna Amon*) von der Freiwilligen Selbstkontrolle freigegeben. Hatte er, aus dieser Perspektive betrachtet, nicht doch ein Recht, seine Filme im Kino laufen zu sehen? Auch die Kinobesitzer hatten die Erwartung, dass sie Filme zeigen dürfen, die schon eingekauft und zugelassen waren. Harlans erste neue Filme waren zwar schwulstig und sentimental, aber im Grunde harmlos. Kann man den Millionen von Zuschauern, die *Unsterbliche Geliebte* und *Hanna Amon* gesehen haben, wirklich vorwerfen, sie würden damit einem antisemitischen Mittäter einen moralischen Freibrief aussprechen? Andererseits haben Menschen, die Harlans Wiederauftritt für respektlos und herzlos gegenüber den jüdischen Opfern des Holocaust befanden, nicht doch das Recht, dagegen zu protestieren? Dürfen Gegenproteste akzeptiert werden, wenn sich unter den Harlan-Befürwortern Antisemiten befinden? Wer ist denn eigentlich dafür verantwortlich, dass Proteste, Gegenproteste und Filmvorführungen vor sich gehen können, ohne dass das eine das andere unmöglich macht? Soll die Polizei die Kinos vor Protestlern schützen, wie es bei den Harlan-Protesten manchmal, aber keineswegs immer der Fall war? Soll die Polizei dabei Waffengewalt anwenden oder darauf verzichten? Haben Stadträte, wie es manchmal geschah, das Recht, Vorführungen zu verbieten oder zeitweilig abzusetzen, wenn die öffentliche Ordnung nicht gesichert schien? Diese Fragen wurden in der Öffentlichkeit, der Presse, in Stadtratssitzungen, Untersuchungskommissionen und Justizgebäuden diskutiert und debattiert.

Dass es bei der Harlan-Debatte um einen fundamentalen Streit um Demokratieverständnis ging, wurde durch die langjährige juristische Auseinandersetzung zwischen Harlan und Lüth deutlich. Bekanntlich hatte Lüth am 20. September 1950 zu einem Boykott des neuen Harlan-Filmes *Unsterbliche Geliebte* aufgerufen, woraufhin die Domnick-Film-Produktion und die Verleiherin des Filmes, die Herzog-Film GmbH, ihn verklagten: Die Boykottaufforderung würde einen unakzeptablen Eingriff in das Recht Harlans bedeuten, seinen Beruf auszuüben. Im November 1950 hat das Hamburger Landgericht Lüth auf dem Weg einer einstweiligen Verfügung verboten, zum Boykott aufzufordern.[340] Lüth ging in Berufung – schließlich sei durch das Grundgesetz die Meinungsfreiheit geschützt –, doch am 27. Februar 1951 bestätigte das Hanseatische Oberlandesgericht die Verfügung des Landgerichts.[341] Lüth gab aber nicht auf. Er bekam auch finanzielle Unterstützung bei den Prozesskosten durch einen Spendenaufruf, an dem sich Politiker wie Erik Blumenfeld (CDU) und Adolf Grimme (SPD) beteiligten.[342] Das löste eine Diskussion über politisches Einmischen in ein laufendes Gerichtsverfahren aus (Harlan erhielt Schützenhilfe von der rechtsgerichteten Deutschen Partei), und es wurde debattiert, ob Lüth als Beamter überhaupt das Recht habe, öffentlich gegen Harlan vorzugehen.[343] Nachdem die Domnick-Film-Produktion und der Herzog-Filmverleih auf Lüths Forderung hin eine formelle Klage beim Landgericht Hamburg gegen ihn eingereicht hatten, wurde am 22. November 1951 aus der einstweiligen Verfügung eine Verurteilung: Lüth, dessen Boykottaufforderungen von dem Gericht nach § 826 BGB als „sittenwidrig" bezeichnet wurden – eine Formulierung, die Harlan mit Genuss immer wieder zitierte –, drohte nun eine gerichtliche Strafe, sollte er die Boykottaufforderung wiederholen.[344] Lüth ging erneut in Berufung, aber die Entscheidung wurde vertagt. Der Grund: Im Februar 1952 reichte Lüth beim Bundesverfassungsgericht Beschwerde gegen die Entscheidung des Landgerichtes ein. Jetzt würde das höchste Gericht der Bundesrepublik über den Fall urteilen müssen. Dazu brauchte es sechs Jahre. Das Urteil schrieb Rechtsgeschichte.[345]

Am 15. Januar 1958 entschied das Bundesverfassungsgericht, Lüths Boykottaufforderung habe keineswegs gegen Artikel 2 des Grundgesetzes (Berufsfreiheit) verstoßen, wie das Landgericht meinte. Schließlich haben die Äußerungen Lüths „die künstlerische und menschliche Entfaltungsfreiheit Harlans" nicht „unmittelbar und wirksam" beschränken können. Lüths Aufruf habe auch nicht gegen „die demokratische Rechts- und Sittenauffassung des deutschen Volkes" verstoßen. Lüth habe keine eigenen Interessen wirtschaftlicher Art verfolgt. Vielmehr sei er „von der Sorge bewegt, das Wiederauftreten Harlans könne – vor allem im Ausland – so gedeutet werden, als habe sich im deutschen Kulturleben gegenüber der nationalsozialistischen Zeit nichts geändert". Dem deutschen Ansehen, so führte das Gericht weiter aus, „hat nichts so geschadet wie die grausame Verfolgung der Juden durch den Nationalsozialismus". Von daher gesehen bestehe „ein entscheidendes Interesse daran, dass die Welt gewiss sein kann, das deutsche Volk habe sich von dieser Geisteshaltung abgewandt". Wesentlich an dem Urteil war die Aussage, private und wirtschaftliche Interessen Einzelner müssen „grundsätzlich zurücktreten", wenn es darum geht, „dass sich in einer für das Gemeinwohl wichtigen Frage eine öffentliche Meinung bildet". Während die Grundrechte, wie in diesem Fall Artikel 5 des Grundgesetzes (Meinungsfreiheit), in erster Linie dazu bestimmt seien, die Freiheitssphäre des Einzelnen gegen „Eingriffe der öffentlichen Gewalt zu sichern", wirken sie auch in andere Bereiche der Rechtsprechung hinein – einschließlich des bürgerlichen Rechts (Lüth war vom Landgericht nach dem Bürgerlichen Gesetzbuch verurteilt worden).

Die Entscheidung wurde als Sieg für das Recht auf Meinungsfreiheit gedeutet, aber sie war auch aus anderen Gründen wichtig. „Wer sich durch die öffentliche Äußerung eines andern verletzt fühlt", so das Bundesverfassungsgericht, „kann ebenfalls vor der Öffentlichkeit erwidern. Erst im Widerstreit der in gleicher Freiheit vorgetragenen Auffassungen kommt die öffentliche Meinung zustande."[346] Meinungsunterschiede, so zumindest die indirekte Botschaft, sollten im öffentlichen Raum ausgetragen werden. Statt über die Justiz gegen Lüth vorzugehen, hätte Harlan sich damit begnügen sollen, seine Gegenmeinung öffentlich zu äußern (was er auch oft genug auch tat). Harlan wandte sich in den 1950er Jahren immer wieder an die Gerichte, wenn ihm Äußerungen und Reaktionen anderer nicht gefielen. Damit verkannte er, so könnte man folgern, das Wesen der Demokratie, für die offene öffentliche Auseinandersetzungen geradezu konstitutiv sind. Spürbar in der Entscheidung der Verfassungsrichter ist auch Respekt für Lüths Sorge, das Wiederauftreten Harlans könnte so gedeutet werden, als hätten die Deutschen nichts aus der Judenverfolgung gelernt. Es ist typisch für die frühe Phase der Vergangenheitsbewältigung in Westdeutschland, dass es oft vornehmlich darum ging, das Ansehen Deutschlands zu rehabilitieren. Lüth ging es aber auch um Verantwortung und um geistig-ethische Erneuerung. Die lange öffentliche Debatte zwischen Lüth und Harlan verdichtete sich zu einem symbolischen Kampf. Der Literaturhistoriker Hans Schwab-Felisch schrieb mit Blick auf den Boykottaufruf von Lüth: „Man wird es also mit einer Art Volksabstimmung über den Antisemitismus in Deutschland zu tun haben, bei der Lüth zum Symbol des ‚anderen Deutschland' geworden ist […], während Veit Harlan durch die letzten Ereignisse in noch stärkerem Maße als bisher zu einem Symbol des Antisemitismus in Deutschland geworden ist."[347] Gerade der Symbolcharakter dieser Auseinandersetzung verlieh ihr eine Resonanz, die für die Vergangenheitsaufarbeitung in der jungen Bundesrepublik wichtig war.[348]

# Kapitel 4: *Jud Süß* gegen Israel

## Harlan verbrennt *Jud Süß*

Veit Harlan kam von *Jud Süß* nicht los. Er fühlte sich von dem Film verfolgt. Die Verfolgten aber waren die Juden gewesen, und sie waren es immer noch. Harlans Sohn Thomas, Jahrgang 1929, besuchte Israel Anfang der 1950er Jahre. Er berichtete seinem Vater davon, dass er in Jerusalem über die Mauern in den arabischen Teil der Stadt geschaut und dort eine Ankündigung für Harlans *Jud Süß* gesehen hatte.[349] Die Juden, die den Holocaust überlebt hatten und nach Palästina ausgewandert waren, dachten sicherlich, sie seien jetzt vor dem Nationalsozialismus sicher. Es wurde aber wieder mit Nazi-Propaganda gegen sie gehetzt. *Jud Süß* fand in den arabischen Ländern großen Anklang und wurde in den 1950er und 1960er Jahren fast überall im Nahen Osten regelmäßig gezeigt. Der Film, der im Zweiten Weltkrieg die Deutschen und die Bevölkerung der von den Nationalsozialisten besetzten Länder gegen die Juden aufhetzte, wurde jetzt eingesetzt, um bei den Arabern Stimmung gegen die Juden zu machen. Das gilt vielleicht auch für Harlans Durchhalteepos *Kolberg*, das in den 1950er Jahren regelmäßig in Syrien, Ägypten und im Irak gelaufen ist und zum Widerstand gegen einen übermächtigen Feind und Eindringling aufrief.[350] Bonn wusste davon, und doch wurde seitens der Bundesregierung so gut wie nichts unternommen, gegen den propagandistischen Einsatz offiziell zu protestieren. Während Adenauer mit Ben-Gurion über Wiedergutmachung sprach, rief Harlans *Jud Süß* in arabischen Kinos zum Hass gegen Juden auf.

Immer wieder schrieben die westdeutschen Konsulate im Nahen Osten besorgte Briefe an das Auswärtige Amt und wiesen auf Aufführungen von *Jud Süß* hin. Im Mai 1953 meldete die westdeutsche Gesandtschaft in Beirut nach Bonn, dass eine geplante Aufführung des Films im Libanon verboten wurde, weil er „pro-nazistisch" sei.[351] Wenig später aber berichtete die Gesandtschaft, dass die libanesische Regierung wegen der „hierauf einsetzenden Proteste" ein Komitee ins Leben gerufen hatte, um die Frage zu prüfen, ob *Jud Süß* genehmigt oder verboten werden soll. Einstimmig entschied das Komitee dann, es gäbe keinen Verbotsgrund.[352] Ab Juni lief *Jud Süß* in einem großen Filmtheater in Beirut. In der libanesischen Presse wurde lobend erwähnt, dass der Kinobesitzer darauf bestanden hatte, den Film laufen zu lassen, obwohl ihm 20.000 libanesische Pfund angeboten worden wären, wenn er ihn absetzt.[353] Wahrscheinlich war es der Erfolg des Films in Beirut, der dazu führte, dass er ein paar Monate später auch Bagdad erreichte. Am 16. Oktober 1953 berichtete die Gesandtschaft in Bagdad nach Bonn, dass „seit einigen Tagen" *Jud Süß* im Lichtspieltheater „en-Nudjum" dargeboten würde. „Die Vorstellungen, die überfüllt sind, werden, wie berichtet wird, von lauten Zwischenrufen gegen das Weltjudentum und für die arabische Einigkeit unterbrochen." In der arabischen Presse, so die Gesandtschaft, werde das Publikum aufgefordert, auf keinen Fall den Film zu versäumen, damit es sich ein richtiges Bild davon machen könne, „mit welchen Methoden die Juden und das Judentum arbeiten". *Jud Süß* würde als Anlass benutzt, so schreibt die Gesandtschaft weiter, auf den Kriegszustand zwischen dem Irak und Israel hinzuweisen und zu betonen, zwischen Juden, Zionisten und Israelis dürfe kein Unterschied gemacht werden. Schließlich zitiert die Gesandtschaft aus der Zeitung *el-Djurida*, die „eine Verbreitung von ca. 40[.000]–50.000 Exemplaren täglich hat": „Wenn Adolf Hitler je eine gute Tat getan hat, die den Arabern stets erinnerlich sein wird, so ist es die, dass die Nazis die Juden zu vernichten beabsichtigten, um die Menschheit von ihrem Übel und ihrer Schlechtigkeit zu befreien.“[354]

Auch danach erreichten das Bonner Auswärtige Amt und das Innenministerium immer wieder Berichte über Aufführungen im Nahen Osten. Im Februar 1960 zum Beispiel schrieb die Filmgesellschaft UFA an das Innenministerium, eine Kopie des Filmes befinde sich sogar im Besitz des Ministeriums für Nationale Erziehung in Kairo. Der UFA-Angestellte meinte, am besten wäre es, keine Schritte dagegen zu unternehmen. Erstens, weil diese vermutlich keine Aussicht auf Erfolg hätten, aber auch wegen der Gefahr, dass man eventuell „schlafende Löwen“ wecken würde.[355] Aus der generellen Untätigkeit der Bonner Behörden lässt sich schließen, dass sie auch dieser Meinung waren. Zu groß war offensichtlich die Angst davor, durch einen Protest bei den arabischen Staaten Unmut hervorzurufen: Das wäre als unerwünschte Einmischung in deren Israelpolitik verstanden worden. In den 1950er und 1960er Jahren waren die Beziehungen zwischen Westdeutschland und den arabischen Ländern im Nahen Osten wegen Adenauers Unterstützung Israels ohnehin sehr angespannt.

Harlan aber blieb nicht untätig. Gerüchte kursierten auch in der deutschen Presse, dass *Jud Süß* im Nahen Osten lief. Es wurde vermutet, die Kopien kämen aus Ostdeutschland oder der Sowjetunion (z.B. über die Firma Sovexport).[356] Kopien befanden sich aber auch in Westdeutschland und in der Schweiz. Im Januar 1954 bekam Harlan einen Brief von Klaus-Peter Hettwer, Inhaber eines Filmvertriebs und Filmverleihs in Düsseldorf. Hettwer teilte mit, er sei „im Besitz des einzigen Negativs“ von *Jud Süß*, und bot Harlan dieses Negativ an, damit es vernichtet werden könnte. Laut Hettwer hatte das Negativ einen Kaufwert von 75.000 DM. Hettwer sprach in dem Brief von seiner „idealistischen Einstellung“. Ihm wäre bewusst, dass „unberufene Hände“ von dem Negativ Positive ziehen könnten, „damit die in dem Film enthaltene Propaganda in Staaten, wo eine solche Propaganda aus politischen Gründen eventuell gebraucht wird, erneut zur Anwendung kommen kann“.[357] Die Vernichtung des Negativs sollte dies verhindern. Harlan griff die Idee bereitwillig auf. Es kann sogar sein, dass es seine Idee war: Dem Brief ist zu entnehmen, dass Hettwer schon am Telefon mit Harlan gesprochen hatte. In seiner Antwort an Hettwer drückte Harlan sein „Entsetzen“ darüber aus, dass *Jud Süß* „in antisemitisch eingestellten Ländern zur Aufführung“ gekommen war. Das habe ihn in einen Zustand der „Hoffnungslosigkeit“ versetzt, „wann denn nun endlich der Zeitpunkt gekommen sei, in welchem diese scheußliche Propaganda, in die mein Name irgendwie verwoben ist, aufhört“. Jetzt aber schöpfte Harlan wieder Hoffnung und wollte „aktiv“ an der Vernichtung des Negativs mitwirken. Er schien tatsächlich bestürzt über die möglichen Auswirkungen von *Jud Süß* im Nahen Osten: Ähnlich besorgte Gedanken über eventuelle Wirkungen auf Zuschauer während der Nazi-Zeit hat er sich wie beschrieben anscheinend nicht gemacht. Erstaunlich an Harlans Antwort an Hettwer ist auch, dass er den Film als „scheußliche Propaganda“ abtut, war er doch ansonsten der Meinung, *Jud Süß* sei trotz goebbelscher Änderungen in mancher Hinsicht ein Kunstwerk.

In Hettwers Brief war auch davon die Rede, die jüdische Gemeinde in der Schweiz an der Vernichtungsaktion zu beteiligen. Warum das Negativ in der Schweiz aufgetaucht war – ob schon während oder nach dem Krieg –, wurde nie geklärt. Schleierhaft blieb auch das Geschäftsverhältnis zwischen Hettwer und dem Schweizer Filmkaufmann Theo Torriani, von dem Hettwer das Negativ bekommen hatte. Nachdem Hettwer Vertreter der Schweizer Juden über einen ägyptischen Interessenten davon überzeugt hatte, dass

*Jud Süß* einen Verkaufswert von 150.000 Schweizer Franken hatte, erkannte die Jüdische Gemeinde die Gefahr einer Vermarktung des Filmes. Sie beteiligte sich dann aber doch nicht an der Vernichtung. Auch der Sekretär der Christlich-Jüdischen Arbeitsgemeinschaft in der Schweiz Ernst von Schenck, mit dem sich Harlan im Hotel Savoy in Zürich traf, nahm an der Aktion nicht teil.[358] Der Grund war Harlans Weigerung, irgendeine Art von Reuebekenntnis abzugeben: „Etwas bereuen, was er nicht befohlen, nicht erfunden, woran er nach einwandfreien Gerichtsfeststellungen keine Schuld trägt, kann er nicht" – so das Protokoll eines Gesprächs zwischen Harlan und Hettwer.[359] Am 2. April 1954 begab sich Harlan in Begleitung seines Sohnes Thomas, seiner Sekretärin Lu Schlage, Torrianis, Hettwers und eines Filmjournalisten zu einer Kiesgrube nahe Zürich und überantwortete das Negativ den Flammen. Im Mai 1933 hatten die Nazis die Werke von Lion Feuchtwanger, Autor des Romanes *Jud Süß*, bei der berüchtigten Bücherverbrennung angezündet. Wollte Harlan durch die Verbrennung dieses Unrecht wiedergutmachen? Warum Verbrennung, wo doch andere Möglichkeiten der Zerstörung denkbar gewesen wären? Zweifelsohne dachte Harlan an ein reinigendes Feuer – ein Feuer, das ihn rehabilitieren würde.

Es ist allerdings unwahrscheinlich, dass Harlan wirklich glaubte, mit der Verbrennung eines Negativs wäre das Problem der Duplizierung aus der Welt geschafft. Laut Harlan lagerte ein zweites Originalnegativ im Archiv bei den Amerikanern in Washington. Zudem zirkulierten bereits viele Kopien, und immer wieder wurde über andere Negative, Dup-Negative oder Lavendelkopien berichtet.[360] Ein paar Wochen nach der Verbrennungsaktion schrieb Filmhändler Willy Florstedt an Harlan, dass er über „ein komplettes Dup-Negativ" von *Jud Süß* verfüge, und dass Hettwers Negativ teilweise eine Kopie gewesen war.[361] Insofern hatte die Verbrennung nur symbolischen Wert: Sie war ein Zeichen guten Willens.

Dass das Negativ aber von Harlan ausgerechnet in der Schweiz vernichtet wurde und nicht in Deutschland, hatte einen anderen, weniger ehrenwerten Grund. Harlans Filme wurden in der Schweiz immer wieder verboten – nicht zuletzt wegen Protesten der jüdischen Gemeinde.[362] Sicherlich hoffte er, eine publikumswirksame Verbrennungsaktion würde die Schweizer umstimmen. Das hoffte auch Hettwer, der Harlan von vornherein deutlich machte, er wäre gerne am künftigen Vertrieb von dessen Filmen in der Schweiz finanziell beteiligt. „Wenn die Schweiz jetzt eine ausdrückliche Sinnesänderung vollziehen würde, würde sich diese Sinnesänderung genau so propagandistisch in den anderen Ländern auswirken müssen."[363] Diese Sinnesänderung stellte sich aber nicht ein. Hettwer hatte sich verkalkuliert und ließ Harlan seinen Ärger spüren. Im Oktober 1954 verlangte er von Harlan die „Zahlung der vereinbarten 75.000.– DM" – obwohl keine solche Vereinbarung getroffen worden war. Hettwer bestand auf dieser Summe, „zumal die Aufführung Ihrer Filme in der Schweiz an der Einstellung der Schweizer zu Ihrer Person total scheiterte und ein Einsatz Ihrer Filme dort in absehbarer Zeit nicht durchführbar ist".[364] Von Hettwers „idealistischer Einstellung" war nun nichts mehr zu spüren. Es ging ihm ums Geld. Weil er Garantiesummen bezahlt hatte, in der Annahme, Harlans Filme würden in der Schweiz laufen, hatte er auch Verluste hinnehmen müssen. Hettwer versuchte sich finanziell über Wasser zu halten, in dem er mit dem versprochenen Verkauf von *Jud Süß* von mehreren Menschen Geld erschwindelte.[365] Harlan war einem Hochstapler aufgesessen, der ihn dann noch mit Zahlungsbefehlen belästigte.[366]

## Der Fall Bender

Während die westdeutsche Politik sehr zögerlich auf die Verbreitung von *Jud Süß* im Nahen Osten reagierte, reagierte Harlan mit einem symbolischen Protest, der vielleicht gut gemeint, aber trotzdem nicht frei von Berechnung war. Am meisten hatte die westdeutsche Justiz mit dem Problem zu kämpfen, obwohl es sich bald herausstellte, dass sie recht schwerfällig und manchmal hilflos agierte. Das lässt sich gut an zwei exemplarischen Fällen beleuchten – und hier waren es wieder Westdeutsche, die versuchten, den Film ins Ausland zu schleusen.

Beim ersten Fall handelt es sich um den ehemaligen Wehrmachtssoldaten und nunmehrigen Spediteur August Bender, wohnhaft in Baden-Baden. Bender war 1952 oder 1953 in den Besitz einer Lavendelkopie von *Jud Süß* gekommen, die nach dem Krieg von den Amerikanern beschlagnahmt worden war. Der zuständige US-Filmoffizier in Frankfurt am Main, Irvin C. Scarbeck,[367] hatte den Film bei dem Inhaber eines Kopierwerkes in Weiterstadt als Sicherung gegen ein Darlehen in Verwahrung gegeben. Das hätte er natürlich nicht tun dürfen, aber er ahnte wohl, dass sich der Film irgendwann gut verkaufen lassen würde. Von dort wanderte *Jud Süß* schließlich zu Bender. Weil Bender Schulden hatte, hinterlegte er den Film im Namen seines Gläubigers Ludwig Kist in einem Depot bei der Sparkasse in Baden-Baden.[368] Gleichzeitig versuchte er, den Film in den Nahen Osten zu verkaufen. Er führte dazu Verhandlungen mit dem ägyptischen Generalkonsul in Frankfurt und dem saudi-arabischen Konsulat in Paris.[369] Möglicherweise hat er auch versucht, über einen Mittelsmann namens Franz Bandenburg den Film ins Ausland zu bringen. Als der Zoll Verdacht schöpfte, kam es im Juli 1954 zu einer abenteuerlichen Autojagd. Die Zollbehörden verfolgten Bandenburg bis ins Saargebiet, wo er aber in seinem Opel-Kapitän, der „dem behördeneigenen VW weitaus überlegen war", entkommen konnte.[370] Wenig später fand die Zollfahndungsstelle Filmrollen von *Jud Süß* unter einer Kellertreppe in der Oberkircher Wohnung des mit Bender befreundeten Fuhrunternehmers Max Meier. Der Zoll befürchtete allerdings, dass Bender schon mehrere Kopien hatte anfertigen lassen, die sein Geschäftsfreund Franz Bandenburg über das Saargebiet oder die Westpfalz zu verschieben versuchte. Weil Bandenburg auf dem Weg ins Saarland in einem Hotel übernachtete, das von den Amerikanern frequentiert wurde, und weil er über größere Geldsummen verfügte, vermutete die Fahndungsstelle, Bandenburg würde „über die amerikanische Besatzungsmacht" *Jud Süß*-Kopien ins Ausland verschieben.[371]

Die Rolle der Amerikaner bei dieser Verschiebungsaktion wurde von der Fahndung nicht weiter untersucht. Aber gegen Bender wurde wegen Devisenvergehens ermittelt und ein Haftbefehl erlassen.[372] Das Problem für die Behörden war also nicht, dass Bender einen antisemitischen Film ins Ausland verbringen wollte, sondern dass er eventuell gegen Zollbestimmungen verstoßen hatte. Allerdings wurde das Verfahren am 25. Mai 1956 mangels Beweisen eingestellt.[373]

Inzwischen interessierte sich das Finanzamt Freiburg für den Film – und auch für Benders Kopie des Films *Der Choral von Leuthen* aus dem Jahre 1932/33 (Regie: Carl Froelich). Bender hatte Steuerschulden zu dieser Zeit (35.000 DM). Am 8. März 1955 schloss er einen Sicherungsübereignungsvertrag mit dem Finanzamt. Im September 1956 kam es dann zu einem „Verwertungsvertrag" zwischen Bender, seinem Schweizer Notar Friedrich Schulthess und dem Finanzamt: Bender verpflichtete sich darin, bei Veranlassung des Finanzamtes, *Jud Süß* kommerziell zu verwerten, allerdings „unter Ausschaltung jeglicher propagandistischer und antisemitischer Tendenzen".[374] Dass das Finanzamt Bender und Schulthess ein solch heikles Geschäft überließ und die Rechtslage hinsichtlich eines möglichen Verkaufs anscheinend nicht berücksichtigte, ist erstaunlich. Zwar hatte Schulthess schon im August 1956 im Auftrag Benders Kontakt mit der israelischen Gesandtschaft in Bern aufgenommen. Bender war wohl auf die Idee gekommen, die Israelis könnten genauso interessiert an der Kopie sein, wie die Araber, allerdings aus anderen Gründen; nicht, um den Film zu zeigen, sondern um ihn zu vernichten. Aus den Verkaufsbemühungen von Schulthess wurde aber nichts.[375] Bender schrieb sogar an Frank Sinatra und bot ihm *Jud Süß* an, weil er gehört hatte, Sinatra wäre ein Sammler „seltener und ausgefallener Filme aus der Zeit des Stumm- und Tonfilmes".[376] Von Sinatra kam keine Antwort. Gleichzeitig bemühte sich Bender weiterhin, die Kopie an arabische Interessenten zu verkaufen. Dabei machte er, aus seiner Perspektive gesehen, einen schweren Fehler. Er schlug einem vermögenden Schrotthändler in Karlsruhe einen Deal vor: Gegen einen Vorschuss würde Bender ihn an dem Verkauf von *Jud Süß* in arabische Länder beteiligen. Der Schrotthändler war kein anderer als der jüdische Kaufmann Werner Nachmann. Sofort informierte Nachmann den Zentralrat der Juden, dessen Vorsitz er später (1969) selbst übernahm.[377] Der damalige Generalsekretär Hendrik van Dam informierte daraufhin das Landgericht Freiburg. Schließlich wurde im April 1958 der Generalbundesanwalt Max Güde (CDU) eingeschaltet. Das heißt, erst nach einer Beschwerde des Zentralrates prüfte die oberste Staatsanwaltschaft die Möglichkeit einer strafrechtlichen Verfolgung.

Am 9. Juni 1958 wurde das gegen Bender laufende Ermittlungsverfahren jedoch eingestellt, wie das Bonner Innenministerium dem Bundeskanzleramt mitteilte.[378] Schon seit langem beschäftigten sich Bundesjustizministerium, Bundesinnenministerium und Bundeswirtschaftsministerium mit dem Fall Bender, zeigten sich aber unschlüssig, wie man strafrechtlich gegen ihn vorgehen könnte. Dabei hatte im Sommer 1957 der Bundestagsausschuss für Fragen der Presse, des Rundfunks und des Films den Vorwurf erhoben, es wären nicht alle rechtlichen Möglichkeiten ausgeschöpft worden.[379] Im März 1958 schrieb ein Staatssekretär im Innenministerium an den Innenminister, dass die Angelegenheit „von nicht unerheblicher politischer Bedeutung" sei: „Es ist bekannt, dass zumindest in Damaskus eine Kopie des Films *Jud Süss* seit mehreren Wochen vor ausverkauftem Hause läuft". Sollte Benders Lavendelkopie ins Ausland gelangen, würden der Regierung „innen- und außenpolitische Schwierigkeiten erwachsen."[380] Was also tun, wenn das deutsche Strafrecht anscheinend keine Handhabe bot? Eine Verlegenheitslösung bot sich an – der Weg über das Zivilrecht. Als Generalbundesanwalt Güde dem Bundesjustizministerium mitteilte, das Ermittlungsverfahren werde eingestellt, wies er darauf hin, dass inzwischen das Landgericht Baden-Baden aktiv geworden sei.[381] Es hatte auf Antrag der Terra-Filmkunst-GmbH eine einstweilige Verfügung angeordnet, die es Bender verbieten würde, über den Film zu verfügen, solange in einem Hauptprozess die Besitzverhältnisse nicht geklärt seien. Wem gehörte also die Kopie von *Jud Süß*? Bender? Der Terra-Filmkunst, die den Film hergestellt hatte, oder UFA-Film GmbH in Liquidation?[382] Oder gar den Amerikanern, die die fragliche Kopie 1945 beschlagnahmten, bevor sie Bender in die Hände fiel? Die einstweiligen Verfügungen wurden im April und Juli 1958 bestätigt. Und am 29. September 1959 überließ das Freiburger Finanzamt die Kopie des Filmes unter Verzicht der Rücknahme dem Amtsgericht Freiburg, weil inzwischen „Ungewissheit über die Person des Berechtigten besteht".[383]

Die westdeutsche Politik und Justiz setzten ihre Hoffnung jetzt also auf eine Zivilklage. Allerdings versuchten das Bundesinnenministerium und das Bundesjustizministerium einen gewissen Einfluss auf den Ablauf der Klage auszuüben – über den UFI-Abwicklungsausschuss sowie die UFA-Film, die vom Innenministerium gelegentlich „Anregungen“ für den Prozess bekam.[384] Gleichzeitig übernahm das Freiburger Anwaltsbüro des CDU-Abgeordneten Hans Furler, Mitglied des Europäischen Parlaments, die Vertretung von Bender im Prozess, was zu einem Interessenkonflikt führte. Über Staatssekretär Georg Anders versuchte Innenminister Gerhard Schröder (CDU), Furler davon abzubringen.[385]

Die einstweiligen Verfügungen waren auch nur begrenzt wirksam. Als Bender im Juli 1960 ein Negativ von *Jud Süß* nach Alexandria verkaufen wollte, wurde in Erwägung gezogen, eine weitere Verfügung zu verhängen, weil die bestehende sich nur auf die Lavendelkopie bezog – nicht auf ein Negativ.[386] Schließlich beantragte die Staatsanwaltschaft in Karlsruhe am 16. Februar 1961 die Einziehung oder Vernichtung von Benders Lavendelkopie.[387] Zuständig war die Strafkammer V des Landgerichts in Karlsruhe. Als Erstes schaute sie sich den Film an: „Das Licht erlosch, und 22 Jahre nach der Uraufführung im Berliner Ufa-Palast flimmerte in einem kleinen Karlsruher Kino der Film ‚*Jud Süß*‘ über die Leinwand. Die Zuschauer waren drei Richter, zwei Schöffen, ein Staatsanwalt und ein Protokollführer.“[388] Der Antrag der Staatsanwaltschaft wurde aber zurückgewiesen – der Film „sei in der heutigen Zeit nicht mehr als staatsgefährdend anzusehen“. Allerdings könnte er dem deutschen Ansehen durch Aufführungen im Ausland erheblich schaden: „Der Streifen müsse daher weiter unter Verschluß bleiben.“[389] Von eventuellen Schäden für Israelis war allerdings nicht die Rede. Die Staatsanwaltschaft Karlsruhe legte Revision gegen die Entscheidung des Landgerichts ein. Sie hatte Erfolg. Der Bundesgerichtshof wies den Fall an das Landgericht zurück, und am 19. Dezember 1963 – acht Jahre, nachdem sie sichergestellt worden war – wurde Benders Kopie eingezogen.[390] Sie landete im Bundesarchiv. Wohl auch mit

Blick auf *Jud Süß* hatten am 1. Februar 1961 der Bundesminister der Justiz und die Landesjustizverwaltungen im Einvernehmen mit dem Bundesinnenminister bestimmt, dass rechtskräftig eingezogene Filme von der Vollstreckungsbehörde im Koblenzer Bundesarchiv gelagert werden sollten.[391] Damit hatte Bonn zumindest diese eine Kopie endlich unter Kontrolle.

Wo lagen die strafrechtlichen Probleme? Die junge Bundesrepublik verfügte auf den ersten Blick über ein Strafgesetzbuch, das ein breites Spektrum an Möglichkeiten bot. § 93 StGB stellte die Vervielfältigung und Verbreitung von Schriften und Darstellungen unter Strafe, die darauf gerichtet waren, den Bestand der Bundesrepublik zu beeinträchtigen oder demokratische Freiheiten zu unterdrücken. Laut § 130 StGB war es strafbar, verschiedene Klassen der Bevölkerung zu Gewalttätigkeiten gegeneinander öffentlich anzureizen. § 185 und § 186 StGB schützten gegen Beleidigung: Die Behauptung oder Verbreitung von falschen Tatsachen, die geeignet waren, andere herabzuwürdigen, war verboten. Doch meinte 1958 der Generalbundesanwalt, § 93 StGB käme nicht infrage, weil Bender den Film nicht „zur Verbreitung oder Vervielfältigung“ in der Bundesrepublik vorrätig gehalten hatte – und § 93 StGB beziehe sich nur auf das Inland, nicht auf das Ausland. § 130 StGB scheide aus, so der Generalbundesanwalt, weil Bender sich nicht in irgendeiner Weise mit dem Filminhalt identifiziert oder ihn zur Kenntnis anderer gebracht hatte. Aus demselben Grund scheide § 185 StGB ebenfalls aus: Dieser wäre nur in Betracht gekommen, wenn Bender sich „die in dem Filminhalt verkörperte beleidigende Kundgebung zueigen gemacht hätte“, indem er den Film „in Kenntnis und unter Billigung seines ehrverletzenden Inhalts verbreitet hätte“.[392]

Henry Ormond, Rechtsberater des Zentralrats der Juden und seit Anfang der 1950er Jahre Anwalt von NS-Opfern, sah das allerdings anders. Seiner Meinung nach wusste Bender schon, dass der Inhalt von *Jud Süß* beleidigend wäre. Indem er den Film einem Vermittler zwecks Verkaufs anbot, habe er sich strafbar im Sinne von § 185 StGB gemacht.[393] Laut Ormond hätte es im Übrigen auch ohne die Einleitung eines Strafverfahrens gegen Bender gerichtliche Möglichkeiten gegeben, den Film einzuziehen.[394] Dass Güde davon ausging, Bender habe sich mit dem Filminhalt nicht identifiziert und keine antisemitischen Motive gehabt, war für Ormond enttäuschend. Erstaunlich war es auf jeden Fall, dass der Generalbundesanwalt Benders gelegentliche Versuche, den Film auch im Inland zu veräußern oder über das Inland den Verkauf in den Nahen Osten zu vermitteln, bei seiner Entscheidung nicht in Betracht zog.

Eine wichtige Weichenstellung in der westdeutschen Rechtsgeschichte erfolgte nach der Welle an antisemitischen Skandalen und Straftaten gegen Ende der 1950er Jahre: Diese gipfelte in der Schändung der Synagoge in Köln am Heiligabend 1959 und der „Hakenkreuz"-Schmierwelle im Januar 1960.[395] Die Empörung im In- und Ausland führte dazu, dass der Bundestag endlich eine Neufassung von § 130 StGB auf den Weg brachte, in dem die Hetze gegen nationale, rassische, religiöse und durch ihre ethische Herkunft bestimmte Gruppen unter Strafe gestellt wurde.[396] In der ursprünglichen Fassung bezog sich das Gesetz auf das öffentliche Aufreizen verschiedener Klassen gegeneinander, was die Anwendung von § 130 StGB auf antisemitisch motivierte Handlungen sehr erschwerte. Die Bundesregierung hatte schon viel früher an eine Neufassung dieses Artikels gedacht, nachdem antijüdische Schmäh- und Hetzschriften aus Schweden nach Westdeutschland importiert worden waren.[397] Immer wieder scheiterten aber Versuche, das Gesetz neu zu formulieren. Auch im Fall Bender wurde 1955 vom Innenministerium darauf hingewiesen, dass die „strafrechtlichen Vorschriften über Antisemitismus (§ 130 StGB) unzureichend sind".[398] Es bedurfte einer Reihe antisemitischer Vorfälle, um Politik und Justiz endlich davon zu überzeugen, dass Antisemitismus und nicht nur Kommunismus eine Gefahr bedeutete (obwohl vermutet wurde, die DDR habe die antisemitische Welle in Westdeutschland inszeniert).[399] Als dann 1961 die Staatsanwaltschaft in Karlsruhe das Einziehungsverfahren gegen Bender in die Wege leitete, das nach einigem Hin und Her zur Konfiszierung der Lavendelkopie führte, begründete sie den Antrag mit den Bestimmungen der §§ 130 und 93 StGB.

Allerdings hatte die Neufassung für das Einziehungsverfahren letztendlich keine Bedeutung. Das Landgericht schloss die Anwendbarkeit von § 130 StGB aus, weil es nicht klar war, dass Bender in verfassungsfeindlicher Absicht gehandelt hatte. Schließlich wurde der Einzug der Kopie mit einer raffinierten Auslegung von § 93 StGB begründet. Bender hätte versucht, den Film an eine Schweizer Finanzierungsgruppe zu veräußern. Wenn es zu einer Aufführung in der Schweiz gekommen wäre, hätten auch Deutsche den Film anschauen und damit im Sinne von § 93 StGB negativ beeinflusst werden können. Diese Interpretation war allerdings gewagt. Dass es in der Schweiz jemals zu einer Aufführung von *Jud Süß* gekommen wäre, scheint unwahrscheinlich. Die Jüdische Gemeinde dort stellte sich immer noch vehement gegen Harlan. Allerdings sah das Gericht einen Verstoß gegen § 93 StGB auch darin, dass Bender den Film in Westdeutschland an private Käufer veräußern wollte und entsprechende Bemühungen unternommen hatte.[400] Dadurch wären Aufführungen vor Privatpersonen und in privaten Zirkeln möglich geworden. Man fragt sich, wieso die westdeutsche Justiz (einschließlich des Generalbundesanwaltes) so lange gebraucht hat, um etwas so Offensichtliches zu erkennen. Sie hätte sich von vornherein, unter den vorgegebenen strafrechtlichen Bedingungen, viel mehr auf die mögliche Verbreitung im

*Inland* konzentrieren sollen – die oft auch die Vorbedingung für das Weiterleiten ins Ausland war.

## Der Fall Schauer

Bender selbst wurde nicht bestraft. Er verlor aber endgültig jeden Anspruch auf die Kopie. Ungefähr zur selben Zeit, zwischen 1959 und 1965, beschäftigte sich die westdeutsche Justiz mit einem anderen, nicht minder spektakulären Fall des Missbrauchs von *Jud Süß*. Etwa 1953 hatte der Filmkaufmann Wilhelm Florstedt, dem wir schon begegnet sind, von Stanislaus Leschkowitz, der bei den sowjetischen Militärbehörden in Ost-Berlin Filmangelegenheiten bearbeitete, eine Kopie des ersten Teils von *Jud Süß* besorgt, vermutlich als „Köder". Über Klaus-Peter Hettwer, dem wir ebenfalls schon begegnet sind, gelangte dieses Muster in die Hände des Lübecker Kaufmanns Elmar Schauer.[401] Als der saudi-arabische Prinz Sultan, ein Halbbruder des Kronprinzen Faisal, 1957 Hamburg besuchte, hatte Schauer die Gelegenheit, ihm diesen Teil von *Jud Süß* vorzuführen. Der Prinz war beeindruckt und bat um eine Kopie des ganzen Films. Daraufhin besorgte sich Florstedt von Leschkowitz, mit dem er sich ganz diskret in einem West-Berliner Lokal traf, ein vollständiges Negativ. Schauer, mit dem Film als Reisegepäck, flog dann zusammen mit zwei anderen im Mai 1958 nach Beirut, um *Jud Süß* an den Prinzen oder andere arabische Interessenten zu verkaufen. Wegen Unruhen im Libanon scheiterte das Vorhaben. Im Sommer 1958 versuchte es Schauer mit Kairo. Dort gelang es ihm, das Negativ an die ägyptische Handelsfirma „Orienta" zu verkaufen, mit der er einen Vertrag über die Synchronisation in die arabische Sprache und die Auswertung in arabischen Staaten schloss. Danach liefen Kopien dieses Negativs in Syrien und im Libanon. Das reichte Schauer nicht. 1959 besorgte er sich wieder über Florstedt und Leschkowitz ein neues Dup-Negativ, das er dann erfolglos in München zu veräußern versuchte.[402] Schauer kannte nicht nur Florstedt und Hettwer, sondern auch Bender, der sich 1959 bemühte, Schauers Negativ nach Alexandria zu verkaufen.[403] Die *Jud-Süß*-Händler waren gut vernetzt. Schließlich wurde das Negativ und die eine „Muster"-Rolle von der Kriminalpolizei sichergestellt und ein Ermittlungsverfahren (nach § 93 StGB) gegen Schauer und seine Helfer eingeleitet.

Es wurde am 15. April 1965 eingestellt, da ihnen nicht nachzuweisen war, „dass sie den an den Maßstäben des Grundgesetzes der Bundesrepublik Deutschland gemessen verfassungsfeindlichen oder volksverhetzenden Charakter des Films erkannt und in ihren Vorsatz aufgenommen" hatten.[404] Wieder eine erstaunliche Entscheidung, denn hätte Schauer sich überhaupt bemüht, den Film in den Nahen Osten oder in der Bundesrepublik zu verkaufen, wenn er das volksverhetzende Potenzial nicht erkannt hätte? Schließlich wurde vom Landgericht Flensburg die Einziehung von Schauers *Jud-Süß*-Filmrollen angeordnet. Das Landgericht Flensburg, wie auch das Landgericht in Karlsruhe, erkannte den verfassungsfeindlichen Charakter des Filmes an. Laut der deutschen Strafprozessordnung war es möglich, Gegenstände einzuziehen, die zur Begehung einer mit Strafe bedrohten Handlung gebraucht werden oder bestimmt sind, auch wenn wie in diesem Fall „keine bestimmte Person wegen der Tat verfolgt oder verurteilt werden kann".[405] Um es sarkastisch auf den Punkt zu bringen: Es gab ein Verbrechen, nämlich *Jud Süß*, aber keinen Verbrecher. Dass Schauer, Bender und die anderen Involvierten *Jud Süß* als Geldquelle sahen, war klar. Zu keinem Zeitpunkt, soweit ich blicken kann, haben die Staatsanwälte und Gerichte ernsthaft in Erwägung gezogen, ob auch Antisemitismus als bestimmendes Motiv eine Rolle gespielt hat: Wenn man aber einen antisemitischen Film in den Nahen Osten schickt, um dort Hassgefühle gegen Juden zu schüren, ist man sicherlich kein Freund der Juden. Dass Bender bereit war, auch an Israel zu verkaufen, ändert daran nichts. Im Falle Benders war man in Karlsruhe zwar zu einem anderen Schluss gekommen als in Flensburg: Bender habe „mit Kenntnis von dem verfassungsfeindlichen Inhalt der Kopie diese mit Wissen und Wollen zur Verbreitung vorrätig gehalten".[406] Trotzdem ging das Gericht auch hier davon aus, er habe sich nicht mit diesem Inhalt identifiziert.

## Zögerlicher Umgang

Sicherlich wäre es für die deutsche Justiz nicht möglich gewesen, den Einzug von Kopien von *Jud Süß* anzuordnen, die von anderen Ländern aus zum Verkauf angeboten wurden. Friedrich Schulthess, Benders Schweizer Rechtsanwalt, bot 1966 Marta Feuchtwanger ein Negativ des Filmes an. Ein Jahr davor hatte ihr der Bozener Kaufmann Eduardo Delucca ebenfalls ein Negativ angeboten, das sich angeblich in Kanada befand – für 125.000 US-Dollar.[407] Der Verleger Felix Guggenheim riet ihr davon ab, ernstlich auf die Angebote einzugehen. Marta Feuchtwanger war wohl auch misstrauisch. „Die Bayern sagen in solchen Fällen: ‚Das ist ein ganz Geschlenkter'", schrieb sie an Guggenheim, nachdem sie von Delucca das Angebot bekommen hatte.[408] Am 27. September 1965 schrieb Guggenheim an Feuchtwanger: „Wir befinden uns offenbar in einem James Bond-Abenteuer."[409] Höchstwahrscheinlich bekamen Delucca und Schulthess die Dup-Negative von *Jud Süß* aus Westdeutschland, Delucca womöglich wieder von Bender. Ein entschiedeneres Vorgehen also gegen Bender und Schauer hätte vielleicht die Gefahr reduziert, dass Kopien aus Westdeutschland ins Ausland gelangen. Stattdessen wirkte die zögerliche strafrechtliche Handhabung der Fälle Bender und Schauer – über die auch außerhalb Deutschlands berichtet wurde – fast ermunternd für potenzielle westdeutsche Verkäufer.

Immer wieder versuchten Händler auch auf indirektem Weg Negative oder Kopien an die Bundesrepublik zu verkaufen. 1963 war ausgerechnet an den ehemaligen Generalbundesanwalt Güde „die Frage durch Mittelmänner herangetragen worden", ob eine in der Schweiz befindliche Kopie von *Jud Süß* „vom Bund zum Preis von etwa 200.000 Franken erworben werden könnte" – um zu verhindern, dass die Kopie in arabische Länder verkauft wird. Laut einem Vertreter des Innenministeriums handelte es sich bei den Interessenten „offenbar um Bedienstete des früheren Reichspropagandaministeriums und SS-Leute". Der Beamte vermutete, die Kopie sei mit der identisch, die 1960 der Deutschen Botschaft in Madrid zum Kauf angeboten worden war. Er teilte Güde mit, dass der Ankauf einer Kopie nicht zum Verschwinden der Kopien vom internationalen Film-Markt führen würde: „Der politische Erfolg würde ausbleiben."[410] Im Klartext: Der Bund wäre nie in der Lage, alle Kopien aufzukaufen oder zu verhindern, dass neue Kopien entstehen. Womöglich hätte auch ein Ankauf durch den Bund die Preise in die Höhe getrieben. Aber durch den Kauf einiger Kopien hätte der Bund immerhin ein Zeichen setzen können.

Der politische Umgang mit illegalen Kopien von *Jud Süß* in der BRD nach dem Krieg war tastend, unsicher. Im November 1961 verfasste das Innenministerium eine Stellungnahme zum *Jud-Süß*-Problem. Sie zeigt, dass sich das Ministerium infolge der antisemitischen Vorfälle von 1959/60 Sorgen machte – allerdings nicht so sehr um die Juden, sondern vielmehr um die Auswirkungen auf das Ansehen Deutschlands im Ausland. Auch Vorführungen von *Jud Süß*, so befürchtete das Ministerium, könnten vor allem in Israel dieses Ansehen schädigen und als Einmischung in arabisch-israelische Angelegenheiten interpretiert werden.[411] Konkreter Anlass für diese Befürchtung war eine Ausstrahlung von *Jud Süß* am 23. Dezember 1960 durch das Fernsehen in Ägypten, die von Israel stark verurteilt wurde. Der Film (unter dem Titel *Le Sourire de la Vipère*, dt. *Das Lächeln der Viper*) wurde gezeigt, um die Erinnerung an den „Tag des Sieges" über die Briten, Franzosen und Israelis im Suezkrieg am 23. Dezember 1956 zu feiern und um den Kampf der arabischen Länder gegen Israel und den Westen zu rechtfertigen.[412] Überall dort, wo in der Originalfassung das Wort „Jude" vorkam, wurde es in der „arabischen Synchronisation mit ‚Israeli' oder ‚Zionist' wiedergegeben".[413] Die besorgte Stellungnahme des Ministeriums zu *Jud-Süß*-Vorführungen im Nahen Osten aber hatte keine politische Wirkung.[414] Die Bundesregierung hat nicht darauf reagiert.

1958 wurde in der israelischen Presse berichtet, dass bei dem Filmfest Cannes das Gerücht umging, die Bundesregierung hätte von der UFA verlangt (und es zur Bedingung für die Neugründung der UFA gemacht), dass sie sich alle Kopien von *Jud Süß* besorgt und zerstört.[415] Konkrete Belege dafür konnte ich nicht finden. Die Rechte lagen schließlich nicht bei der neuen UFA, sondern bei UFA-Film GmbH i.L., die für die Entflechtung und Liquidation der alten UFA-Film GmbH (UFI) zuständig war.[416] Aus den Akten geht allerdings hervor, dass das Auswärtige Amt – eben weil Bonn eine direkte politische Einmischung vermeiden wollte – über den Weg des Urheberrechts das Problem anzugehen versuchte. Zu diesem Zweck übte das Auswärtige Amt sanften Druck auf den Transit-Filmvertrieb in Düsseldorf aus. Bei Transit lagen die Vorführrechte. Im Januar 1959 bot ein gewisser Milos Rakocevic über einen Pariser Mittelsmann namens Charmant dem Außenministerium zum Preis von 150.000 Dollar eine Kopie des Filmes an, die sich in Beirut befand. Anscheinend hatten Israel und Ägypten auch Interesse – Israel, um die Kopie zu vernichten, Ägypten, um den Film vorzuführen.[417] Offensichtlich haben Händler versucht, über eine Art Länderkonkurrenz den Preis für *Jud Süß* in die Höhe zu treiben. Das Auswärtige Amt leitete die Verantwortung weiter an Transit, wo man Rakocevic kontaktierte. Es stellte sich heraus, dass etwa fünf bis sieben Kopien von *Jud Süß* in Beirut im Angebot waren: Rakocevic vermutete, sie seien inzwischen „nach Israel oder Ägypten verkauft" worden.[418] Wenig später hat das Auswärtige Amt den Vorschlag gemacht, dass Transit eine *Jud-Süß*-Kopie aufkauft, die der Botschaft in Madrid angeboten worden war.[419] Weil aber der Verkäufer inkognito bleiben wollte, kam der Verkauf nicht zustande.[420] Wegen der Probleme mit *Jud Süß* und anderen Nazifilmen, die im Nahen Osten vorgeführt wurden, pflegten Transit, das Auswärtige Amt und die zuständigen deutschen Konsulate engen Kontakt. Gelegentlich wurde versucht herauszufinden, wer die Vorführungen vor Ort bewilligt hatte, um diejenigen über die Rechtslage aufzuklären.[421] Bei dem Zeigen von *Jud Süß* im Nahen Osten ging es aber nicht einfach nur um eine Verletzung des Urheberrechts, sondern um einen propagandistischen Angriff auf Israel, in dem ein deutscher Film als Waffe benutzt wurde.

Harlan verbrannte *Jud Süß*, die Behörden beschlagnahmten Kopien, benutzten sie als Sicherung von Schulden (übrigens auch im Falle Schauers), verwahrten sie in Banken oder bei Ämtern, konfiszierten sie – bis die Möglichkeit einer Endlagerung im Bundesarchiv sich abzeichnete.[422] Das eigentliche Problem aber, nämlich das zweite Leben von *Jud Süß* als antiisraelische Propaganda im Nahen Osten, wurde von der Bundesregierung nicht direkt angepackt. Wie lange dieses zweite Leben andauerte, ob es heute noch andauert, ist schwer festzustellen. Der Propagandawert des Filmes war aber beträchtlich. Das war auch dem Mitbegründer der Fatah-Bewegung und, ab 1969, PLO-Vorsitzenden Jassir Arafat bekannt, der in den 1960er Jahren – so der Filmregisseur Dovid Loew – den Film kopieren und in dem Nahen Osten zur Unterstützung der Ziele der palästinensischen Befreiungsbewegung einsetzen ließ. Möglicherweise wurden Kopien von anderen antisemitischen Nazifilmen wie *Der ewige Jude* und *Die Rothschilds* (1940) zu demselben Zweck instrumentalisiert.

Der Gedanke, solche Filme haben dazu beigetragen, durch ihre antisemitische Botschaft den Konflikt zwischen Israel und der PLO anzuheizen, ist erschreckend – vor allem, wenn man bedenkt, dass die Bundesregierung spätestens seit den 1950er Jahren schrittweise bemüht war, Versöhnung mit Israel anzustreben und, ab 1960, staatliche Beziehungen aufzubauen.

# Kapitel 5: Der schwierige Umgang mit *Jud Süß*

## Wiederholungstäter?

Am 18. Oktober 1956 wurde das Theaterstück *Das Tagebuch der Anne Frank* an sieben deutschsprachigen Theatern (in West- und Ostdeutschland und Berlin) aufgeführt. Das schon in den 50er Jahren weltberühmte Tagebuch war von Frances Goodrich und Albert Hackett für die Bühne bearbeitet worden.[423] Zu der Premiere in den Münchner Kammerspielen erschien auch Kristina Söderbaum. Nach der Premiere wurde sie in der Münchner *Abendzeitung* von dem Journalisten Voluntas (Jochen Willke) heftig angegriffen. Er beschwerte sich darüber, dass sie im Hausgang des Theaters Autogramme gegeben hatte, und schrieb erbost: „Die Hauptdarstellerin des *Jud Süß*-Filmes bei der Premiere? Ein öffentliches Ärgernis!“[424] Söderbaum antwortete in einem offenen Brief, sie sei in das Theaterstück mit einem Gefühl der Schuld gegangen und mit dem „gleichen Ernst, mit dem ich in die Kirche gehe“. Die Schuld, die sie meine, sei aber nicht „jene Schuld, die ich mit zahlreichen Schauspielern teile, die heute wieder an allererster Stelle stehen“. „Mein Schuldgefühl hieß: ich habe in dieser furchtbaren Zeit gelebt, die das millionenhaft verbrach, was in dem Stück ‚Anne Frank‘ dargestellt wird, und bin damals vorbeigegangen, ohne die ganze Wucht des Verbrechens zu ahnen und ohne mich – und hier ist das Entscheidende – genügend darum gekümmert und gesorgt zu haben.“ Das reichte Willke nicht. Im „Dritten Reich“, antwortete er, sei viel passiert, und „jeder von uns, auch wenn er gegen Hitler war, ist mit schuld gewesen“. Es käme jetzt darauf an, dies heute anzuerkennen, „insbesondere doch fraglos die Schuld, den

Film ‚*Jud Süß*' gedreht zu haben". Aber „von einer solchen Anerkenntnis ihrerseits weiß die Öffentlichkeit nichts". Daher käme es „immer wieder zur Ablehnung Veit Harlans". Die Vergangenheit könne man nicht ruhen lassen, „weil dazu eine wirkliche Reue gehören würde". Und Harlan, so Willke, zeige keine.[425]

Es schien, als ob sich mit der Zeit nichts verändert hatte. Wie 1947 bei der Premiere von *Ehe im Schatten* zeigten weder Harlan noch Söderbaum genug Sensibilität, um dort nicht zu erscheinen, wo ihr Auftreten – von manchen – nicht erwünscht war. Wo ein Schuldbekenntnis erwartet wurde, boten sie nur schwache Verallgemeinerungen an. In der Auseinandersetzung mit Willke lehnte Harlan den Begriff der Reue ab, weil Reue nach seiner Meinung die Vergebung der Schuld mit einschloss: „Das Schuldbekenntnis schließt aber zunächst die Untersuchung der Schuld ein."[426] Es schien Harlan nicht einzufallen, dass Reue auch bedeutet, dass einem etwas leid tut. Wie immer war seine Schuldvorstellung sehr eng begrenzt: Sie lag lediglich darin, dass er vor Goebbels Angst gehabt hätte.[427]

Während Harlan sich unüberhörbar als Opfer von Goebbels präsentierte und dadurch die Debatte um seine Person anheizte, gingen die meisten anderen Regisseure, die sich im „Dritten Reich" profiliert hatten, einen ganz anderen, durchaus pragmatischeren Weg – und hofften dadurch, ihre Karrieren ohne die Hindernisse fortsetzen zu können, die Harlan plagten. Denken wir zum Beispiel an den ungarischen Regisseur Géza von Bolváry. Während der NS-Zeit hatte er zwar meistens Revuefilme und Komödien gedreht, aber auch den Propagandafilm *Schicksal* (1942), in dem das Führerprinzip und Opferbereitschaft gelobt werden. *Schicksal* wurde nach dem Krieg von den Alliierten verboten. In den 1950er Jahren fand Bolváry mit Filmen wie *Schwarzwaldmelodie* (1956) mühelos Anschluss an den neuen Trend der Heimatfilme. Wolfgang Liebeneiner, der den berüchtigten Euthanasie-Film *Ich klage an* (1941) gedreht hatte, wechselte 1947 schnell die Richtung mit dem Antikriegsfilm *Liebe 47* und landete einen großen Erfolg mit dem Heimatfilm *Die Trapp-Familie* (1956). Einige Regisseure allerdings mussten sich nicht einmal neu orientieren. Willi Forst drehte Liebes- und Operettenfilme vor und nach 1945: Der Bedarf an dieser Form von Unterhaltung war nach wie vor groß. Nachdem Forst sich mit *Die Sünderin* (1951) einen Namen als Skandalregisseur gemacht hatte, galt er sogar als fortschrittlich. Harlan gelang es nicht, mit seinen neuen Filmen den Beweis dafür zu liefern, dass er einen anderen Weg einschlagen konnte. Kay Weniger bringt es auf den Punkt, wenn er von Harlans erstem Nachkriegsfilm *Unsterbliche Geliebte* (1951) schreibt, dass Harlan „seiner Vorkriegsthematik schwülstig erzählter, weiblicher Seelenpein treu" geblieben sei.[428] Die Journalistin Clara Menck befand sogar, „die Schwarz-Weiß-Zeichnung der Guten und Bösen" im Film sei „von der vereinfachenden Infantilität, die die Psychologie des Dritten Reichs auszeichnet".[429]

## Filmthemen Kommunismus und Homosexualität

Zwar versuchte es Harlan mit zwei etwas lauen Abenteuerfilmen – *Sterne über Colombo* (1953) und *Die Gefangene des Maharadscha* (1954), die in Ceylon (Sri Lanka) spielen –, aber nur, weil er mit anderen Plänen nicht weiterkam. Nach wie vor wollte er Literaturverfilmungen machen, bekam aber nicht die nötige finanzielle Unterstützung. Die Produktionsgesellschaft Gloria schloss mit ihm einen Vertrag für eine Verfilmung von Gerhart Hauptmanns Theaterstück *Die Ratten* (1911), verkaufte dann die Rechte an CCC Film (Artur Brauner).[430] „Widerwillig" drehte Harlan stattdessen für KG Divina GmbH *Verrat an Deutschland* (1955), einen Film über den deutschen

Kommunisten Richard Sorge, der während des Krieges für die Sowjetunion spioniert hatte.[431] Auch das Angebot, den Film *Eltern klagen an* zu drehen, wollte er zunächst ablehnen. Erst nachdem sich die österreichische Schauspielerin Paula Wessely bereit erklärt hatte, die Rolle der Mutter zu übernehmen, sagte Harlan zu.[432] Zentrales Thema des Filmes, der später unter den Titeln *Anders als du und ich (§ 175)* bzw. *Das dritte Geschlecht* (1957) in die Kinos kam, ist der Umgang mit Homosexualität in Familie und Gesellschaft. Beide Filme boten eine Chance, Vorurteile bloßzustellen – hier gegen den Kommunismus, dort gegen Homosexuelle –, die besonders von den Nationalsozialisten geschürt worden waren und immer noch bestanden. Damit hätte Harlan vielleicht einiges wiedergutmachen können, was er mit *Jud Süß* verbrochen hatte. Dass ihm dies nicht gelang, lag an dem westdeutschen Antikommunismus und der gesetzlich verankerten Ablehnung der Homosexualität und auch daran, dass Harlan selbst weder für den Kommunismus noch die Homosexualität viel Verständnis hatte.

*Verrat an Deutschland* löste einen kleinen Skandal aus, als er am 12. Januar 1955 in München seine deutsche Premiere hatte. Der Film erntete Buhrufe, und Söderbaum fiel in Ohnmacht. Kurz darauf wurde *Verrat an Deutschland* von der Freiwilligen Selbstkontrolle verboten, weil er angeblich Sorge und seinen japanischen Informanten Hotsumi Ozaka zu positiv dargestellt hatte – an einer Stelle lässt Harlan den Sorge-Darsteller Paul Muller die überlieferte Äußerung nachsprechen: „Ich fühle mich als Soldat der Sowjet-Union."[433] Schließlich lief eine Fassung des Filmes, in der in einem Vorspann das Publikum aufgefordert wurde, „selbst zu entscheiden, ob der Film ‚prosowjetische Tendenzen' enthalte". *Die Zeit* verglich *Verrat an Deutschland* mit einem DEFA-Film, andere empfanden den Film als pazifistisch –[434] oder einfach als schlecht. Harlan bekam ausgerechnet von Jochen

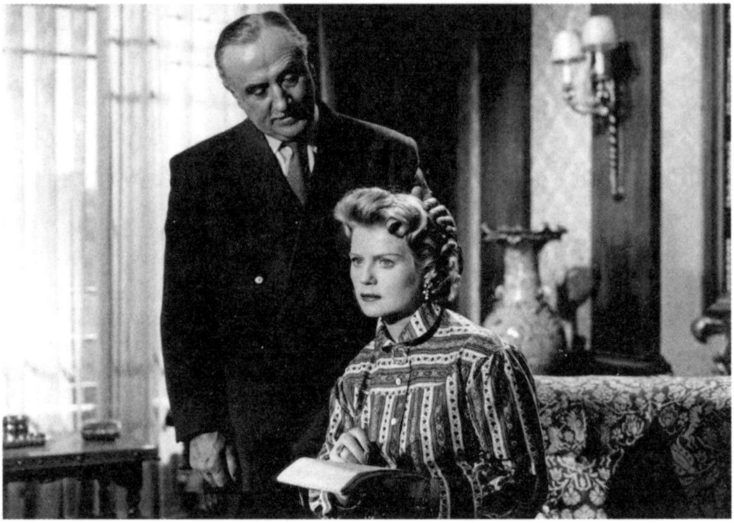

Szene aus Harlans Film *Verrat an Deutschland* (1955) mit Herbert Hübner und Kristina Söderbaum

Willke Unterstützung. Er empfand den Film keineswegs als prokommunistisch und „forderte ironisch ‚Arm in Arm mit Harlan die Selbstkontrolle in die Schranken'".[435] Der Erfolgsautor Hans Hellmut Kirst dagegen resümierte: „ein herzlich unbedeutender Film, eine simple Spionagestory, wie sie im Dreigroschenheft steht [...]. Allein seine Vergangenheit hätte Harlan, den romantisierenden Protzer, davor warnen müssen, seine Finger nach diesem hochexplosiven und diffizilen Stoff auszustrecken".[436]

Dass *Verrat an Deutschland* kein Erfolg werden würde, hatte Harlan geahnt. Zusammen mit Söderbaum habe er in „zahllosen Verhandlungen und vielen Briefen" versucht, der Produktionsgesellschaft klarzumachen, wie unsinnig es sei, einen Film zu realisieren, „in welchem ein deutscher Spion vorkommt, der 300.000 deutsche Soldaten in Russland auf dem Gewissen hat […] dieser Film musste einen Reinfall ergeben, und er hat es dann auch getan".[437] Harlan dementierte die Absicht, kommunistische oder antikommunistische Propaganda machen zu wollen; allerdings habe er sich der „Großartigkeit" von Sorge und Ozaka nicht verschließen können und ihre Motive wahrheitsgemäß schildern wollen.[438] Wie dem auch sei, als prokommunistisch kann man den Film kaum bezeichnen. Sorge (Paul Muller) wird als übler, aalglatter Kriegstreiber dargestellt, Ozaka (Valéry Inkijinoff) als skrupelloser Fanatiker, der bereit ist, über hunderttausend Leichen zu gehen, um das kommunistische Weltreich zu errichten. Und wenn *Verrat an Deutschland* den Nazikrieg gegen Russland kritisch darstellt und sogar deutsche Kriegsverbrechen kurz anspricht, dann hatte das wohl damit zu tun, dass Harlans Sohn Thomas das Drehbuch mit verfasst hat. Trotz anerkennender Worte über den Kommunismus wuchs bei Harlan nach dem Krieg die Überzeugung, nicht nur Juden, sondern auch Kommunisten wollten ihm das Leben schwer machen. Er war überzeugt, seine Gegner – darunter auch Kommunisten und Sozialdemokraten – hätten die Beschimpfung der jüdischen Zeugin Karena Niehoff während seines Hamburger Prozesses inszeniert, um ihn öffentlich als Antisemiten zu brandmarken.[439] Als er davon hörte, dass die DDR einen Film über den Prozess drehen wollte, vermutete er, dass Erich Lüth dahinter steckte – als DEFA-Agent. Mit dieser phantasievollen Interpretation konnte Harlan Lüths moralisches Engagement gegen sein Wiederauftreten als politische Machenschaft abtun.[440]

Auch mit seinem Film *Das dritte Geschlecht* bekam Harlan Probleme bei der Freiwilligen Selbstkontrolle. Am 22. August 1957 entschied die FSK, *Das dritte Geschlecht* nicht freizugeben, weil der Film „das Problem der männlichen Homosexualität […] in einer Weise behandele, die als Propaganda für die Homosexualität wirken müsse". Die FSK berief sich auf die Tatsache, dass „gleichgeschlechtliche Unzucht zwischen Männern in Deutschland seit jeher unter Strafe steht“ – ein Hinweis auf § 175 StGB. Sie berief sich zudem auf „das sittliche Empfinden des Volkes“, das (angeblich) die Homosexualität verurteilen würde. Nicht, dass der Film *Das dritte Geschlecht* die Homosexualität darstellte, war das Problem, sondern dass er „in keiner Weise von der Homosexualität abrückt“ und auch „geradezu um Verständnis für die Homosexuellen“ wirbt, „wenn wiederholt vom ‚Schicksal‘ oder von ‚Schatten sind in der Natur‘ gesprochen wird“.[441] Harlan musste Änderungen vornehmen. Die FSK lehnte den von ihm gewählten Titel ab und ersetzte ihn mit *Anders als du und ich (§ 175)* – gegen seinen Willen. Er habe nicht beabsichtigt, protestierte Harlan, einen Film über diesen Paragrafen zu machen, sondern über die Paragrafen 180 und 181 (Förderung sexueller Handlungen Minderjähriger bzw. Prostitutionsausübung).[442] Der Film stellt dar, wie der junge Klaus Teichmann (Christian Wolff) über einen Schulfreund in einen Künstlerkreis um den homosexuellen Antiquitätenhändler Dr. Boris Winkler (Friedrich Joloff) gerät. Über die hübsche Haushälterin Gerda (Ingrid Stenn) versucht seine besorgte Mutter (Paula Wessely), dafür zu sorgen, dass sich die Sexualität ihres Sohnes „normal“ entwickelt. Harlan wollte nicht Klaus, sondern Frau Teichmann in den Mittelpunkt stellen. In der ursprünglichen Fassung des Filmes wird sie am Schluss zu einer Gefängnisstrafe verurteilt. „Sie hätte wissen müssen“, so Harlan, „dass sie einen Fehler beginge, wenn sie einen Menschen (Haustochter) quasi als Medizin benutzt. Dabei ist der Junge zweifellos nicht homosexuell.“[443]

Diese ursprüngliche Fassung – unter dem Titel *Das dritte Geschlecht* – lief im Ausland, zum Beispiel in Österreich. Die Version, die unter dem von der FSK bestimmten Titel in Westdeutschland lief, enthielt Schnitte und Veränderungen. In der FSK-Fassung wird die gegen die Mutter verhängte Strafe zur Bewährung ausgesetzt, Boris

Winkler wird verhaftet, und ein Gespräch zwischen Winkler und einem sympathisch dargestellten homosexuellen Anwalt wurde verkürzt.[444] Laut Harlan wurde durch die FSK-Änderungen „aus einem Tendenz- ein Propagandafilm", und er verglich die Rolle der FSK mit den Einmischungen Goebbels in die Filmproduktion. Während ein Tendenzfilm im Publikum den Wunsch wecke, „einen falschen Zustand zu verbessern", lasse es der Propagandafilm „mit einem ‚So ist es und so will es der Staat!'" genügen.[445] Harlan hatte die FSK schon lange als eine Art Goebbels-Nachfolger verstanden. 1952 schrieb er: „In dem Gesicht meiner Filme wird seit nun vielen Jahren herumoperiert – Früher war es Herr Goebbels, der das tat – heute sind es andere."[446] Sowie seiner Meinung nach Goebbels aus seinem philosemitischen *Jud Süß* einen antisemitischen Film machen wollte, warf er der FSK vor, einen Film, der zumindest die Homosexualität „nicht angegriffen hat", in sein Gegenteil verkehren zu wollen: „Diese unfassbare Ungerechtigkeit, daß ich von der FSK verurteilt werde als ‚Freund der Homosexuellen', daß die FSK den Film verändert, und ich nun in der Öffentlichkeit verurteilt werde als grimmiger Menschenverfolger, der die Homosexuellen hetzt, wie einst Hitler, ist ein grauenvoller Vorgang."[447]

Tatsächlich wurde *Anders als du und ich (§ 175)* trotz einiger wohlwollender Kritiken scharf kritisiert. Der SPD-Pressedienst befand, „die Gleichsetzung von moderner Malerei mit Homosexualität" und die Darstellung beider Fragen im Film knüpfe „deutlich an die Tendenzen der nationalsozialistischen Propaganda an".[448] Laut Harlan war die FSK durch ihre Kürzungen daran schuld, dass der Eindruck einer Gleichsetzung überhaupt entstehen konnte; gleichzeitig aber betonte er nicht gerade vorurteilsfrei, der Ansatz sei nicht falsch, dass die „Beschäftigung mit künstlerischen Dingen unter Homophilen überdurchschnittlich stark verbreitet" sei.[449] Zweifelsohne hatte Harlan eine tolerantere Haltung, was die Homosexualität angeht, als die FSK. Seine Toleranz hatte allerdings erkennbare Grenzen. Zwar lehnte er den Paragrafen 175 als Verstoß gegen die Menschenwürde ab.[450] Die Homosexualität sah er aber als Gefahr, eine, die in dem Film in Boris Winkler verkörpert ist. So schrieb er an einen Bekannten: „Ich habe diesen Film gemacht, weil ich drei Söhne habe, welche ich immer wieder vor solchen Gefahren warnen muß. Denn ich bin in meinem Leben zahlreiche Male durch solche Gefahren selbst gegangen."[451] In der ursprünglichen Fassung des Films hatte Harlan versucht, einen Kontrast zwischen Winkler herzustellen, der seine Homosexualität verführerisch und an Minderjährigen auslebt, und dem Anwalt, der eine „besondere Sittlichkeit" von sich selbst und anderen Homosexuellen einfordert.[452] Für Harlan ist Homosexualität „eine tragische Veranlagung"[453] oder „tragische Krankheit, vor deren Ansteckung man nur warnen kann".[454] Dass Homosexualität etwas Natürliches sein könnte, glaubt Harlan offensichtlich nicht. Von dem jungen Klaus Teichmann im Film behauptet Harlan, er würde, obwohl „homosexuell gefährdet […] sehr bald zu einem normalen Empfinden" zurückkehren.[455]

Dass die FSK durch die erzwungenen Änderungen den Charakter des Filmes nicht wesentlich veränderte, lässt sich an den Gemeinsamkeiten beider Versionen bestätigen. Francesca Falk hat überzeugend dargestellt, dass Harlan die homosexuellen Figuren auf eine Art und Weise zeichnet, die stark an den antisemitischen Diskurs des Nationalsozialismus erinnert – und an *Jud Süß*. So wird der homosexuelle Kunsthändler Winkler als raffiniert und intellektuell dargestellt, als Stadtmensch und als reich. Genauso wie *Jud Süß* in Harlans gleichnamigem Film wird Winkler als sexuelle Bedrohung, gleichzeitig aber als verweichlicht präsentiert. Falk weist auch darauf hin, dass der homosexuell veranlagte Schuljunge Manfred im Film als schwächlich und blass dargestellt wird: „Eine kraftlose Konstitution, ungesunde

Blässe, schlechte Körperhaltung, schlaffe Gesichtszüge und Hakennase galten in der antisemitischen Propaganda als Stigmata des jüdischen Körpers."[456] Dass Winkler mit Vornamen Boris heißt, bringt ihn auch noch mit dem Kommunismus in Verbindung. Zumindest unterschwellig assoziiert Harlan Winklers Homosexualität mit Judentum und Bolschewismus und führt damit nationalsozialistische Vorurteile fort.

Zu behaupten, Goebbels habe aus *Jud Süß* einen antisemitischen Film gemacht, ist nicht wahr: Er hat den schon vorhandenen Antisemitismus lediglich an einigen Stellen verstärkt und zugespitzt. Genauso unwahr ist es, dass die FSK aus *Das dritte Geschlecht* einen homosexuellenkritischen Film gemacht hat. Das war er schon. Während Harlan aber die Homosexualität für eine pathologische Abweichung von der Natur hielt, eine, die ins Kriminelle abgleiten konnte, aber nicht per se kriminell war, betrachtete die FSK jegliche Form von homosexueller Neigung und Praxis gesetzestreu als Verbrechen. Die Unterschiede zwischen diesen beiden Positionen waren damals vielleicht beträchtlich, scheinen aber aus der Rückperspektive geringer. Auf jeden Fall hat Harlan weder mit diesem Film noch mit *Verrat an Deutschland* besonders viel, wenn überhaupt etwas, getan, um sich kritisch mit der nationalsozialistischen Vorstellungswelt auseinanderzusetzen und sich davon deutlich zu distanzieren.

## DDR contra Harlan

Die Debatten um die Person Harlans fanden natürlich in Westdeutschland statt, wo er wohnte und wo seine neuen und einige seiner alten Filme gezeigt wurden: In Ostdeutschland wurden seine Filme nicht öffentlich vorgeführt.[457] Das heißt aber nicht, dass

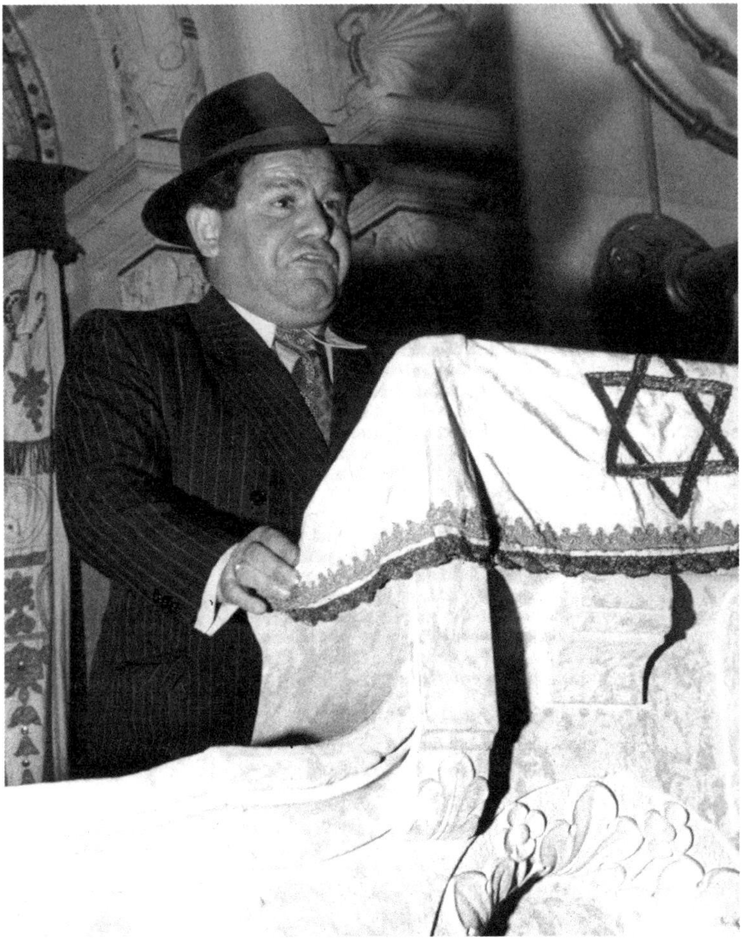

Der Vorsitzende der Jüdischen Gemeinde in der DDR Julius Meyer bei einer Ansprache während einer Demonstration gegen den Freispruch von Veit Harlan in der Synagoge Rykestraße in Ost-Berlin, 1949

man in der DDR die Harlan-Prozesse und seinen Wiedereinstieg ins Filmgeschäft nicht genau verfolgte und kommentierte, vor allem kritisch. In DDR-Zeitungen wurde Harlan schlichtweg als „Antisemit" bezeichnet – dies ausgerechnet zu einer Zeit, als die SED (durch die Zentrale Parteikontrollkommission) gegen vor allem jüdische Westmigranten im Zuge der Noel-Field-Affäre und des Slánský-Prozesses in Prag vorging.[458] Harlan sollte neben anderen als Beispiel dafür dienen, dass es nur in der Bundesrepublik immer noch einen deutschen Antisemitismus gab. Harlans Rehabilitierung und die Vorführung seiner alten und neuen Filme in westdeutschen Kinos wurde in der DDR als Zeichen neofaschistischer, kriegshetzerischer Tendenzen gedeutet. Deutlich kommt diese Einstellung in einem Artikel im SED-Zentralorgan *Neues Deutschland* zum Ausdruck: „Als das deutsche Monopolkapital und Hitler ihren Krieg vorbereiteten, brauchten sie unter anderen Harlan zur Hetze. Das amerikanische Monopolkapital und die deutschen Marionetten, die sich bemühen, den nächsten Krieg gegen die Sowjetunion vorzubereiten, brauchen ihn wieder."[459] Bis zu seinem Tod wurde Harlan in der DDR-Presse immer wieder angegriffen. 1962 brachte das *Neue Deutschland* einen Artikel über den damaligen Bundespressechef Felix von Eckardt, der in der NS-Zeit Drehbücher (mit)geschrieben hatte – auch für Propagandafilme wie das Otto-von-Bismarck-Epos *Die Entlassung* (1941, Regie: Wolfgang Liebeneiner). Damit war er laut *Neuem Deutschland* „auf die gleiche Sprosse wie der Judenfresser Veit Harlan [...] geklettert".[460] Als Eckardt Bundesbeauftragter in Berlin wurde, so die DDR-Presse, wurde *Jud Süß* wieder in West-Berliner Kinos gezeigt, was zu Protesten in Schöneberg geführt hätte (Beweise dafür konnte ich keine finden).[461]

Dass Harlan ein Handlanger des westdeutschen Neofaschismus wäre, das war auch die Botschaft in *Roman einer jungen Ehe*, einem DEFA-Film von Kurt Maetzig aus dem Jahr 1952. Der Film beschreibt die Ehe der West-Berliner Schauspieler Jochen Karsten (Hans-Peter

Thielen) und Agnes Sailer (Yvonne Merin). Während Agnes in Ost-Berlin arbeitet und den Sozialismus aktiv unterstützt, spielt Jochen in West-Berlin. Ihre politischen Ansichten entfernen sich immer mehr, Agnes zieht nach Ost-Berlin. Am Ende kehrt Jochen, angeekelt vom Geist des Militarismus in West-Berlin und inzwischen arbeitslos, zu Agnes zurück. Maetzigs erster Spielfilm *Ehe im Schatten* (1947) behandelte den tragischen Selbstmord von Meta Wolff und Joachim Gottschalk im „Dritten Reich" (siehe Kap. 2). Ursprünglich trug *Roman einer jungen Ehe* den Titel *Ehe im Westen*, weil Maetzig plante, seinen neuen Film „gewissermaßen in Parallele, sozusagen als eine Fortsetzung von ‚Ehe im Schatten' zu gestalten". So wie „damals der Faschismus die Ehe Wieland zerstörte, so tritt jetzt der Neofaschismus auf". Er „spaltet das Land, er spaltet die Stadt Berlin, er spaltet die Künstlerschaft" und bringt die Ehe von Jochen und Agnes „fast zur Scheidung".[462] Inbegriff des neofaschistischen Geistes in *Roman einer jungen Ehe* ist der Regisseur Hartmann (Alwin Lippisch) – eindeutig erkennbar als Harlan. Wie im zweiten Kapitel beschrieben, wurden Harlan und Söderbaum am 17. April 1947 bei der Hamburger Premiere von *Ehe im Schatten* aufgefordert, das Kino zu verlassen. In einer diesem wirklichen Ereignis nachempfundenen Szene in *Roman einer jungen Ehe* kommt es zu Protesten, als sich Hartmann bei der Premiere einer Neuinszenierung von Lessings *Nathan der Weise* unter den Zuschauern einfindet. Hartmann wird als der Regisseur von *Jud Süß* erkannt und zusammen mit seiner Frau aus dem Theater hinausgejagt. Die Symbolik ist klar: In einer Nachkriegswelt, die auf den Werten von Toleranz, Gleichheit und Menschlichkeit aufgebaut werden soll (so die Botschaft von *Nathan der Weise*), hat Hartmann/Harlan keinen Platz.

Auch der Harlan-Prozess, nach Berlin-Moabit verlegt, wird im Film dargestellt. Eine Zeugin berichtet von der Tötung jüdischer Gefangener nach einer Vorführung von *Jud Süß*. Hartmann insistiert, seine Rolle sei eine rein künstlerische gewesen. Von vielen im Gerichtssaal, auch Freunden von Jochen, wird er stürmisch gefeiert: Der Prozess wird als entscheidender Moment der Weichenstellung in der politischen und kulturellen Geschichte des geteilten Berlins dargestellt. Hartmann verkörpert den Geist eines wiedererwachten Militarismus im Westen. Er wird gebraucht, so Agnes, „weil man weiß, der liefert Rassen- und Völkerhass in jeder gewünschten Qualität". Jochen findet diese Einschätzung mehr als übertrieben, bis ihm im Westen Berlins die Chance angeboten wird, in einem neuen militaristischen Film von Hartmann die Hauptrolle zu übernehmen – einem Film, der von Bonn finanziell unterstützt wird. Jochen lehnt ab: Agnes und er finden wieder zusammen. In *Roman einer jungen Ehe* dient Hartmanns neues Filmprojekt der geistig-kulturellen Mobilmachung im Zeichen des westdeutschen Imperialismus. Harlans neue Filme aus den Jahren 1950–1952 waren aber wirklich harmloser. Maetzigs propagandistisch zugespitzte Darstellung Hartmanns übersieht die Proteste gegen Harlan im Westen und geht am Wesentlichen dieser Proteste vorbei – der Befürchtung in Westdeutschland, Harlans Wiedereinstieg ins Filmgeschäft könne als Zeichen von Gleichgültigkeit, ja sogar Reuelosigkeit gegenüber den jüdischen Opfern des Nationalsozialismus gedeutet werden.

## Geplante Neuverfilmungen des Jud-Süß-Stoffes

Das Thema von *Roman einer jungen Ehe* war die verfehlte Aufarbeitung von Harlans *Jud Süß*. 50 Jahre später brachte der Norddeutsche Rundfunk das Dokudrama *Jud Süß – Ein Film als Verbrechen?* (2001) von Horst Königstein, der sich ebenfalls mit dem Harlan-Prozess befasste.[463] Der 2010 ausgestrahlte Spielfilm von Oskar Roehler *Jud Süß – Film ohne Gewissen* beschäftigte sich mit der Entstehung von Harlans Film und vor allem mit den Gewissenskämpfen des Hauptdarstellers Ferdinand Marian. Eine Neuverfilmung der Geschichte von Jud Süß hat es aber weder in der DDR noch in der Bundesrepublik gegeben – mit Ausnahme des als Dokumentarspiel bezeichneten Fernsehfilms *Joseph Süß Oppenheimer* (1984) von Rainer Wolffhardt. Pläne für Neuverfilmungen gab es allerdings mehrere. Fast immer sind sie gescheitert.[464] Warum?[465]

Mitte 1958 meldete die westdeutsche Presse, der Produzent Peter Goldbaum habe die Verfilmungsrechte für Lion Feuchtwangers Roman *Jud Süß* erworben. Harlans Film, so hieß es, sollte „ein Gegenstück erhalten, in dem die kulturelle und geschichtliche Bedeutung des Judentums um die Wende des 18. und 19. Jahrhunderts veranschaulicht wird".[466] O. W. Fischer sollte die Hauptrolle übernehmen, die Regie William Dieterle, der 1930 in die USA ausgewandert und nach Hollywood gegangen war.[467] Sofort wandte sich der Zentralrat der Juden in Deutschland an die Freiwillige Selbstkontrolle (FSK) und an das Bundesministerium des Innern und protestierte nicht nur gegen den vorgesehenen Titel *Jud Süß*, sondern auch gegen das Filmvorhaben selbst.[468] Der Generalsekretär des Zentralrats Hendrik van Dam war der Meinung, es sei unmöglich, einen neuen *Jud-Süß*-Film „vorzuführen, ohne hierbei auf die Gedankenwelt Bezug zu nehmen, die dem alten Film zu Grunde liegt" – unabhängig von der Tendenz des neuen Filmes: „Ich würde daher etwa eine Glorifizierung der Figur des Jud Süß für ebenso schädlich halten wie die Diskriminierung im Harlan-Film."[469] Konkret befürchtete van Dam die „detaillierte Darstellung sexueller Vorgänge". Entsprechend warnte er: „Im vorliegenden Fall handelt es sich um die Kommerzialisierung von Masseninstinkten und die Ausnutzung der durch den Harlan-Film und

-Prozess vermittelten Sensationen."[470] Man kann mit Recht fragen, ob eine Dekonstruktion der antisemitischen Vorurteile, von denen Harlans Film durchwirkt ist, hätte vorgenommen werden können, ohne diese Vorurteile erst einmal wieder darzustellen und die Gefahr einzugehen, sie damit wachzurufen – vor allem, wenn man bedenkt, dass Millionen Deutsche *Jud Süß* gesehen hatten und die antisemitischen Bilder noch im Kopf hatten.

Der Journalist und Schriftsteller Hans Habe (er stammte aus einer ungarisch-jüdischen Familie und war 1940 nach Amerika ausgewandert) äußerte sich ähnlich besorgt. In einem Zeitungsartikel in Form eines offenen Briefes bat er Goldbaum, den Film nicht zu machen, und O. W. Fischer, die Rolle des Jud Süß nicht zu übernehmen. Er appellierte zudem an Feuchtwanger in Kalifornien, von der Idee einer Verfilmung Abstand zu nehmen. Habe befürchtete, Goldbaum wolle aus Feuchtwangers *Jud Süß* einen (nur positiven) Helden machen: „Dann aber verfälschen Sie des Dichters Absicht." „Wollen Sie andererseits den zerrissenen Helden Feuchtwangers zeigen", dann eigne sich der Massenfilm nicht dazu. Unter anderem befürchtete Habe, dass ältere Menschen den neuen *Jud Süß* anschauen würden, um ihn mit dem alten zu vergleichen: „Erinnerung wird in ihnen aufsteigen – schrecklich und verlockend."[471] Bei van Dam und Habe spürt man die Angst, der Schatten des alten Films würde sich auf den neuen legen, so als würden die antisemitischen Bilder des Harlan-Filmes jeden Versuch, sie zu entkräften, unterlaufen, ja sogar durchdringen, so dass am Ende genau das Gegenteil von dem erreicht werden würde, was Goldbaum wollte.

Harlan selbst war ebenfalls gegen eine Neuverfilmung. In seiner Antwort auf Habes Artikel beschrieb er den historischen Jud Süß als eine „unrettbar unsympathische Figur": „Wenn ein Film die Figur des Süß Oppenheimer krampfhaft sympathisch darstellt, dann wird das berechtigten Widerspruch auslösen und sich erst recht in antisemitischer Weise auswirken können." Feuchtwanger, so Harlan, habe die Gestalt „mit einer Objektivität behandelt, mit der das Publikum sie heute gar nicht mehr zu sehen imstande ist".[472] Interessant an Harlans Einwand ist, dass er hier eben nicht wie sonst argumentiert, er (wie auch Marian) habe versucht, seinem Jud Süß positive Züge zu verleihen, sondern im Gegenteil, dass Jud Süß als Mensch von vornherein gar keine hatte. Auch dieses Argument diente der Selbstentlastung – und sollte verhindern, dass Goldbaum einen Film dreht, in dem gezeigt wird, Süß habe sehr wohl positive Eigenschaften gehabt.

Für den Zentralrat war *Jud Süß* als Filmtitel inakzeptabel, weil „die Vorführung eines Filmes unter dem Titel, der einst als Schlagwort für judenfeindliche Propaganda verwendet wurde, nur zu unliebsamen Reaktionen Anlass geben kann".[473] Goldbaum reagierte auf die Kritik, indem er versicherte, der Film solle nicht den Titel *Jud Süß* erhalten und werde sowieso im Ausland gedreht.[474] Weil aber der Zentralrat sich weiterhin besorgt zeigte, bestimmte das Bundesinnenministerium, dass Goldbaums Filmvorhaben auf keinen Fall mit öffentlichen Mitteln finanziert werden solle.[475] Schließlich versandete das Projekt. Sicherlich war die Absicht eine gute: Harlans *Jud Süß* sollte als groteske Verzerrung und als Abbild des nationalsozialistischen Antisemitismus entlarvt werden. Zu groß aber war die Angst vor seiner möglicherweise immer noch virulenten Wirkmächtigkeit.

Um so überraschender ist es, dass sich ausgerechnet Hans Habe, der 1958 gegen eine Neuverfilmung war, sieben Jahre später auf Wunsch Marta Feuchtwangers und des Produzenten Hans Oppenheimer bereit erklärte, ein Drehbuch für einen neuen *Jud-Süß*-Film zu schreiben. In einem Zeitungsartikel machte Habe deutlich, er denke nicht an eine „Wiedergutmachung": Harlans antisemitischer Hetzfilm *Jud Süß* sei bis auf ein Exemplar vernichtet (da irrte sich Habe), und „die meisten Kinobesucher, besonders die jungen Deutschen, kennen ihn nur vom Hörensagen". Mit dem „Hitlerschen Antisemitismus", so Habe, lohne es nicht, sich auseinandersetzen: „Der ist tot." Aber mit dem „Vor- und Nach-Hitlerschen Antisemitismus" müsse man sich auseinandersetzen, „weil dieser 1945 nicht im Führerbunker zu Berlin verendet ist". Diese Ausklammerung der NS-Zeit – so, als wäre der antisemitische Geist gerade dieser Jahre nicht das Verbindungsglied zwischen dem Vor- und Nach-Hitlerschen Antisemitismus – mutet seltsam an. Jedenfalls schien Habe keine Angst mehr zu haben, der Geist des Harlan-Filmes würde bei einer Neuverfilmung ungewollt weiterwirken. Er betrachtete das neue Filmprojekt als eine Art Lackmustest: „Wuchern in Deutschland noch die Keime des Rassenwahns, dann ist dieser Film notwendig. Hat Deutschland den Antisemitismus überwunden, dann soll die Welt erfahren, dass es so ist."[476]

Habes und Oppenheimers Absicht war es nicht, wie *Der Spiegel* irrigerweise berichtete, ein neues Filmporträt anzufertigen, in dem Jud Süß „entnazifiziert und geläutert" wird.[477] Habe sah Süß als „eines der vielen korrupten Produkte einer korrupten Gesellschaft, die manche Ähnlichkeiten mit unserer eigenen Gesellschaft aufweist". Im Gegensatz zu Süß aber seien „Hunderte von ebenso korrupten oder korrupteren Generälen, Höflingen, Bankiers" nicht gehängt worden: „Lion Feuchtwanger hat den Roman eines Schuldigen, aber auch eines Prügelknaben geschrieben."[478] Die historische Dimension des Antisemitismus also, die Habe interessierte, war die Tendenz, Juden die alleinige Schuld für soziale Missstände zuzuschieben – die Abwälzung von Verantwortung. Der Film sollte wohl auf Englisch als amerikanische Großproduktion entstehen, aber in Berlin gedreht werden. Im Gespräch als *Jud-Süß*-Hauptdarsteller waren unter anderen Paul Newman und Peter O'Toole; als Regisseur wurde zuerst an David Lean gedacht,[479] dann an den durch James-Bond-Filme bekannten Regisseur Terence Young.[480] Für die Rolle des Mädchens, das in dem Film Jud

Süß am Ende an den Galgen bringt, war ursprünglich Romy Schneider vorgesehen.[481] Hans Habe zog sich aber schon im Januar 1966 aus dem Projekt zurück. Ein Grund war, dass in Zusammenhang mit dem Film immer wieder auf seine jüdische Abstammung hingewiesen wurde, obwohl er evangelisch war: „Wenn in Deutschland noch rassistische Grundsätze gelten, bin ich sicher nicht der richtige Mann, an diesem Projekt zu arbeiten." Der Hauptgrund war aber wohl der, dass „die gesamte deutsche Presse wie jüdische Kreise" der Ansicht zu sein schienen, das deutsche Publikum sei nicht reif genug, einen neuen *Jud-Süß*-Film „zu verdauen".[482] Schließlich wehrte sich dann auch Marta Feuchtwanger gegen die Idee einer Neuverfilmung.[483]

In den 1970er Jahren wurde wieder daran gedacht, die Jud-Süß-Thematik zu verfilmen. Die TV-Produktionsgesellschaft Bavaria und der Westdeutsche Rundfunk wollten aus Gustav Freytags populärem Monumentalroman *Soll und Haben* (1955) eine großangelegte Fernsehserie schaffen. Mit Rainer Werner Fassbinder als Regisseur hatte der WDR einen der führenden und innovativsten Filmemacher für das Projekt gewonnen, aber leider auch einen, dem Antisemitismus vorgeworfen worden war: Sein Theaterstück *Der Müll, die Stadt und der Tod* (1975) wurde bis in die 1980er Jahre von Kontroversen begleitet, weil er darin einen reichen Juden darstellte, in dem viele eine Karikatur des jüdischen Frankfurter Immobilienmaklers (und späteren Vorsitzenden des Zentralrates der Juden) Ignatz Bubis erkannten.[484] Freytags Roman war auch nicht gerade frei von antisemitischen Figuren und Tendenzen. Das war Bavaria und dem WDR natürlich klar. Sie hatten eine durchaus kritische Bearbeitung des Stoffes im Auge. Günter Rohrbach, der beim WDR die Serie plante, beteuerte gegenüber dem *Spiegel*: „Wir wollen ja doch [...] einen prosemitischen Film machen."[485] Am Ende aber wurde dieses Projekt wegen der Kritik an Fassbinder und der schwierigen Vorlage nicht realisiert – und das führte direkt dazu, dass die Bavaria auch den Plan aufgab, aus Feuchtwangers *Jud Süß* eine Fernsehserie zu machen. In einem Brief an Marta Feuchtwanger schrieb Helmut Krapp, Leiter der Hauptabteilung Fernsehspiel, dass sich die Bavaria entschlossen habe, auf den Erwerb der Rechte an Feuchtwangers Roman zu verzichten – obwohl dessen „Qualität und Tendenz über alle Zweifel erhaben sind". Krapp machte sich Sorgen über den wieder aufkommenden Antisemitismus, dieses Mal vor allem bei linken politischen Gruppierungen.[486]

Anfang der 1980er Jahre trugen sich der Filmproduzent Artur Brauner und der Berliner Filmemacher Peter Lilienthal mit der Idee, den Jud-Süß-Stoff zu verfilmen, doch auch daraus wurde nichts.[487] Dann griff das ZDF das Thema auf – und dieses Mal entstand tatsächlich eine neue Jud-Süß-Verfilmung, *Joseph Süß Oppenheimer*. Allerdings winkten laut zumindest einem Zeitungsbericht die im Vorfeld angesprochenen Regisseure „entsetzt" ab: „Keiner wollte sich die Finger verbrennen."[488] Regisseur Rainer Wolffhardt nahm schließlich die Aufgabe an: Das Drehbuch wurde von Gerd Angermann verfasst. Wolffhardt und Angermann hielten sich strikt an die historischen Akten zum Fall Jud Süß, die sie in Stuttgarter Archiven vorfanden. Ihren Film verstanden sie nicht als Spielfilm, sondern als Dokumentarspiel – eines, das allerdings mit Topschauspielern wie Jörg Pleva als Jud Süß und Manfred Krug als Herzog Alexander besetzt war. Das Ergebnis war der Versuch einer Korrektur. In Harlans Film nutzt Jud Süß den Herzog aus und bringt ihn in eine Position der Abhängigkeit. Bei Wolffhardt ist das Verhältnis nicht so einseitig: Es wird klar, dass Süß für den Herzog ein „brauchbares Subjektum" ist.[489] Während Harlans Jud Süß von einem zerstörerischen Willen gegenüber den Landständen und der Bevölkerung getrieben ist und als Sexualverbrecher gehängt wird, wird Wolffhardts Jud Süß letztendlich zum Opfer von Neid und Rachegelüsten der Landstände und des Hofbeamtentums.

Obwohl Wolffhardt und Angermann sich sehr um historische Authentizität und Sachlichkeit bemüht hatten, lieferte ihr Film genau den Beweis dafür, dass jegliche Neuverfilmung des Themas auf Probleme stoßen könnte. Ursprünglich wurde geplant, das Dokumentarspiel am 24. Januar 1984 auszustrahlen. Weil aber an dem Tag der damalige Kanzler Helmut Kohl in Israel weilte, wurde der Sendetermin verschoben, um diese „doch sehr sensible Reise des Bundeskanzlers" nicht „auch nur mit dem Anschein einer Problematik" zu belasten (so ZDF-Sprecher Fritz Hufen).[490] Gerade sensibel zeigte sich der Kanzler dann selbst nicht. An dem genannten Tag sprach er in seiner Rede vor der Knesset von der „Gnade der späten Geburt", ein Begriff, den er schon 1983 verwendet hatte. Kohls Israelreise, erst der zweite Besuch eines Bundeskanzlers in Israel, war von vornherein wegen westdeutscher Waffenlieferungen an Saudi-Arabien heikel und schwierig. Dass das ZDF am Tag des deutschen Staatsbesuchs einen *Jud-Süß*-Film ausstrahlt, hätte bei den Israelis zu Missverständnissen führen können. Dass der Film überhaupt lief, war der Jüdischen Gemeinde in Berlin nicht recht. Deren Vorsitzender Heinz Galinski bezweifelte, dass die Zeit auch 40 Jahre nach Ende der Naziherrschaft für eine angemessene, aufrichtige Auseinandersetzung mit der Jud-Süß-Thematik reif sei.[491] Wolffhardts Auseinandersetzung war sicherlich aufrichtig gemeint. Was aber ist unter „angemessen" zu verstehen?

Die Diskussion um alle geplanten Neuverfilmungen und auch um die ZDF-Produktion *Joseph Süß Oppenheimer* zeugt von denselben Ängsten. Da war zum Beispiel die Befürchtung, jeder noch so gut belegte Versuch, positive Seiten an Jud Süß aufzuzeigen und ihn als Sündenbock darzustellen, wäre nur Wasser auf die Mühlen der gegenwärtigen Antisemiten – die behaupten könnten, hier werde Geschichte verfälscht, um aus einem jüdischen Täter ein Opfer zu machen. Und würde man im Interesse der Ausgewogenheit negative und positive Aspekte hervorheben, bestünde die Gefahr, dass bei einigen Zuschauern zumindest nur die negativen rezipiert würden. Dazu kam die Angst, jede kritische Darstellung der antisemitischen Vorurteile, unter denen Jud Süß zu leiden hatte, berge die Gefahr, diese Vorurteile, denen man ja Ausdruck verleihen müsste, um sie zu entkräften, ungewollt zu bestätigen. Bei *Joseph Süß Oppenheimer* zeigte sich auch, dass ein präzises Sichbemühen um historische Genauigkeit nicht unbedingt zu einem für den Zuschauer packenden Film führt. Laut der *FAZ* erwies sich das „zur potenziellen Staatsaffäre hochgeschaukelte Stück“ bei der Erstausstrahlung als „teure Plattheit“.[492] Insgesamt herrschte in den Medien zumindest die Meinung, mit einer Neuverfilmung riskiert man mehr als man erreicht. Ein Kritiker schrieb mit Blick auf *Joseph Süß Oppenheimer*: „Notorische Antisemiten werden, ungerührt von der herausragenden Qualität des Films, den Fall Joseph Süß Oppenheimer weiterhin so missbrauchen wie es bereits die württembergischen Landstände im 18. Jahrhundert getan haben: ‚jedermänniglich zum abscheulichen Exempel‘. Nach Auschwitz muß das für die Juden in aller Welt unerträglich sein.“[493]

## Zeigen oder nicht zeigen? Harlans *Jud Süß* und die deutsche Öffentlichkeit

Während es in der Bundesrepublik kein Kinoremake von *Jud Süß* gegeben hat, wurde Harlans *Jud Süß* weiterhin gezeigt – allerdings unter sehr strengen Auflagen und immer mit oft intensivem Begleitprogramm, eine Vorbedingung, die auch bei anderen sogenannten NS-Verbotsfilmen galt und immer noch gilt. Das heißt, anhand des berüchtigten Films selbst versuchte und versucht man, mit pädagogischen Mitteln aufzuzeigen, wie die nationalsozialistische antisemitische Propaganda filmisch umgesetzt wurde, wie die Geschichte von Jud Süß umgebogen wurde, um dies zu ermöglichen, und welche Funktion und Wirkung Harlans Film hatte. *Jud Süß* wurde zum filmhistorischen Artefakt und zum zeitgeschichtlichen Dokument. Ein wichtiges Moment in dieser Entwicklung war die Einziehung einer Kopie von *Jud Süß* auf Anordnung des Landgerichts Karlsruhe im Dezember 1963. Diese Kopie – wie auch die Kopie, die im November 1965 nach einem Urteil des Landgerichts Flensburg eingezogen wurde – wurde dem Bundesarchiv zur Verfügung gestellt und dort archiviert. 1966 wurde die ins Leben gerufene Friedrich-Wilhelm-Murnau-Stiftung zum Rechtsinhaber u.a. von vielen NS-Spielfilmen. Was mit diesen geschah, ob sie freigegeben und gezeigt werden durften, bestimmte im Prinzip die Stiftung, obwohl die Freiwillige Selbstkontrolle (FSK) oft das entscheidende Gremium war. Die kommerzielle Auswertung betrieb und betreibt immer noch die Transit Film GmbH. Die Rolle des Bundesarchivs beschränkt sich im Wesentlichen auf die Sicherung, Erhaltung und Umkopierung älterer deutscher Spielfilme – auch von *Jud Süß*.[494]

Bis heute gelten einige besonders „harte" NS-Filme als sogenannte „Vorbehaltsfilme". Nach dem Krieg kursierten etliche Listen von durch die Alliierten verbotenen Nazi-Filmen, die spätestens ab 1955 keine verpflichtende Gültigkeit mehr hatten, aber trotzdem als Basis für Überlegungen dienten, wie man in der Bundesrepublik mit diesem giftigen Erbe umgehen soll. Die FSK begnügte sich oft damit, Schnitte durchzuführen, um damit verbotene Filme freigeben zu können: Allzu krass in Erscheinung tretende Nazi-Rhetorik oder -Symbole wurden entfernt.[495] Mit den Jahren wurde die Liste der verbotenen Filme immer kürzer. Zurzeit enthält sie um die 40 Filme. Verboten sind diese Filme insofern, dass sie nicht kommerziell vertrieben werden oder im normalen gewerblichen Rahmen im Kino gezeigt werden dürfen. Der

Begriff „Vorbehaltsfilme" bezieht sich auf die Tatsache, dass diese ausschließlich „für schulische, wissenschaftliche und produktionstechnische Zwecke" verwendet werden dürfen und dazu in den Räumen der Murnau-Stiftung vorab eingesehen werden können. Öffentliche Aufführungen unter den genannten Voraussetzungen sind in Kinos, Universitäten und Schulen unter bestimmten Auflagen erlaubt, zu denen ein einführender Vortrag und eine anschließende Diskussion gehören.[496] Zu diesen Vorbehaltsfilmen zählen neben den Harlan-Filmen *Der Herrscher* (1937), *Mein Sohn, der Herr Minister* (1937), *Jud Süß* (1940) und *Kolberg* (1945) u. a. *Ich klage an* (1941, Regie: Wolfgang Liebeneiner) und *Hitlerjunge Quex* (1933, Regie: Hans Steinhoff).

Seit Jahrzehnten wird *Jud Süß* also nur mit pädagogischer Umrahmung vorgeführt. Die Pädagogik soll wohl gegen die antisemitische Absicht und Wirkung des Filmes impfen. Indem man durch Vortrag, Begleitmaterialien und Abschlussdiskussion *Jud Süß* historisch-politisch einordnet, ermöglicht man es dem Zuschauer, sich mit diesem Kontext und dem Film als antisemitischem Zeitdokument kritisch auseinanderzusetzen. Über einen kritischen Umgang mit dem Film kann man gleichzeitig gegen Antisemitismus und Rassismus in der Gegenwart warnen. Das ist zumindest die Wunschvorstellung. Es hat allerdings immer wieder Beschwerden gegen die Vorführung des Filmes gegeben. Hier war wieder die Angst zu spüren, Harlans *Jud Süß* könnte sozusagen jede pädagogische Einrahmung sprengen und wieder sein Gift versprühen. Dieser Spannung zwischen der Notwendigkeit, einerseits rassistischen Darstellungen keine Plattform zu bieten, andererseits über Ausdrucksformen von Rassismus aufzuklären, kann man sogar in der bundesdeutschen Gesetzgebung nachspüren. Im Februar 1975 beschwerte sich der ehemalige Kriminaldirektor Ernst Rosenberg beim Bundesinnenministerium über eine Vorführung von *Jud Süß* an der Volkshochschule Düsseldorf. Einige Zuschauer hatten

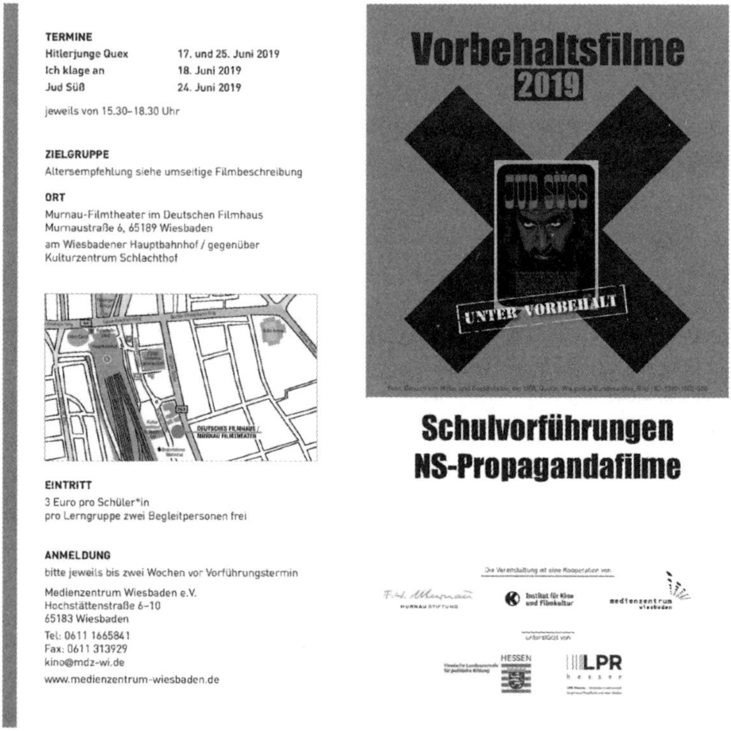


Flyer für Schulvorführungen sogenannter Vorbehaltsfilme, u. a. von *Jud Süß*, durch das Medienzentrum Wiesbaden, 2019

sich antisemitisch geäußert, ohne dass die Seminarleiter eine Reaktion gezeigt hätten. Rosenberg war der Meinung, der Film solle aufgrund des im Dezember 1973 in Kraft getretenen Paragrafen 131 StGB (Verbot von Gewaltdarstellung und Aufstachelung zum Rassenhass) nicht gezeigt werden. In einer Stellungnahme wies aber das Bundesarchiv auf die Ausnahmeklausel zu diesem Strafgesetz hin, nämlich dass es nicht gilt, „wenn die Handlung der Berichterstattung über Vorgänge des Zeitgeschehens oder der Geschichte dient".[497] Auch § 86

StGB (Verbreiten von Propagandamitteln verfassungswidriger und terroristischer Organisationen) enthält eine Ausnahmeklausel.[498]

Am 4. Oktober 1974 hatte das Bundesinnenministerium das Deutsche Institut für Film und Fernsehen (DIF) damit beauftragt, eine Kategorisierung von verbotenen NS-Filmen durchzuführen.[499] Die dafür eingesetzte Kommission hatte die Aufgabe, die Filme „nach den Gesichtspunkten der Verwendbarkeit" zu untersuchen. 89 NS-Verbotsfilme wurden von der Kommission geprüft,[500] die sich des folgenden Einstufungsschemas bediente: kommerzieller Verleih, Fernsehen (allgemein), nicht kommerzielle Spielstätten, Fernsehen (Bildungsprogramm), und Seminare.[501] Im Falle von *Jud Süß* war die Kommission einstimmig der Meinung, der Film sollte nicht im kommerziellen Verleih verfügbar sein oder allgemein im Fernsehen gezeigt werden. Drei der fünf Mitglieder sprachen sich allerdings dafür aus, das Zeigen von *Jud Süß* im Rahmen des Fernseh-Bildungsprogramms zu empfehlen. Einstimmig votierten die Mitglieder dafür, dass *Jud Süß* an nicht kommerziellen Spielstätten gezeigt werden sollte, mit entsprechendem Bildungsmaterial.[502] Die Empfehlungen der Kommission für den Umgang mit den von ihr überprüften Filmen blieben genau das. Laut Theo Fürstenau, Leiter des DIF, wurde die Arbeit „des verblichenen Ausschusses zur Farce", weil dessen Vorschläge nicht befolgt wurden.[503] Das Bundesinnenministerium zeigte auch wenig Interesse an ihrer Umsetzung. Allerdings bleibt es fraglich, ob eine differenziertere Einstufung das Problem gelöst hätte, dass angeblich nicht gewerbliche Vorführungen von NS-Verbotsfilmen in Wirklichkeit doch einem gewerblichen Zweck dienten. Auf dieses Problem machte die Transit-Film-Gesellschaft öfter aufmerksam.

Im März 1980 zum Beispiel beschwerte sich Transit beim Bundesinnenministerium über gewerbliche Vorführungen im Münchner Filmmuseum von *Kolberg* (1945), *Hitlerjunge Quex* (1933) und *Urlaub auf Ehrenwort* (1938, Regie: Karl Ritter).[504] Ein Jahr später verkaufte das Filmstudio Solln für Vorführungen der antisemitischen NS-Filme *Robert und Bertram* (1939, Regie: Hans Zerlett), *Die Rothschilds* (1940, Regie: Erich Waschneck) und *Jud Süß* Einzelkarten, obwohl diese Filme eigentlich nur im Rahmen eines Volkshochschulseminars zum Thema „Antijüdische Propaganda im 3. Reich" hätten gezeigt werden sollen. Laut Transit war der Kinobesitzer im Falle von *Jud Süß* „einem derartigen Ansturm an Laufpublikum" ausgesetzt, dass er „ein zweites, ihm ebenfalls gehörendes Kino zusätzlich zur Vorführung dieses Films heranzog". *Jud Süß* pendelte zwischen beiden Kinos.[505] Besorgte Bürger reichten ebenfalls Beschwerden ein. Aufgrund einer Anzeige ordnete das Amtsgericht Starnberg im Oktober 1978 die Durchsuchung der Geschäftsräume der Volkshochschule in Herrsching und die Beschlagnahme von Filmrollen an. Angeblich wären „der das NS-Regime verherrlichende Propagandafilm *Hitlerjunge Quex*" und „der antisemitische Hetzfilm *Jud Süß* unter dem Deckmantel der Wissenschaftlichkeit zur Aufführung gekommen".[506] Die etwas erstaunte Volkshochschule konnte dann beweisen, dass ihre Vorführungen von NS-Verbotsfilmen den erforderlichen „Seminarcharakter" gehabt hatten.[507]

Viel Geld mit *Jud Süß* zu machen, schien mehr als unziemlich (die Gebühren für den Ausleih von NS-Verbotsfilmen für Seminare waren nicht hoch). Bei ungeregeltem Zulauf befürchtete man natürlich, dass Antisemiten und Rechtsradikale um so leichter ihren Weg in die Vorführungen finden würden. Das passierte aber sowieso. Am 14. Januar 1992 wurde *Jud Süß* im Rahmen einer Vorlesung vom Germanistikprofessor Klaus Kanzog („Normenstrukturen in Texten und Filmen") im Münchner Filmmuseum gezeigt. Der Massenandrang – etwa 300 Menschen wollten *Jud Süß* sehen – hat Kanzog etwas bedrückt; er zweifelte am rein wissenschaftlichen Interesse einiger Besucher und wies auf den „in Deutschland immer noch latenten Antisemitismus" hin. Auch Rechtsradikale befanden sich unter den Zuschauern.[508] Unter den 170 Zuschauern, die sich *Jud Süß* im September 1979 in der Landesbildstelle am Wikingerufer im Berliner Tiergarten angeschaut haben, waren 30 Neonazis – dies im Rahmen einer antifaschistischen Veranstaltungsreihe, die von der FDP Tiergarten und der Friedrich-Naumann-Stiftung organisiert wurde. Sie spendeten Beifall „an all den Stellen, mit denen der Film den ‚Volkszorn' gegen die Juden zu wecken versucht". Während der nachfolgenden Diskussion behauptete einer, dass der Talmud es gestatte, dreijährige Kinder zu vergewaltigen.[509] Allerdings fragt man sich, ob es nicht gerade die Rechtsradikalen sind, die man mit solchen Seminaren erreichen soll, damit sie ihre Vorurteile erkennen können. Die meisten Seminarteilnehmer sind wahrscheinlich eher nicht antisemitisch eingestellt.

Wenn NS-Verbotsfilme im Rahmen eines Seminarprogramms gezeigt werden, stellt sich gelegentlich auch die Frage nach der Angemessenheit des Veranstaltungsortes. Als das Jüdische Museum in Fürth im Juli 1999 eröffnet wurde, wurde die Ausstellung wegen der eher dürftigen Behandlung des Holocaust sehr kritisch aufgenommen. Der Fürther DKP-Kreisvorsitzende Siegfried Imholz schrieb in einem Leserbrief: „angesichts der gegenwärtigen Konzeption des Museums stimme ich jenem jüdischen Besucher zu, der empört in das Gästebuch geschrieben hat, dass hier der Holocaust zum zweiten Mal stattfindet". Der Kurator des Museums Bernhard Purin kündigte dann für Februar 2001 eine Aufführung von Harlans *Jud Süß* an, und zwar „im Rahmen einer Sonderausstellung in seinem Museum über den Bankier und Höfling Joseph Süß Oppenheimer und die Rückkopplung seiner Rezeptionsgeschichte auf den deutschen Antisemitismus". Purin wurde sogleich mit einer Strafanzeige wegen Volksverhetzung konfrontiert. Rabbi Nethal Wurmser bezeichnete die Idee,

*Jud Süß* im Jüdischen Museum vorzuführen, als „das Schlimmste, was wir uns vorstellen könnten".[510] Ralph Giordano fand sie „pervers".[511] Zweifelsohne war es gerade der Streit um die Museumskonzeption, der Kritiker der Vorführung auf den Plan rief: Das Zeigen eines antisemitischen Films in einem Jüdischen Museum, das den Holocaust angeblich nicht genug beachtete, schien zumindest unsensibel und weckte Misstrauen.[512]

Ein Seminarprogramm ist auch nicht immer die Garantie dafür, dass tatsächlich nur kritisch mit NS-Verbotsfilmen und deren Entstehung umgegangen wird.[513] Der österreichische Medienwissenschaftler Friedrich Knilli hat über viele Jahre wertvolles Material zu Harlans *Jud Süß* und seiner Rezeption gesammelt, das im Hauptstaatsarchiv Stuttgart eingesehen werden kann. Knilli macht seit langem keinen Hehl aus seiner Sympathie für den *Jud-Süß*-Darsteller Ferdinand Marian, den er in seinem Buch über Marian fast liebevoll „Ferdl" nennt.[514] Im August 1997 kündigte das Filmmuseum eine Vorführung von *Jud Süß* an, zusammen mit einem Kurzfilm über Marian und einem einleitenden Vortrag von Knilli. In der Ankündigung hieß es: „Für Ferdinand Marian wurde seine Schwäche – er hielt seine Ablehnung der Rolle Goebbels gegenüber nicht durch – zum Schicksal." Das klang so, als sei Marian das eigentliche Opfer des Films, nicht die Juden, die nach Vorführungen misshandelt oder umgebracht wurden. Bei Vorführungen sollte man nicht über den Druck reden, dem Regisseur und Schauspieler (teilweise) ausgesetzt wurden, ohne auch über ihre Einwilligung zu sprechen – die nicht einfach auf „Schwäche" zurückgeführt werden kann. Am Ende gab es nach der Vorführung anscheinend eine produktive Podiumsdiskussion, allerdings vor einem halbleeren Saal.[515] Immer wieder wird in Zeitungen berichtet, dass nach Vorführungen von *Jud Süß* viele Zuschauer einfach gingen. Vortrag, Vorführung und Diskussion sind oft eine Überforderung.

## Keine Kommerzialisierung

In den letzten Jahrzehnten sind einige Filme, die früher als NS-Verbotsfilme eingestuft wurden, auf VHS und dann auf DVD erschienen. Die Freigabepraxis der Murnau-Stiftung und die Rolle der FSK sind immer wieder kritisiert worden. Besonders fragwürdig war die Lizenzierung der antisemitischen Filmkomödie *Robert und Bertram* für VHS, die erst 1994 nach Beschwerden zurückgezogen wurde – aber immer noch (als Import) über Amazon.de angeboten wird.[516] Insgesamt hat die Murnau-Stiftung bis 1995 „mit der Auswertung von ehemaligen Verbotsfilmen aus Fernseh- und Videolizenzen einen Erlös von über 540.000 DM erzielt".[517] *Jud Süß* aber ist nach wie vor nicht auf DVD erhältlich, zumindest nicht in Deutschland. Man kann aber (oder konnte bis vor kurzem) ohne weiteres den Film auf DVD über Amazon.com aus den USA beziehen, zum Beispiel „The Deluxe Restored Version". Raubkopien werden über diverse amerikanische Verkäufer angeboten. Noch wichtiger: Jeder kann sich Harlans *Jud Süß* im Internet anschauen, und zwar kostenlos.[518] Wenn der Film sowieso auf oft zwielichtigen Wegen oder zumindest bedenkenlos angeboten wird, wäre es nicht besser, wenn die Murnau-Stiftung und Transit mit Unterstützung der FSK eine legal erhältliche DVD-Fassung herausbringen würden, über einen zuverlässigen Lizenzträger? Und zwar in einer Edition, die Begleitmaterialien enthält und die ein kritisches Licht auf Harlans Film und seine Nachkriegsrezeption wirft?

Mitte der 1970er Jahre dachte der Südwestfunk daran, *Jud Süß* und andere NS-Verbotsfilme im dritten Programm auszustrahlen, und zwar in einer Serie mit dem Titel „Technik totalitärer Propagandafilme aus dem 3. Reich". Die Filme sollten von Dokumentaraufnahmen und einem kommentierenden Text von Joachim Fest unterbrochen werden.[519] Aus der Idee wurde nichts, und von heute aus gesehen scheint sie in der Tat etwas oberlehrerhaft. Den Film dauernd zu unterbrechen, so dass Zuschauerreaktionen einlenkend gesteuert werden können, ist ein Ausdruck der Angst, auf die in diesem Kapitel schon hingewiesen wurde. Damit wird es unmöglich, den Film als Ganzes zu sehen und zu erleben, was für eine kritische Rezeption unabdingbar ist. Es sind aber durchaus Wege denkbar, wie man eine *Jud-Süß*-DVD aufklärend mit Begleitmaterialien umrahmen könnte. Schließlich ist die Murnau-Stiftung gerade dabei, mit vom Hessischen Ministerium für Wissenschaft und Kunst bereitgestellten Fördermitteln, vier Vorbehaltsfilme – auch *Jud Süß* – zu digitalisieren. Nach Abschluss des Projektes „stehen die Filme als verschlüsselte DCPs und BluRays für Kinoseminare für schulische, wissenschaftliche und dokumentarische Zwecke zur Sichtung zur Verfügung".[520] Auch in der Vergangenheit wurde Material auf CD-ROM von der Stiftung zu pädagogischen Zwecken ausgeliehen.[521]

Gegen die Veröffentlichung des Filmes spricht natürlich einiges. Man kann verstehen, dass die Rechteinhaber unter keinen Umständen einen antisemitischen Film lizenzieren und zu kommerziellen Zwecken freigeben wollen. Angesichts des wachsenden Antisemitismus in Deutschland, ja weltweit, und angesichts der Opfer des Holocaust und der Gefühle der Jüdischen Gemeinde erscheint eine Freigabe tatsächlich unvernünftig und respektlos. Nur – der antisemitische Film *Jud Süß* ist, wie gesagt, im Internet sowieso frei verfügbar, legal oder nicht, und es gibt diverse DVD-Anbieter. Gegen die Globalisierung des Internets und des DVD-Marktes kann man sich kaum abschotten, auch wenn immer wieder gegen illegale, oft rechtsradikale Anbieter vorgegangen wird.[522] Insofern wäre die Herausgabe einer legalen kritischen Edition von *Jud Süß* eine Antwort auf einen schon bestehenden Zustand, eine notwendige Reaktion – keineswegs eine „Aktion". Denn wenn unkommentierte Fassungen von *Jud Süß* zirkulieren, ist es, könnte man meinen, fast eine moralische Verpflichtung, dagegen auch dadurch vorzugehen, dass man eine kommentierte Fassung auf den Markt bringt.

Sicher werden durch die Seminare, die von der Murnau-Stiftung oder über die Stiftung durchgeführt werden, viele Zuschauer erreicht und über die Entstehung, Auswirkung und Machart von *Jud Süß* aufgeklärt. Hier ist besonders die Arbeit des im Jahre 2000 gegründeten Instituts für Kino und Filmkultur lobend zu erwähnen, das unter anderem Kino-Seminare zu den NS-Verbotsfilmen organisiert. Nach einer Liste, die von Johanne Hoppe zusammengestellt wurde, ist *Jud Süß* zwischen 2002 und 2017 der am häufigsten aufgeführte Vorbehaltsfilm gewesen – insgesamt 824-mal (dazu 633-mal ausgeliehen).[523] Oft wird der Film in Zusammenhang mit Ausstellungen gezeigt, so dass eine multimediale Herangehensweise auch dadurch gesichert ist. Ausstellungen bieten eine Chance, neue Perspektiven auf *Jud Süß* zu eröffnen. Ab Februar 2020 zum Beispiel gab es an der Technischen Universität Dresden eine Ausstellung zu sehen, die sich mit der Geschichte von Schmähungen auseinandersetzte – von der Reformationszeit bis in die Gegenwart.[524] Im März wurde dann im Rahmen dieser Ausstellung eine kommentierte *Jud-Süß*-Vorführung angeboten.[525]

Am Ende aber wäre es auch wichtig, durch eine kommerziell erhältliche DVD offener auch gegen revisionistische Tendenzen anzugehen, die es beim Thema Jud Süß leider gibt. 2010 zum Beispiel kam Oskar Roehlers Spielfilm *Jud Süß – Film ohne Gewissen* in die Kinos: Der Film ist inzwischen auf DVD erschienen und über Amazon Prime erhältlich (auch in Großbritannien). Die Story des Films dreht sich um die Entstehung von *Jud Süß*, konzentriert sich aber nicht auf Harlan, sondern auf den Jud-Süß-Darsteller Ferdinand Marian (gespielt von Tobias Moretti). Marian wird zwar als schwach, naiv und labil dargestellt, gleichzeitig aber auch als Opfer von Goebbels und Harlan. Während in Wirklichkeit Marians Frau Maria Byk in erster Ehe mit einem Juden verheiratet war, ist sie in dem Film selbst „Halbjüdin“ (Martina Gedeck). Marian wird im Laufe der Handlung von seinem Dienstmädchen denunziert – auch weil er und seine Frau einen jüdischen Schauspieler mit dem Namen Wilhelm Adolf Deutscher (Heribert Sasse) versteckt halten. So wird der Hauptdarsteller in einem antisemitischen Film als Freund der Juden porträtiert, der wegen seiner prosemitischen Haltung von den Nazis unter Druck gesetzt wird. In Roehlers Film rächt sich nach Kriegsende eine Gruppe von KZ-Opfern – von Deutscher geführt – an Marian, indem sie ihn verprügeln und mit Fußtritten bearbeiten. Deutscher lässt Rache üben, weil Marian sein Versprechen nicht eingelöst hat, dass aus *Jud Süß* ein künstlerischer Film und kein Propagandafilm wird. Kurz danach fährt Marian, wie es seiner Biografie tatsächlich entspricht, im betrunkenen Zustand gegen einen Baum und stirbt. Leider wird hier ein Opfermythos aufgewärmt, dass Juden direkt oder indirekt an dem Tod von Ferdinand Marian schuld waren.[526] Denn dass Marian kurz vor dem Zusammenprall von Juden geschlagen wurde, ist eine Filmerfindung. Warum er sich umgebracht hat, ja, ob er sich umbringen wollte, ist nicht geklärt.

Roehlers Film ist so bestrebt, Marian als Opfer darzustellen, dass er die Tatsachen verdreht. Laut Harlan hätte Goebbels ihm gesagt, er könne ihn „wie eine Wanze an der Wand“ zerquetschen, wenn er sich weigere, *Jud Süß* zu drehen. In *Jud Süß – Film ohne Gewissen* ist es Marian, den Goebbels mit diesen Worten bedroht (allerdings wird „Wanze“ durch „Fliege“ ersetzt). Bei Roehler ist Harlan ein Bösewicht, dessen propagandistischer Eifer dem von Goebbels in nichts nachsteht. Marian dagegen bemüht sich, gegen Harlans Willen *Jud Süß* sympathisch darzustellen. Insofern greift Roehler eine apologetische Tendenz in der *Jud-Süß*-Sekundärliteratur auf und verbreitet sie. 1983 haben Siegfried Zielinski und Thomas Maurer behauptet, Marian hät-

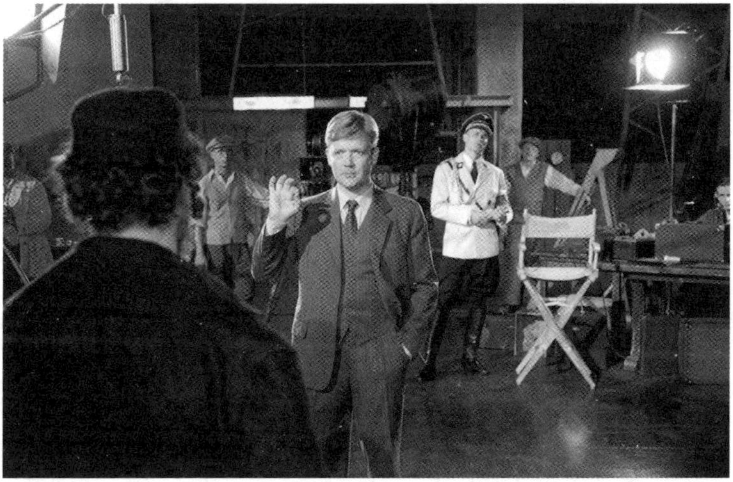

Szene aus *Jud Süß – Film ohne Gewissen* mit Tobias Moretti als Ferdinand Marian (im Vordergrund), Justus von Dohnányi als Veit Harlan und Ralf Bauer als Fritz Hippler (im Hintergrund)

te Süß in den Szenen, wo er mit Frauen zusammentrifft, keineswegs als schmierig dargestellt (bis zur Vergewaltigungsszene). Wie sie zu dieser abenteuerlichen Meinung kommen, ist schwer zu begreifen: Schon in der Szene, wo Dorothea Süß nach Stuttgart bringt, wird er aufdringlich.[527] In die gleiche Kerbe schlägt Friedrich Knilli in seinem Buch über Marian. Knilli erzählt die Handlung von Harlans *Jud Süß* so, als würde der Film – dank Marian – zeigen, wie böse Antisemiten mit einem rechtschaffenen Juden umgehen.[528] Das ist genau das Argument, nämlich dass sein Film Antisemitismus darstellt, ohne selbst antisemitisch zu sein, dessen sich auch Harlan bediente.[529] Auch problematisch ist Joachim Langs Dokudrama *George* (2013), in dem Götz George seinen Vater Heinrich George spielt. Dass dieser als Anti-Nazi, naiv, menschlich und sympathisch dargestellt wird, mag hingehen, aber dass seine Rolle als Herzog in *Jud Süß* nur einmal beiläufig gestreift wird, als wäre sie nicht der Rede wert, ist schockierend. Am Ende wird Heinrich George auch zum Opfer – der Russen (er starb im Internierungslager Sachsenhausen am 25. September 1946).

Eine DVD oder eine Webseite, die nicht nur Harlans *Jud Süß* reproduziert und kritisch kommentiert, sondern auch seine Entstehungs- und Rezeptionsgeschichte genauso sorgsam und kritisch kommentiert, tut not. Die Gefahr, dass über eine Rehabilitierung von Marian und George eine Art „Ehrenrettung" der am Film beteiligten Schauspieler vollzogen wird – bei gleichzeitiger Abwälzung sämtlicher Schuld auf Harlan – ist gegeben. In den 1950er Jahren war es ein Problem, dass Harlan keinen Anteil an seiner eigenen Schuld haben wollte: Deswegen wurde ein so erbitterter Kampf gegen ihn geführt. Jetzt ist es eher das Problem, dass ihm noch mehr Schuld zugeschoben wird, als ihm zusteht. Dass George und Marian in *Jud Süß* zwei Hauptrollen übernahmen, hatten letztendlich sie zu verantworten. Wenn man Harlan nicht wirklich glauben kann, dass er unter Zwang gehandelt hat, dann soll man es auch bei anderen am Film Beteiligten nicht immer glauben.

# Schlusswort

In seinem nuancierten, faszinierenden Dokumentarfilm *Harlan. Im Schatten von Jud Süß* (2008) hat Felix Moeller aufgezeigt, wie sich Veit Harlans internationale Familie mit seiner Rolle während des „Dritten Reichs" und vor allem mit *Jud Süß* auseinandersetzt. Unter anderem kommen Harlans Söhne, Tochter, Enkelkinder, Nichte und Neffe zu Wort. Der Film begleitet die Enkelkinder, als sie durch eine Ausstellung zu Harlans *Jud Süß* im Haus der Geschichte in Stuttgart geführt werden.[530] Es wird klar, dass Veit Harlan innerhalb der Familie selten, wenn überhaupt über *Jud Süß* gesprochen hat. Die Kinder und Enkelkinder mussten ihren eigenen Weg suchen und gehen, um mit dem Film, dessen Entstehung und Rezeption zurechtzukommen. Unermüdlich hat Thomas Harlan versucht, den Berg an uneingestandener Schuld, den sein Vater hinterlassen hat, abzutragen. Schon 1952 ist er mit Klaus Kinski nach Israel gereist, in der Absicht, einen Film über den neuen Staat zu drehen. Als einer der Ersten hat er in polnischen Archiven zu den Vernichtungslagern Kulmhof, Sobibor und Treblinka recherchiert. Er widmete sich der Aufklärung und Verfolgung von NS-Verbrechen, und seine Arbeit spielte eine Rolle bei der Einleitung vieler Strafverfahren gegen ehemalige Nazis. Er schrieb Theaterstücke, Hörspiele und Romane über die Judenvernichtung. In Moellers Film erzählt Christiane Harlan, dass sie in den 1950er Jahren einen Freund hatte, der sich den Straßenprotesten gegen ihren Onkel anschloss. Maria Körber erzählt, dass sie sich mit einem Juden befreundet hat, weil sie Mitleid mit dem Schicksal seines jüdischen Vaters hatte, der von den Nazis ermordet worden war. Später hat sie ihn geheiratet, aber die Ehe hat nicht gehalten. Jessica Jacoby spricht über ihre Mutter Susanne, eine Tochter von Harlan und Körber, die ebenfalls einen Juden geheiratet hatte; nach seinem Tod und nachfolgenden wirtschaftlichen Schwierigkeiten beging sie Selbstmord. Familienmitglieder, so macht Moellers Film klar, lebten – und starben – unter dem Schatten von *Jud Süß*.

In Moellers Film deutet Thomas Harlan an, es wäre für ihn eine Hilfe gewesen, wenn sein Vater seine Verantwortung für *Jud Süß* eingesehen hätte. Sicherlich wäre die gesellschaftliche Debatte um seine Person dann weniger intensiv gewesen. Hätte er sich aus dem Filmgeschäft zurückgezogen, wie Sohn Thomas das von ihm erwartet hätte, hätte sie wahrscheinlich sogar ganz aufgehört. Gerade Harlans Trotzhaltung war es, die Gegenreaktionen hervorrief – auch bei Thomas Harlan. Leni Riefenstahl führte ebenfalls ihre Kämpfe in den 1950er und 1960er Jahren, vor allem dann, wenn es um die Rechte an ihren Reichsparteitags- und Olympiafilmen ging. Auch ihre Entnazifizierung wurde als skandalös empfunden: Am 16. Dezember 1949 wurde sie als Mitläufer eingestuft. Aber im Gegensatz zu Harlan gelang es ihr besser, die Öffentlichkeit davon zu überzeugen, dass sie im „Dritten Reich" nur „Kunst" produziert hatte. Auch, dass sie von Goebbels benachteiligt und schikaniert wurde, wurde ihr eher abgenommen. Dass sie weniger umstritten war als Harlan hatte auch damit zu tun, dass von ihr nach dem Krieg außer *Tiefland* (1954) keine neuen Filme in die Kinos kamen. Insofern stand sie nicht so im Rampenlicht.

Für seine Gegner wurde Harlan zum verhassten Vertreter des „Weiter-so". Millionen von Zuschauern in den 1950er Jahren strömten in die Kinos, um seine Filme zu sehen. Das wirkte wie ein Indiz dafür, dass sich viele Deutsche nicht daran störten, dass Harlan mit *Jud Süß* auf seine Weise vielleicht zum Holocaust beigetragen hatte. Der Wunsch, unterhalten zu werden, war ihnen wichtiger. Harlans Leugnung fast jeglicher Verantwortung kam diesem Wunsch sehr entgegen, denn wenn er unschuldig war, konnte man ja den Zuschauern keinen Vorwurf machen, wenn sie seine Filme anschauen wollten. Für Erich Lüth und andere Harlan-Gegner gab es eine öffentliche ethische Verantwortung, die umso wichtiger war, weil Harlan selber keine übernahm. Harlan-Fans erkannten diese Verantwortung nicht an: Deswegen kam es zu Boykottaufrufen und Protesten vor den Kinos. Den Kinobesuchern sollte ins Gewissen geredet werden. Die Harlan-Debatte in den 1950er Jahren fand im öffentlichen Raum statt, und es wurde dabei um die Entwicklung eines öffentlichen Gewissens als angemessene Reaktion auf die Untaten der Nazizeit gerungen.

Sicherlich kann man argumentieren, dass der Harlan-Streit auch ablenkte – von der Tatsache, dass sich so viele ehemalige Nazis wieder im Amt befanden. Letztendlich war antisemitische Propaganda ein Mittel, für dessen Anwendung in erster Linie diejenigen verantwortlich waren, die den Holocaust geplant und durchgeführt haben. Argumentieren kann man auch, dass Harlan zum Sündenbock wurde: Auf ihn wurde auch das abgeladen, was andere hätten tragen sollen. Indem der Fokus auf Harlan lag, war es umso leichter, die inzwischen verstorbenen in *Jud Süß* mitwirkenden Schauspieler Ferdinand Marian oder Heinrich George zu bedauern. Kristina Söderbaum wurde als naive Schauspielerin betrachtet, die nicht so recht wusste, was es mit dem Film auf sich hatte. Andere beteiligte Schauspieler wie Malte Jaeger haben nach dem Krieg ungebrochen Karriere gemacht. Nur Werner Krauß hatte Folgen zu tragen. Auch gegen sein Wiederauftreten gab es Proteste.[531] Laut der Wiener Autorin Kirstin Breitenfellner dienen Sündenböcke dazu, „Konflikte, Rivalitäten und Gewalt einzudämmen", und „haben gesellschaftsstiftende Kraft". „Auch heute", meint sie ferner, „vereinigt sich die Medienöffentlichkeit über so einem Sündenbock."[532] Sündenböcke können auch schuldig sein, sagt sie. Das war Harlan allemal. Die Frage ist, welche Art von gesellschaftsstiftender Kraft hatte die nicht abreißende Kritik an Harlan?

Seine oft penetrant vorgetragene Leugnung war hier der Schlüssel. Bei einigen der Kritiker war es leider sicherlich so, dass sie über die Kritik an Harlan den Eindruck erwecken wollten, sie hätten keine Vergangenheit, die sie konfrontieren müssten. Harlan hatte nicht ganz unrecht, als er das vermutete.

Indem seine Kritiker dieses Sich-rein-waschen-Wollen nicht annahmen und Harlan auszugrenzen versuchten, setzten sie aber auch ein wichtiges vergangenheitspolitisches Zeichen. Insofern muss man die Harlan-Debatte positiv bewerten. Es war allerdings eine Blamage für die Bundesrepublik, dass sie nicht mehr unternahm, um gegen das Zeigen von *Jud Süß* und gelegentlich auch anderen Nazi-Propagandafilmen im Nahen Osten zu protestieren. Skandalös war es auch, dass der Terra-Nachfolger vor allem Interesse an möglicherweise verlorengegangenen Einnahmen an diesen illegalen Vorführungen hatte. Wie aufrichtig waren die Bestrebungen, eine Wiedergutmachungspolitik gegenüber den Juden und Israel zu betreiben, wenn man sich nicht gleichzeitig zumindest etwas aktiver schämte, dass *Jud Süß* weiterhin zu Hass gegen Juden aufrufen durfte?

*Jud Süß* war Gift. Deswegen musste der Film ins Bundesarchiv, deswegen musste die Murnau-Stiftung die Verantwortung für ein vorsichtiges Umgehen mit dem Film übernehmen, deswegen auch die Sorgen, wenn Neonazis den Film anschauen. Letztendlich ist die Frage, ob Veit Harlan selber antisemitisch war, ob er einen antisemitischen Film drehen wollte, nicht die Hauptfrage. In diesem Punkt ist seine Familie uneins, wie man aus Moellers Film lernen kann. Jessica Jacoby, eine Enkeltochter, findet, Harlan habe sehr wohl „mit der jüdischen Kultur und der jüdischen Religion ein massives Problem" gehabt: In *Jud Süß* „schöpft er aus dem Vollen, was diese ganze antijüdische Bilderwelt der letzten Jahrhunderte angeht". Sein Sohn Caspar meint dagegen, Harlan sei „garantiert kein Antisemit" gewesen, während Maria Körber darauf hinweist, dass er „lauter jüdische Freunde" gehabt hätte: „Die haben ihn geliebt." Sohn Thomas sieht in dem Film den Beweis dafür, dass „der Nichtantisemit der beste Wetzer des Messers war". Wie ich in diesem Buch gezeigt habe, deutet viel darauf hin, dass Harlan Antisemit war – trotz einer jüdischen Frau in erster Ehe, trotz jüdischer Freunde. Wahrscheinlich müssen wir von der Vorstellung Abschied nehmen, dass nur derjenige Antisemit sein kann, der keine intimen oder freundschaftlichen Beziehungen zu Juden unterhält. Die alte Ausrede („Juden sind doch meine besten Freunde") ist genau das: eine Ausrede. Aber wie gesagt: Die Hauptfrage ist nicht, ob Harlan Antisemit gewesen ist, sondern ob *Jud Süß* ein antisemitischer Film ist. In dem Punkt kann es keinen Zweifel geben.

*Jud Süß* ist sicherlich immer noch Gift. Immer wieder verbreiten Neonazis rechtsradikales Material über das Internet – im Sommer 2007 zum Beispiel ein Video zu dem verbotenen Lied „KuKluxKlan" von der Rockgruppe Kommando Freisler und *Jud Süß*.[533] Laut Bayerischem Verfassungsschutz finden sich bei Rechtsextremisten immer wieder Kopien von *Mein Kampf* sowie Kopien von Nazi-Propagandafilmen wie *Jud Süß*, *S.A. Mann Brand* und *Hitlerjunge Quex*.[534] Auch wenn der Schwarzweißfilm *Jud Süß* heute etwas verstaubt wirkt, ja – wie es Veit Harlans Enkeltochter Nele Harlan in Moellers Film formuliert – auch „saukitschig und wiederum sehr platt", dient er Neonazis als Beweis für die Schlechtigkeit der Juden, als antisemitisches Propaganda- und Trainingsmaterial. Aber anders als in den 1960er, 1970er und sogar 1980er Jahren kann man den Zugang zu *Jud Süß* nicht mehr effektiv kontrollieren. Dafür sind die illegalen Vervielfältigungs- und Verbreitungsmöglichkeiten heute zu vielfältig. Genau deswegen ist es wichtig, wie im letzten Kapitel dargelegt, eine wissenschaftlich-kritische Edition des Filmes auf DVD herauszugeben oder im Internet verfügbar zu machen. Man kann den Film allgemein zugänglich machen und dabei so präsentieren, dass seine Geschichte, seine Funktion und seine Wirkung klar werden – als Warnung, als Gegenmittel gegen Missbrauch.

Buchstäblich einen Tag nachdem ich das letzte Kapitel zu diesem Buch geschrieben hatte, erschien ein Interview beim Deutschlandfunk mit dem Filmhistoriker Andreas Kötzing, in dem er auf die Notwendigkeit hinwies, „eine wissenschaftlich fundierte und pädagogisch begleitete DVD-Edition der wichtigsten Propagandafilme" der Nazi-Zeit zu erstellen. Er meinte ferner, dass „in den nächsten Jahren ja die Urheberrechte nach und nach erlöschen werden und die Filme dann gemeinfrei werden 70 Jahre nach dem Tod der beteiligten Künstler" – analog zu Hitlers *Mein Kampf*. Von daher also erscheint es umso wichtiger, dass eine wissenschaftliche Edition von NS-Propagandafilmen, vor allem *Jud Süß*, demnächst in Angriff genommen wird.[535]

# Anmerkungen

1 Rüdiger Soldt: Verbrechen gegen die Menschlichkeit: Ausstellung in Stuttgart zu Veit Harlans Propagandafilm „Jud Süß", in: Frankfurter Allgemeine Zeitung, 17. Januar 2008.

2 Für den Interviewausschnitt, siehe Felix Moeller (Regisseur): Harlan: Im Schatten von Jud Süß (2008).

3 Siehe vor allem Selma Stern: Jud Süss. Ein Beitrag zur deutschen und zur jüdischen Geschichte, München 1973; Barbara Gerber: Jud Süss: Aufstieg und Fall im frühen 18. Jahrhundert. Ein Beitrag zur historischen Antisemitismus- und Rezeptionsforschung, Hamburg 1990; Hellmut G. Haasis: Joseph Süß Oppenheimer, genannt Jud Süß: Finanzier, Freidenker, Justizopfer, Hamburg 1998; Yair Mintzker: The Many Deaths of Jew Süss: The Notorious Trial and Execution of an Eighteenth-Century Court Jew, Princeton 2017.

4 Anne von der Heiden: Der Jude als Medium. Jud Süß, Zürich 2005; Alexandra Przyrembel/Jörg Schönert (Hg.): „Jud Süß": Hofjude, literarische Figur, antisemitisches Zerrbild, Frankfurt am Main/New York 2006; Susan Tegel: Jew Süss: Life, Legend, Fiction, Film, London 2011; Jörg Koch: Joseph Süß Oppenheimer, genannt „Jud Süß". Seine Geschichte in Literatur, Film und Theater, Darmstadt 2011.

5 Dorothea Hollstein: „Jud Süß" und die Deutschen. Antisemitische Vorurteile im nationalsozialistischen Spielfilm, Frankfurt am Main/Berlin/Wien 1983.

6 Rolf Giesen/Manfred Hobsch: Hitlerjunge Quex, Jud Süß und Kolberg. Die Propagandafilme des Dritten Reiches, Berlin 2005; Christian Hardinghaus: Filmpropaganda für den Holocaust? Eine Studie anhand der Hetzfilme „Der ewige Jude" und „Jud Süß", Marburg 2008; Ernst Seidl/Cornelia Hecht: „Jud Süß" – Propagandafilm im NS-Staat: Katalog zur Ausstellung im Haus der Geschichte Baden-Württemberg, Stuttgart, Stuttgart 2008.

7 Frank Noack: Veit Harlan. „Des Teufels Regisseur", München 2000; siehe auch Ingrid Buchloh: Veit Harlan. Goebbels' Starregisseur, Paderborn u. a. 2010.

8 Johanne Hoppe hat vor kurzem eine detaillierte und höchst interessante Studie zu den NS-Verbotsfilmen vorgelegt, die einiges an Information

über die Nachkriegsgeschichte von *Jud Süß* enthält, vor allem seit 1966, als die Murnau-Stiftung gegründet wurde (die Stiftung ist für den „verantwortungsvollen Umgang“ mit den NS-Vorbehaltsfilmen zuständig). Siehe Johanne Hoppe: Von Kanonen und Spatzen. Die Diskursgeschichte der nach 1945 verbotenen NS-Filme, Marburg 2021. Siehe auch David Stewart Hull: Film in the Third Reich: A Study of the German Cinema 1933–1945, Berkeley/Los Angeles 1969. Zu den Gerichtsprozessen um Harlan ist einiges geschrieben worden, siehe z. B. Werner Bergmann: Antisemitismus in öffentlichen Konflikten. Kollektives Lernen in der politischen Kultur der Bundesrepublik 1949–1989, Frankfurt am Main 1997; Thomas Henne/Arne Riedlinger (Hg.): Das Lüth-Urteil aus (rechts-)historischer Sicht. Die Konflikte um Veit Harlan und die Grundrechtsjudikatur des Bundesverfassungsgerichts, Berlin 2005.

9 Für den Interviewausschnitt, siehe Felix Moeller (Regisseur): Harlan: Im Schatten von Jud Süß (2008).

10 Bfr/dpa: NS-Propagandafilm „Jud Süß“. Anzeige wegen illegaler Vorführung, in: Der Spiegel, 5. August 2008 (https://www.spiegel.de/kultur/kino/ns-propagandafilm-jud-suess-anzeige-wegen-illegaler-vorfuehrung-a-570173.html, 10.11.2021).

11 Hanning Voigts: Urteil im Dezember erwartet, in: Frankfurter Rundschau, 27. Oktober 2020.

12 Christian Hartmann u. a. (Hg.): Hitler, Mein Kampf. Eine kritische Edition, Bd. 1, München/Berlin 2016.

13 Hitler, Mein Kampf. Eine kritische Edition (https://www.ifz-muenchen.de/aktuelles/themen/edition-mein-kampf/, 10.11.2021).

14 Für das fertige Drehbuch zum Film, siehe Friedrich Knilli u. a. (Hg.): „Jud Süß“: Filmprotokoll, Programmheft und Einzelanalysen, Berlin 1983.

15 Hellmut G. Haasis: Joseph Süß Oppenheimer, genannt Jud Süß: Finanzier, Freidenker, Justizopfer, Hamburg 1998, S. 360.

16 Siehe z. B. Curieuser Nachrichten aus dem Reich der Beschnittenen, Gedruckt zu Cana in Galiläa, Nürnberg BN 1738.

17 Für den Text der Hauff-Novelle und eine Textanalyse siehe Jörg Koch: Joseph Süß Oppenheimer, genannt „Jud Süß“. Seine Geschichte in Literatur, Film und Theater, Darmstadt 2011, S. 30–85. Siehe auch Susan Tegel: Jew Süss: Life, Legend, Fiction, Film, London 2011, S. 61–78; Gabriele von Glasenapp: Literarische Popularisierungsprozesse eines antijüdischen

Stereotyps: Wilhelm Hauffs Erzählung Jud Süss, in Alexandra Przyrembel/Jörg Schönert (Hg.): „Jud Süß". Hofjude, literarische Figur, antisemitisches Zerrbild, Frankfurt am Main/New York 2006, S. 125–138.

18 Für eine Analyse von Feuchtwangers Roman siehe z. B. Mona Körte: Figur ohne Original: ‚Jud Süß' und ‚Ewiger Jude' als Metafiguren der Geschichte bei Lion Feuchtwanger, in: Przyrembel/Schönert: „Jud Süß", S. 175–188.

19 Selma Stern: Jud Süß, Berlin 1939; unveränd. Neuaufl., München 1973.

20 Landesarchiv Baden-Württemberg, Hauptstaatsarchiv Stuttgart, Sammlung Friedrich Knilli zur Mediengeschichte des Antisemitismus J 25_Bü 80: Veit Harlan: Jud Süß und sein Schicksal im Film, in: Der FILM, 20. Januar 1940. Der Film lehnte sich aber sehr wohl an Hauffs *Jud Süß* an und übernahm aus der Novelle Ideen und auch Dialogsequenzen.

21 Die Akten zu Süß waren schon ausgewertet worden, z. B. von Selma Stern für ihre Studie zu Jud Süß und von Curt Elwenspoek: Jud Süß Oppenheimer, Stuttgart 1926.

22 Ludwig Metzger, Autor des ersten Drehbuches, ist mit dem Terra-Dramaturgen Ernst Gärtner nach Stuttgart gefahren, um die Akten einzusehen (siehe Staatsarchiv Baden-Württemberg, Friedrich Knilli-Sammlung J25_Bü 85: Zeugenaussage Dr. von Gordon, 9. April 1948). Sie blieben aber nur einen Tag (Tegel, Jud Süß, S. 35).

23 Landesarchiv Baden-Württemberg, Hauptstaatsarchiv Stuttgart, Sammlung Friedrich Knilli zur Mediengeschichte des Antisemitismus J 25_Bü 80: Veit Harlan: Jud Süß und sein Schicksal im Film, in: Der FILM, 20. Januar 1940.

24 Im Folgenden führe ich Gedanken weiter aus dem 8. Kapitel meiner Monografie *Hitler and Film: The Führer's Hidden Passion*, New Haven/London 2018, S. 167–183.

25 Alan E. Steinweis: Kristallnacht 1938, Cambridge/London 2009, S. 24.

26 Die reinliche Scheidung, in: Licht-Bild-Bühne, 14. November 1938.

27 Joseph Goebbels: Die Tagebücher von Joseph Goebbels, hg. von Elke Fröhlich, Berlin 2012; (http://www.degruyter.com/view/tjgo).

28 Felix Henseleit: Pettersson & Bendel, in: Licht-Bild-Bühne, 3. Dezember 1938.

29 Es gab zwar seit 1933 in Deutschland produzierte Filme mit antisemitischen Szenen, Themen und Figuren, wie zum Beispiel Jürgen von Altens *Togger* (1937), mit dem Goebbels im Übrigen sehr unzufrieden war (GTB,

12. Februar 1937). Aber einen Film, der sich als Ganzes auf das antisemitische „Problem“ fokussierte, gab es noch nicht.

30 Staatsarchiv Hamburg 213-11_72301: Landgericht Hamburg, Schwurgericht I: Urteil im Namen des Rechts! In der Strafsache gegen den Filmregisseur Veit Harlan, 29. April 1950, S. 21.

31 Filmmuseum Potsdam, Nachlass Veit Harlan N109, 18: Berthold Ebbecke: Meine Zeugenaussage im Harlan-Prozess vor dem Hamburger Schwurgericht am 31. März 1949.

32 Ebd.

33 Filmmuseum Potsdam, Nachlass Veit Harlan N109, 18: Peter Paul Brauer an die Neue Verlags-Gesellschaft m. b. h., 12. Mai 1952.

34 Wenn Sie wirklich erschüttert waren …, in: Allgemeine Wochenzeitung der Juden, 1. April 1949.

35 Filmmuseum Potsdam, Nachlass Veit Harlan N109, 18: Peter Paul Brauer an die Neue Verlags-Gesellschaft m. b. h., 12. Mai 1952.

36 Fröhlich: GTB Online, 5. Oktober 1939.

37 Fröhlich: GTB Online, 7. Oktober 1939.

38 Fröhlich: GTB Online, 17. Oktober 1939.

39 Hitler hatte schon am 30. Januar 1939 in einer Reichstagsrede von der „Vernichtung der jüdischen Rasse in Europa“ gesprochen und in derselben Rede mit antisemitischen Filmen gedroht: „auch die Ankündigung amerikanischer Filmgesellschaften, antinazistische, d. h. antideutsche Filme zu drehen, kann uns höchstens bewegen, in unserer deutschen Produktion in Zukunft antisemitische Filme herstellen zu lassen“. Siehe: Filmkurier, 31. Januar 1939.

40 Fröhlich: GTB Online, 12. März 1937.

41 Fröhlich: GTB Online, 15. März 1937.

42 Fröhlich: GTB Online, 2. Januar 1938.

43 Zitiert in Jean-Pierre Stephan: Thomas Harlan. Das Gesicht deines Feindes. Ein deutsches Leben, Frankfurt am Main 2007, S. 190.

44 Kristina Söderbaum: Nichts bleibt immer so. Erinnerungen, München 1992, S. 90 f.

45 Lida Baarova: Die süße Bitterkeit meines Lebens, Koblenz 2000, S. 111 f.

46 Filmmuseum Potsdam, Nachlass Veit Harlan N109, 27: Veit Harlan an Leopold Gutterer, 29. März 1950.

47 Ingrid Buchloh: Hilde Körber. Berlin war ihre Bühne, Berlin 2013, S. 64.

48 Zitiert nach Stanislav Motl: Lída Baarová & Joseph Goebbels. Die verfluchte Liebe einer tschechischen Schauspielerin und des Stellvertreters des Teufels, Prag 2009, S. 104.
49 Bundesarchiv Berlin R9361 V, 110812, Hilde Körber an Hitler, 14. März 1939.
50 Filmmuseum Potsdam, Nachlass Veit Harlan N109, 27: Veit Harlan an Leopold Gutterer, 29. März 1950.
51 Filmmuseum Potsdam, Nachlass Veit Harlan N109, 35: Kristina Söderbaum: Schicksalsweg einer berühmten und tapferen Frau, 4. Folge, in: Das Neue Blatt 1975 (undatiert).
52 Fröhlich: GTB Online, 2. Juli 1939.
53 Filmmuseum Potsdam, Nachlass Veit Harlan N109, 27: Veit Harlan an Leopold Gutterer, 20. Januar 1950.
54 Siehe zum Beispiel Bundesarchiv Koblenz B145, 235: Veit Harlan, Brief an den Deutschen Bundestag, 7. Mai 1952.
55 Filmmuseum Düsseldorf, Nachlass Veit Harlan VXII Korrespondenz XIII VH-67: Veit Harlan an Arthur Jores, 27. Dezember 1950.
56 Filmmuseum Potsdam, Nachlass Veit Harlan N109, 27: Veit Harlan an Fritz Hippler, 20. März 1950.
57 So die Einschätzung Grevens während des Harlan-Prozesses. Siehe Landesarchiv Baden-Württemberg, Hauptstaatsarchiv Stuttgart, Sammlung Friedrich Knilli zur Mediengeschichte des Antisemitismus J 25_Bü 15: Harlan-Prozeß kein Theater, in: Allgemeine Wochenzeitung der Juden in Deutschland, 25. März 1949.
58 Charlotte Koehn-Behrens: Deutsche Künstler fanden zum Nationalsozialismus, in: Völkischer Beobachter, 5. Mai 1933.
59 Filmmuseum Potsdam, Nachlass Veit Harlan N109, 26: Veit Harlan an Fritz Hippler, 28. Dezember 1949. Vgl. auch Anm. 304.
60 Siehe zum Beispiel Filmmuseum Potsdam, Nachlass Veit Harlan N109, 18: Veit Harlan an Willi Crallopp, 4. Juni 1962. – „Stürmerhaft", Anspielung auf das 1923 von Julius Streicher in Nürnberg gegründete antisemitische NS-Hetzblatt „Der Stürmer".
61 Fröhlich: GTB Online, 15. Dezember 1939.
62 Siehe zum Beispiel Bundesarchiv Koblenz B106, 70904: Landgericht Hamburg. Urteil, 23. April 1949. Hier wird auf einen Brief Harlans an Ludwig Metzger vom 22. Januar 1940 verwiesen, in dem Harlan von den Änderungen am Drehbuch schreibt.

63 Deutsche Kinemathek, Berlin, A621: „Jud Süß: Endgültige Fassung! Ein historischer Film von Eberhard Wolfgang Möller und Ludwig Metzger. Regie: Dr. Peter Paul Brauer", und Deutsche Kinemathek, Berlin, A623: „Jud Süß: Ein historischer Film. Regie: Veit Harlan".

64 Vgl. Ich hätte damals kein Jude sein mögen, in: Allgemeine Wochenzeitung der Juden in Deutschland, 18. März 1949.

65 Bundesarchiv Berlin R9361 V, 143286: Veit Harlan, Kinoreise zur Aufführung am 15. April 1950.

66 Fröhlich: GTB Online, 5. Dezember 1939.

67 Filmmuseum Düsseldorf, Nachlass Veit Harlan VXII Korrespondenz XIII VH-67: Veit Harlan an Herrn Kahlert, 11. Februar 1952.

68 Filmmuseum Potsdam, Nachlass Veit Harlan N109, 18: Veit Harlan an das Hamburger Abendblatt, 23. März 1952.

69 Fröhlich: GTB Online, 15. Dezember 1939.

70 „Muster der neuen Judenfilme geprüft. ‚Rothschild' gut, ‚Jud Süß' von Harlan mit Krauß und Marian hervorragend" (Fröhlich: GTB Online, 26. April 1940); „mit einer Reihe meiner engeren Mitarbeiter ‚Jud Süß' besichtigt. Hinterläßt den stärksten Eindruck. Ein ganz großer Wurf" (Fröhlich: GTB Online, 19. August 1940). Zwar hat Goebbels in seinem Tagebuch von Änderungen in Bezug auf einen „Judenfilm" berichtet, aber wahrscheinlich beziehen sich diese Bemerkungen auf Hipplers *Der ewige Jude*. Es kann aber sein, dass *Jud Süß* oder Erich Waschnecks *Die Rothschilds* (1940) gemeint sind. Siehe Fröhlich: GTB Online, Einträge vom 9. Januar 1940, 12. Januar 1940, 4. April 1940, 9. Mai 1940, 9. Juni 1940, 3. September 1940.

71 Dass Harlan genauso wie Metzger und Möller im Grunde ein negatives Bild der Juden zeichnen wollte, geht aus einem Terra-Gespräch mit Harlan aus dem Jahr 1940 hervor, wo er von der „skrupellosen Geschäftigkeit der Juden" sprach. Siehe Filmmuseum Düsseldorf, Nachlass Veit Harlan XXIV Beweismaterial – Originale II VH-116: Auszüge aus dem Terra-Bericht „Jud Süß". Siehe auch Landesarchiv Baden-Württemberg, Hauptstaatsarchiv Stuttgart, Sammlung Friedrich Knilli zur Mediengeschichte des Antisemitismus J 25_Bü 80: Veit Harlan: Jud Süß und sein Schicksal im Film, in: Der Film, 20. Januar 1940.

72 Filmmuseum Potsdam, Nachlass Veit Harlan N109, 18: Veit Harlan an das Hamburger Abendblatt, 23. März 1952.

73 In einem Brief an Gutterer schreibt Harlan, Goebbels habe einmal anhand des Drehbuches Harlan nachweisen wollen, dass „einige Szenen anders seien, als es aus dem Drehbuch hervorging, das er gebilligt hatte". Siehe Filmmuseum Potsdam, Nachlass Veit Harlan N109, 27: Veit Harlan an Leopold Gutterer, 29. März 1950.

74 Filmmuseum Potsdam, Nachlass Veit Harlan N109, 35: Freispruch, 29. April 1950.

75 Filmmuseum Potsdam, Nachlass Veit Harlan N109, 18: Veit Harlan an die Pressestelle des Schweizerischen Israelitischen Gemeindebundes, 19. Juni 1962. Angeblich hat der Filmregisseur Roman Brodmann diese Fluch-Version im Bundesarchiv gefunden. Leider gelang es mir aber nicht, sie aufzutreiben. Siehe dazu auch Anm. 162.

76 Knilli u. a. (Hg.): „Jud Süß", S. 132.

77 Ebd., S. 82.

78 Ebd., S. 111.

79 Ebd., S. 130.

80 Ebd., S. 129.

81 Filmmuseum Potsdam, Nachlass Veit Harlan N109, 18: Veit Harlan an die Pressestelle des Schweizerischen Israelitischen Gemeindebundes, 19. Juni 1962.

82 Christian Hartmann u. a. (Hg.): Hitler, Mein Kampf. Eine kritische Edition, Bd. 1, München 2016, hier S. 807.

83 Ebd., S. 817.

84 Ebd., S. 847. Über 12 Millionen Kopien von Hitlers *Mein Kampf* wurden im „Dritten Reich" verkauft oder verteilt. Siehe Christian Adam: Lesen unter Hitler: Autoren, Bestseller, Leser im Dritten Reich, Berlin 2010, S. 116.

85 Hitler, Mein Kampf, S. 809.

86 Knilli u. a. (Hg.): „Jud Süß", S. 197.

87 Staatsarchiv Hamburg 213-11 72295: Vernehmung Veit Harlan, 7. Mai 1948.

88 Landesarchiv Baden-Württemberg, Hauptstaatsarchiv Stuttgart, Sammlung Friedrich Knilli zur Mediengeschichte des Antisemitismus J25_Bü 80: Veit Harlan: Jud Süß und sein Schicksal im Film, in: Der Film, 20. Januar 1940. – Gojim (Singular: Goi) ist die jüdische Bezeichnung für Nichtjuden.

89 Staatsarchiv Hamburg 213-11 72294: Zeuge Conny Carstennsen, 13. Februar 1948.

90 Staatsarchiv Hamburg 213-11 72295: Vernehmung Veit Harlan, 7. Mai 1948.

91 Allerdings wird in einer Mitteilung der Reichspressekonferenz erwähnt, dass Harlan *Jud Süß* mit Juden gedreht hat, „die aus einem polnischen Ghetto für die Filmaufnahmen herübergebracht worden sind". Die Mitteilung lautete weiter: „Von dieser Tatsache darf unter keinen Umständen vorläufig etwas berichtet werden." Siehe Landesarchiv Baden-Württemberg, Hauptstaatsarchiv Stuttgart, Sammlung Friedrich Knilli zur Mediengeschichte des Antisemitismus J25_Bü 80: Bestellungen aus der Pressekonferenz vom 17. Januar 1940.

92 Staatsarchiv Hamburg 213-11 72294: Zeuge Alfred Braun, 12. Februar 1948.

93 Staatsarchiv Hamburg 213-11 72295: Vernehmung Veit Harlan, 8. Mai 1948.

94 Staatsarchiv Hamburg 213-11 72294: Zeuge Conny Carstennsen, 13. Februar 1948.

95 Staatsarchiv Hamburg 213-11 72294: Zeuge Otto Lehmann, 16. Februar 1948.

96 Staatsarchiv Hamburg 213-11 72294: Bedrich Dostal, Betr.: Angelegenheit Veit Harlan, undatiert (wahrscheinlich 1949).

97 Staatsarchiv Hamburg 213-11 72294: Zeuge Otto Lehmann, 16. Februar 1948. – Die SS (RSHA, Dienststelle: Zentralstelle für jüdische Auswanderung) in Prag sorgte für „die reinrassigen jüdischen Komparsen" (Schreiben von Hans Hinkel an MR Leopold Gutterer); vgl. Kurt Fricke: Spiel am Abgrund. Heinrich George. Eine politische Biographie, Halle, 2000, S. 238.

98 Karl Albert Drewitz: „Jud Süß" in Venedig. Ein überwältigender Erfolg deutschen Filmschaffens, in: Film-Kurier, 6. September 1940, S. 1.

99 Zitiert nach Saul Friedländer: Die Jahre der Vernichtung. Das Dritte Reich und die Juden 1939–1945, München 2006, S. 126.

100 Festliche Uraufführung des Veit-Harlan-Films „Jud Süß", in: Neuköllnische Zeitung, 25. September 1940.

101 Fröhlich: GTB Online, 25. September 1940.

102 Eindrucksvolle Aufführung des „Jud Süß"-Films, in: Film-Kurier, 25. September 1940.

103 Fröhlich, GTB Online, 26. September 1940.

104 Fröhlich, GTB Online, 10. September 1940. Siehe auch den Eintrag vom 6. September 1940.

105 Bundesarchiv Berlin R55, 21306: Bericht von 13. November 1940.

106 Inserat (Werbung), in: Film-Kurier, 13. November 1940.

107 Inserat (Werbung), in: Film-Kurier, 15. November 1940.

108 Inserat (Werbung), in: Film-Kurier, 18. November 1940.

109 100.000 Besucher bei „Jud Süß" in Königsberg, in: Film-Kurier, 29. November 1940.

110 Inserat (Werbung), in: Film-Kurier, 5. Dezember 1940.

111 Claude Singer: Le Juif Süss et la propagande nazie, Paris 2003, S. 228–230.

112 Außerordentliche Erfolge des deutschen Films in Frankreich, in: Film-Kurier, 10. Juni 1941.

113 „Jud Süss" vor ungarischen Soldaten, in: Film-Kurier, 15. März 1941.

114 Staatsarchiv Hamburg 213-11 21249 50, Band III: Otto Froböse an den Herrn Staatsanwalt beim Schwurgericht Hamburg, 16. März 1949.

115 Die Erfolgsfilme 1941, in: Deutsche Allgemeine Zeitung, 8. Januar 1942. Innerhalb eines einzigen Jahres hat *Jud Süß* an der Kinokasse laut einem Aktenvermerk der Filmgesellschaft Terra von August 1942 etwa 6 Millionen Reichsmark eingespielt und schien „noch nicht am Ende seiner Rentabilität angelangt" zu sein. Siehe Filmmuseum Düsseldorf, Nachlass Veit Harlan XXIV Beweismaterial – Originale II VH-116: Aktenvermerk, 17. August 1942.

116 Ingrid Buchloh: Veit Harlan. Goebbels' Starregisseur, Paderborn 2010, S. 104.

117 Ralph Giordano: Erinnerungen eines Davongekommenen: Die Autobiographie, Köln 2007, S. 161.

118 Heinz Boberach (Hg.): Meldungen aus dem Reich: Die geheimen Lageberichte des Sicherheitsdienstes der SS 1938–1945, Bd. VI, Herrsching 1984, S. 1801 (25. November 1940).

119 Bundesarchiv Berlin R9361 V, 154966: Aussage Helene Rothenberg (Spruchkammerverfahren Harlan), 1. April 1948.

120 Besonders Jugendliche waren für die mörderische Botschaft des Filmes empfänglich. Franz Mahler berichtet, dass in der Jugendfilmstunde, die für HJ-Mitglieder ein Teil ihres Dienstes war, *Jud Süß* aufgeführt wurde. Mahler sah den Film in Sasel – er war 13 – mit seinen Kameraden an: „Es war allgemeine Meinung, dass dem ‚Jud Süß' durch sein Erhängen

recht geschehen war und es herrschte eine starke Hassstimmung gegen die Juden." Staatsarchiv Hamburg 213-11 21249 50, Bd. II: Vernehmung von Franz Mahler, 30. April 1948.

121 Dorothea Hollstein: Antisemitische Filmpropaganda: Die Darstellung des Juden im nationalsozialistischen Spielfilm, Hebertshausen 1971 (zugl. Diss. FU Berlin [West] 1968), S. 76. Siehe auch Staatsarchiv Hamburg, 213-11 72296: Norbert Wollheim an Herrn Rechtsanwalt Herbert Pardo, 28. August 1948.

122 Staatsarchiv Hamburg 213-11 72296: Norbert Wollheim an Herrn Rechtsanwalt Herbert Pardo, 28. August 1948. – „Novemberaktion 1938", die nach dem Pariser Attentat auf den Diplomaten vom Rath von den Nazis angestachelten Novemberpogrome vom 7. bis 13. November 1938.

123 Bernd Kleinhans: Ein Volk, ein Reich, ein Kino: Lichtspiel in der braunen Provinz, Köln 2003, S. 132.

124 Edith Raim: Zwischen Diktatur und Demokratie, München 2013, S. 707.

125 Michael Brenner: Kleine jüdische Geschichte, München 2008, S. 213. Laut Lieven Saerens war es eine Vorführung von *Der ewige Jude*, die zu dem Pogrom führte. Siehe Lieven Saerens: "Antwerp's Attitude towards the Jews from 1918 to 1940 and Its Implications for the Period of the Occupation", in Dan Michman (Hg.): Belgium and the Holocaust: Jews, Germans, Belgians, Jerusalem 1998, S. 159–198, hier S. 178.

126 Michele Sarfatti: Die Juden im faschistischen Italien: Geschichte, Identität, Verfolgung, Berlin 2014, S. 230.

127 Staatsarchiv Hamburg 213-11 21249 50, Band II: In der Sache gegen Veit Harlan erklärt der Zeuge Dr. Angyal Béla (sic), 25. März 1948.

128 Staatsarchiv Hamburg 213-11 21249 50, Band III: Vernehmung von Eugen Königsberg, 24. März 1948.

129 Filmmuseum Potsdam, Nachlass Veit Harlan N109, 26: Anton Schuchmann an Veit Harlan, 24. Mai 1948. Siehe auch Filmmuseum Potsdam, Nachlass Veit Harlan N109, 30: Interne Vorführung von „Jud Süß", in: Theaterdienst: Informationsblatt für Bühne, Film und Musik, 19. Januar 1948.

130 Fröhlich: GTB Online, 8. März 1941.

131 Bundesarchiv Berlin NS10, 84: Himmler-Erlass vom 30. September 1940.

132 Vorführung des Filmes „Jud Süß": Runderlaß des Reichsführers SS und Chef der Deutschen Polizei v. 15.11.1940, in Andrea Löw (Hg.): Die Verfol-

gung und Ermordung der europäischen Juden durch das nationalsozialistische Deutschland 1933–1945: Deutsches Reich und Protektorat Böhmen und Mähren, September 1939–September 1941, München 2012, S. 309 f.

133 Bundesarchiv Freiburg RS4, 903: „SS u. Polizeiführer im Distrikt Lublin", 22. November 1940.

134 Siehe z. B. Ernst Seidl/Cornelia Hecht: „Jud Süß": Propagandafilm im NS-Staat, Stuttgart 2007, S. 8.

135 Gedenkstätte Buchenwald (Hg.): Buchenwald Concentration Camp, 1937–1945: A Guide to the Permanent Historical Exhibition, Göttingen 2004, S. 37.

136 Simone Erpel (Hg.): Im Gefolge der SS: Aufseherinnen des Frauen-KZ Ravensbrück. Begleitband zur Ausstellung, Berlin 2007, S. 176.

137 Staatsarchiv Hamburg 213-11 21249/50, Bd. III: Brief von Max Durner an die Oberstaatsanwaltschaft beim Landgericht Hamburg, 14. März 1949.

138 Staatsarchiv Hamburg 213-11 21249 50, Band II: Vernehmung von Walter Peiser, 30. April 1948.

139 Staatsarchiv Hamburg 213-11 21249 50, Band VI: Paul Wilhelm Rass an Herrn Oberstaatsanwalt Kramer, 17. April 1950.

140 Staatsarchiv Hamburg 213-11 21249 50, Band V: Helmut Bickel an Oberstaatsanwalt Gerhard Kramer, 20. März 1949.

141 Staatsarchiv Hamburg 213-11 21249 50, Band IV/2: Max Durner an die Staatsanwalt Hamburg, ohne Datum (eingegangen am 7. März 1949).

142 Staatsarchiv Hamburg 213-11 72296: Norbert Wollheim an Herrn Rechtsanwalt Herbert Pardo, 28. August 1948.

143 Hans-Günther Thiele (Hg.): Die Wehrmachtsausstellung. Dokumentation einer Kontroverse, 2. Aufl., Bonn 1999.

144 Bundesarchiv Freiburg RW4, 292: Oberkommando der Wehrmacht an die Reichspropagandaleitung, Hauptamt Film, 13. November 1940.

145 Staatsarchiv Hamburg 213-11 21249 50, Band III: Otto Froböse an den Herrn Staatsanwalt beim Schwurgericht Hamburg, 16. März 1949.

146 Staatsarchiv Hamburg 213-11 21249 50, Band IV/2: Vernehmung von Rudolf Stobbe, 19. März 1948.

147 Staatsarchiv Hamburg 213-11 21249 50, Band VI: Erich Masur an Herrn Oberstaatsanwalt Kramer, 14. April 1950.

148 Staatsarchiv Hamburg 213-11 72296: Norbert Wollheim an Herrn Rechtsanwalt Herbert Pardo, 28. August 1948.

149 Landesarchiv Baden-Württemberg, Hauptstaatsarchiv Stuttgart, Sammlung Friedrich Knilli zur Mediengeschichte des Antisemitismus J25_Bü 58: Hanna Rieckenburg an das Schwurgericht Hamburg, eingegangen 11. März 1949.

150 Landesarchiv Baden-Württemberg, Hauptstaatsarchiv Stuttgart, Sammlung Friedrich Knilli zur Mediengeschichte des Antisemitismus J25_Bü 67: Interview mit Frau Dr. Steinmetz (ohne Datum).

151 Knilli u. a. (Hg.): „Jud Süß", S. 130.

152 Institut für Zeitgeschichte München, OMGUS Shipment 10, Box 16-2, Folder 20: British Blacklist. Film Section, 23. Januar 1946.

153 Thomas Harlan: Veit, Reinbek bei Hamburg 2001, S. 28.

154 Siehe Filmarchiv Düsseldorf, Nachlass Veit Harlan, Wie ich zum Nationalsozialismus stand: Veit Harlan: Wie ich zum Nationalsozialismus stand, wahrscheinlich Juli 1945.

155 Filmarchiv Düsseldorf, Nachlass Veit Harlan, Wie ich zum Nationalsozialismus stand: Veit Harlan: Postskriptum zu meiner Schrift „Wie ich zum Nationalsozialismus stand", August 1945.

156 Filmarchiv Düsseldorf, Nachlass Veit Harlan, Wie ich zum Nationalsozialismus stand: Harlan an Capt. Phillips, 19. Juli 1945.

157 Veit Harlan: Wie ich zum Nationalsozialismus stand.

158 Veit Harlan: Postskriptum zu meiner Schrift „Wie ich zum Nationalsozialismus stand".

159 Siehe z. B. die spätere Erklärung seines Aufnahmeleiters Conny Carstennsen (Staatsarchiv Hamburg 213-11-72294: Eidesstattliche Erklärung Carstennsen, 14. November 1947).

160 Nach der Scheidung sollte Harlan notariell verpflichtet werden, auf seine Rechte an den Kindern zu verzichten und auch Unterhalt zu zahlen. Dagegen hatte er Berufung eingelegt. Er klagte auch gegen Körber, nachdem diese angeblich das Gerücht in Umlauf gesetzt hatte, Harlan habe homosexuelle Affären gehabt. Die Berufung und Klage hatte er auf Befehl von Goebbels zurückgezogen, aber sich zum Schweigen verdammen lassen, wollte er nicht. Siehe Filmarchiv Düsseldorf, Nachlass Veit Harlan XXIV Beweismaterial – Originale II VH-116: Kristina Söderbaum an Hilde Körber, 28. Dezember 1946.

161 In einem Brief an Fritz Hippler zum Beispiel kritisiert Harlan die Goebbels-Biografie von Curt Riess, weil dieser in Bezug auf den *Kaufmann*

*von Venedig* verschwiegen hätte, dass es Harlan gelungen wäre, Goebbels „dieses Werkzeug aus der Hand zu winden". Siehe Filmmuseum Potsdam, Nachlass Veit Harlan N109, 26: Veit Harlan an Fritz Hippler. 28. Dezember 1949.

162 Laut Rainer Wagner vom Süddeutschen Rundfunk war es allerdings seinem Kollegen Roman Brodmann gelungen, die ursprüngliche „Fluch-Version" der Schlussszene im Bundesarchiv aufzutreiben – vielleicht nach einem Tipp des Zeitzeugen Wolfgang Schleif (Landesarchiv Baden-Württemberg, Hauptstaatsarchiv Stuttgart, Sammlung Friedrich Knilli zur Mediengeschichte des Antisemitismus, J 25_Bü 80, 45: Rainer C.M. Wagner an Friedrich Knilli, 12. April 1990).

163 Filmmuseum Düsseldorf, Nachlass Veit Harlan XXIV Beweismaterial – Originale II VH-116: Veit Harlan an Lion Feuchtwanger, 12. Dezember 1947.

164 Zu Harlans Hilfe für Meyer-Hanno siehe Landesarchiv Baden-Württemberg, Hauptstaatsarchiv Stuttgart, Sammlung Friedrich Knilli zur Mediengeschichte des Antisemitismus J25_Bü 135: Vernehmung von Irene Meyer-Hanno, 16. März 1950.

165 Siehe die Korrespondenz zwischen Harlan und Richard in Filmmuseum Düsseldorf, Nachlass Veit Harlan XXIV Beweismaterial – Originale II VH-116. Am 31. Oktober 1944 schrieb Harlan an Richard, er habe inzwischen erfahren, dass sie „Nachricht von Ihrer Tochter bekommen haben", und fragte, ob dies so sei.

166 Landesarchiv Baden-Württemberg, Hauptstaatsarchiv Stuttgart, Sammlung Friedrich Knilli zur Mediengeschichte des Antisemitismus J25_Bü 85: Zeugin Luzie Schölzer, undatiert, wahrscheinlich 1948.

167 Leonhard F. Schmidt: Der Fall Veit Harlan. Ein Tatsachenbericht, in: Film- und Mode-Revue, Nr. 6 (1. Märzheft 1952), S. 4–6, hier S. 6.

168 Filmmuseum Potsdam, Nachlass Veit Harlan N109, 18: Veit Harlan, Antwort auf die Behauptung des sozialdemokratischen Redakteurs E.A. Lang, 20. Juni 1952.

169 Siehe die Nachkriegskorrespondenz zwischen Julius Bab und Veit Harlan, in Akademie der Künste Berlin, Nachlass Julius Bab 515.

170 Charlotte Koehn-Behrens: Deutsche Künstler fanden zum Nationalsozialismus, in: Völkischer Beobachter, 5. Mai 1933.

171 In einem Brief an Julius Bab behauptete Harlan, er und Bab hätten vor dem Interview „das, was ich sagen sollte, [...] gemeinsam abgespro-

chen" (Akademie der Künste Berlin, Nachlass Julius Bab 515: Harlan an Bab, 23. August 1947). Bab konnte sich allerdings nicht daran erinnern (Akademie der Künste Berlin, Nachlass Julius Bab 516: Oberstaatsanwalt Landgericht Hamburg an Julius Bab, 29. Mai 1948). Rehfisch hatte nach der Veröffentlichung des Interviews Deutschland verlassen.

172 Die Fratze des Juden. Gespräch mit Veit Harlan, in: Lodscher Zeitung, 31. Januar 1940.

173 Für eine gute Diskussion des Phänomens „sekundärer Antisemitismus" siehe Samuel Salzborn: Antisemitismus. Geschichte, Theorie, Empirie, Baden-Baden 2014.

174 Bundesarchiv Berlin R9361 V, 143286: Veit Harlan, „Wie ich zum Nationalsozialismus stand", wahrscheinlich Juli 1945.

175 Filmmuseum Düsseldorf, Nachlass Veit Harlan, Wie ich zum Nationalsozialismus stand: Veit Harlan, „My Attitude Towards National Socialism", wahrscheinlich Juli 1945.

176 Der Harlan-Nachlass in Düsseldorf enthält auch einige antisemitische Zeichnungen, die auf Aktenmaterial gekritzelt worden sind. Ob sie von Harlan stammen, ist nicht eindeutig feststellbar, aber wahrscheinlich. Siehe z. B. Filmmuseum Düsseldorf, Nachlass Veit Harlan XXIV Beweismaterial – Originale II VH-116: Auszüge aus dem Terra-Bericht „Jud Süß".

177 Filmmuseum Potsdam, Nachlass Veit Harlan N109, 30: Veit Harlan: Menschen – Tiere – Sensatiönchen, undatiert (wahrscheinlich 1953 oder 1954, weil in dem Aufsatz auf den Film *Sterne über Colombo* Bezug genommen wird, der erst 1953 in die Kinos kam). Der Aufsatz ist in der dritten Person geschrieben, aber es besteht kein Grund, nicht anzunehmen, dass er von Harlan ist, befindet er sich doch in einem Ordner „Harlan: Aufsätze" unter anderen Schriften von Harlan.

178 Filmmuseum Potsdam, Nachlass Veit Harlan N109, 20: Hans Fillié an Veit Harlan, 16. Januar 1948.

179 Siehe zum Beispiel Filmmuseum Potsdam, Nachlass Harlan N109, 18: Veit Harlan an Anna Klöcker, 14. Mai 1962. Harlan wollte in Aachen ein Theaterstück aufführen, wurde aber schließlich ausgeladen. Er schrieb an Klöcker: „In jeder Stadt gibt es eine jüdische Gemeinde, und keine Stadt wird den Juden gegenüber schlechter handeln wollen, als die Stadt Karl des Großen".

180 Filmmuseum Düsseldorf, Nachlass Veit Harlan XXIV Beweismaterial – Originale II VH-116: Lu Schlage an den schwedischen König, 13. Februar 1949.

181 Filmmuseum Düsseldorf, Nachlass Veit Harlan XXIV Beweismaterial – Originale II VH-116: Torsten Brandel an Lu Schlage, 5. März 1949.

182 Ernst von Salomon: Der Fragebogen, Hamburg 1951.

183 Filmmuseum Potsdam, Nachlass Veit Harlan N109, 18: Curt Riess an Veit Harlan, 1. Mai 1962.

184 Erich Kästner: Harlan oder die weiße Mütze, in: Die Neue Zeitung, 30. November 1945.

185 Klaus Mann: Erich Kästner, in: Das Neue Tage-Buch, 13. Oktober 1934, S. 981. Siehe auch Franz Josef Görtz/Hans Sarkowicz: Erich Kästner. Eine Biographie, München 1998, S. 192 f.

186 Der „innere Emigrant" Walter von Molo hatte Thomas Mann aufgefordert, nach Deutschland zurückzukehren. Mann lehnte ab. Die Bücher, die zwischen 1933 und 1945 in Deutschland gedruckt wurden, bezeichnete er als „wertlos und nicht gut in die Hand zu nehmen". Er fügte hinzu: „Ein Geruch von Blut und Schande haftet ihnen an. Sie sollten alle eingestampft werden." Zitiert nach Hermann Kurzke: Thomas Mann. Epoche – Werk – Wirkung, München 1997, S. 36.

187 Werner Finck: … nicht nur Harlan. Offener Brief, in: Die Welt, 28. April 1949. Weizsäcker war ein paar Tage vor Harlans Freispruch wegen Verbrechen gegen die Menschlichkeit zu sieben Jahren Haft verurteilt worden, weil er an der Deportation von französischen Juden mitgewirkt hatte.

188 Filmmuseum Düsseldorf, Nachlass Veit Harlan XVI Korrespondenz VI–VII VH-66: Veit Harlan an Werner Finck, „Nur an Finck", undatiert, wahrscheinlich Mai 1949.

189 Görtz/Sarkowicz, Erich Kästner, S. 254 f.

190 Filmmuseum Potsdam, Nachlass Veit Harlan N109, 26: Veit Harlan an Peter Harlan, 4. Januar 1946.

191 Michael Töteberg/Volker Reißmann: 2. Station: Dammtorstraße 14, in Rita Bake, Verschiedene Welten II. 109 historische und aktuelle Stationen in Hamburgs Neustadt, Hamburg 2010, S. 23–36, hier S. 29. – Schutzhaft: Inhaftierung von Regimegegnern und anderen unerwünschten Personen aufgrund polizeilicher Anordnung ohne Gerichtsbeschluss, die Betroffenen kamen in der Regel in Konzentrationslager.

192 Ebd., S. 31.

193 Filmmuseum Potsdam, Nachlass Veit Harlan N109, 30: Veit Harlan unerwünscht, Zeitungsausschnitt, undatiert.

194 Filmmuseum Potsdam, Nachlass Veit Harlan N109, 20: Lu Schlage an Hans Fillié, 25. April 1948.

195 Filmmuseum Potsdam, Nachlass Veit Harlan N109, 20: Veit Harlan, „Berichtigungserklärung", undatiert.

196 Filmmuseum Potsdam, Nachlass Veit Harlan N109, 20: Lu Schlage an Hans Fillié, 25. April 1948.

197 Drei Briefe, in: Film-Echo, Mai 1948, S. 39–40.

198 Ebd.

199 Kein Engel ist so rein (Harlan-Prinz-Briefwechsel), in: Sozialdemokrat, 10. August 1948.

200 Filmmuseum Düsseldorf, Nachlass Veit Harlan XXIV Beweismaterial – Originale II VH-116: Veit Harlan an Joachim Prinz (überschrieben „nicht abgesandt"), 5. August 1948.

201 Lion Feuchtwanger: Offener Brief an sieben Berliner Schauspieler, in: Die Weltbühne 11:17 (1. September 1947), S. 735–739, hier S. 736. Feuchtwangers Brief wurde zuerst im New Yorker *Aufbau* am 4. Juli 1941 gedruckt (eine englische Fassung erschien im *Atlantic Monthly* im April 1941).

202 Feuchtwanger, Offener Brief, S. 739.

203 Filmmuseum Düsseldorf, Nachlass Veit Harlan XXIV Beweismaterial – Originale II VH-116: Veit Harlan an Lion Feuchtwanger, 12. Dezember 1947.

204 Filmmuseum Düsseldorf, Nachlass Veit Harlan XXIV Beweismaterial – Originale II VH-116: Veit Harlan an Franz Heitgres, 24. Dezember 1947.

205 Filmmuseum Potsdam, Nachlass Veit Harlan, Wie es war: Erlebnisse eines Filmregisseurs unter seinem allerhöchsten Chef, dem „Schirmherrn des deutschen Films", Dr. Josef Goebbels, S. 217–218.

206 Für Dokumente zur Entnazifizierung von Werner Krauß siehe Gunther Nickel/Johanna Schrön (Hg.): „Wenn man einen Schauspieler braucht, muss man ihn auch vom Galgen schneiden." Die Spruchkammerakte Werner Krauß, in: Zuckmayer-Jahrbuch 2003, Göttingen 2003, S. 221–370.

207 Bundesarchiv Berlin R9361 V, 143286: G. P. C. (PRISC Regional Staff ISC Branch) and Major Sely, Head of Licensing Control Section (in der Britischen Zone), 17. Dezember 1947.

208 Wegen seiner Mitgliedschaft in der SS wurde Hippler im September 1948 von einem Spruchgericht zu einer Geldstrafe oder ersatzweise Gefängnisstrafe verurteilt, die aber als schon verbüßt galt, weil er drei Jahre im Internierungslager verbracht hatte. Von den Entnazifizierungsbehörden wurde er 1949 als Mitläufer eingestuft. 1957 hat der Senator für Inneres in Berlin ein Sühneverfahren gegen Hippler nicht zuletzt wegen *Der ewige Jude* beantragt, aber die zuständige Spruchkammer lehnte den Antrag ab (siehe Landesarchiv Berlin K2570).

209 Allerdings hat Harlan dem Zentralausschuss empfohlen, *Der ewige Jude* anzuschauen, um begreifen zu können, wie der goebbelsche Antisemitismus eigentlich aussah. Siehe Filmarchiv Düsseldorf, Nachlass Veit Harlan XXIV Beweismaterial – Originale II VH-116: Veit Harlan an den Zentralausschuss für die Ausschaltung von Nationalsozialisten, 26. November 1947.

210 Veit Harlan entnazifiziert, in: Die Welt, 16. Dezember 1948.

211 Filmmuseum Düsseldorf, Nachlass Veit Harlan XXIV Beweismaterial – Originale II VH-116: Veit Harlan an den Zentralausschuss für die Ausschaltung von Nationalsozialisten, 26. November 1947.

212 Major Sely, der britische Offizier, der für die Lizenzierung von Filmen in der britischen Zone zuständig war, beschrieb die Einstufung in Gruppe V als „monströs" („monstrous"). Siehe Bundesarchiv Berlin R9361 V, 143286: Major Sely an P. E. Ramsbothom (Hamburg Intelligence Office), 22. Dezember 1947.

213 Neue Proteste gegen Veit Harlans Entnazifizierung, in: Der Tagesspiegel, 18. Dezember 1947.

214 Sonderausschuss für Fall Veit Harlan gebildet, in: Der Tagesspiegel, 13. Januar 1948. Siehe auch Filmmuseum Potsdam, Nachlass Veit Harlan N109, 30: Rudolf Küstermeier: Zwei Filme klagen an, Zeitungsausschnitt, undatiert (wahrscheinlich Anfang Januar 1948).

215 Filmmuseum Düsseldorf, Nachlass Veit Harlan XXIV Beweismaterial – Originale II VH-116: Veit Harlan an Franz Heitgres, 24. Dezember 1947.

216 Filmmuseum Potsdam, Nachlass Veit Harlan N109, 30: Der geistige Urheber, Zeitungsausschnitt, undatiert.

217 Filmmuseum Potsdam, Nachlass Veit Harlan N109, 30: H. S.: Sturm gegen die Entlastung Harlans, Zeitungsausschnitt, undatiert (wahrscheinlich Dezember 1947).

218 Hitler zeigte persönliches Interesse an diesem Film, siehe Boguslaw Drewniak: Der deutsche Film 1938–1945. Ein Gesamtüberblick, Düsseldorf 1987, S. 393 f.

219 Filmmuseum Potsdam, Nachlass Veit Harlan N109, 30: Der Umstrittene: Zum Fall Werner Krauss, in: Theaterdienst 3:4 (26. Januar 1948), S. 10.

220 Siehe Filmmuseum Potsdam, Nachlass Veit Harlan N109, 30: Peter de Mendelssohn: Der stärkste geistige Eindruck des Jahres 1947, in: Der Tagesspiegel, undatiert.

221 Bundesarchiv Berlin, R9361 V, 143286: Notgemeinschaft der durch die Nürnberger Gesetze Betroffenen an den Generalstaatsanwalt Hamburg, 3. Januar 1948.

222 Filmmuseum Potsdam, Nachlass Veit Harlan N109, 18: Peter Witte an Veit Harlan, 10. Juli 1962.

223 Filmmuseum Düsseldorf, Nachlass Veit Harlan XXIV Beweismaterial – Originale II VH-116: Veit Harlan an den Präsidenten des Landgerichts Hamburg, 5. Februar 1948.

224 Landesarchiv Baden-Württemberg, Hauptstaatsarchiv Stuttgart, Sammlung Friedrich Knilli zur Mediengeschichte des Antisemitismus, J25_Bü 135: Landgericht Hamburg. Urteil im Namen des Rechts! In der Strafsache gegen den Filmregisseur Veit Harlan, 23. April 1949.

225 Landesarchiv Baden-Württemberg, Abt. Staatsarchiv Sigmaringen Wü 29/1 T 1-11 Nr. 7019: Landgericht Ravensburg. Im Namen des Deutschen Volks. Strafsache gegen Georg Miehle, 5. Februar 1948.

226 Ina S. Lorenz: Gehen oder Bleiben. Neuanfang der Jüdischen Gemeinde in Hamburg nach 1945, Hamburg 2002, S. 17.

227 Landesarchiv Baden-Württemberg, Hauptstaatsarchiv Stuttgart, Sammlung Friedrich Knilli zur Mediengeschichte des Antisemitismus, J25_Bü 135: Im Namen des Rechts! Strafsache gegen den Filmregisseur Veit Harlan, 12. Dezember 1949.

228 Siehe Peter Longerich: Tendenzen und Perspektiven der Täterforschung, in: Aus Politik und Zeitgeschichte 2007, https://m.bpb.de/apuz/30537/tendenzen-und-perspektiven-der-taeterforschung-essay, 23.03.2007 (29.11.2021).

229 Filmmuseum Potsdam, Nachlass Veit Harlan N109, 18: Veit Harlan an Willi Crallopp, 26. Mai 1962.

230 Landesarchiv Baden-Württemberg, Hauptstaatsarchiv Stuttgart, Sammlung Friedrich Knilli zur Mediengeschichte des Antisemitismus, J25_Bü

135: Im Namen des Rechts! Strafsache gegen den Filmregisseur Veit Harlan, 12. Dezember 1949.

231 Landesarchiv Baden-Württemberg, Hauptstaatsarchiv Stuttgart, Sammlung Friedrich Knilli zur Mediengeschichte des Antisemitismus, J25_Bü 135: Landgericht Hamburg, Schwurgericht I: Urteil, Im Namen des Rechts in der Strafsache gegen den Filmregisseur Veit Harlan, 29. April 1950.

232 Der Prozess gegen die Hauptkriegsverbrecher vor dem Internationalen Militärgerichtshof, Nürnberg 1947, S. 340–343.

233 Werner Schubert (Hg.): Oberster Gerichtshof für die Britische Zone (1948–1950) (Rechtshistorische Reihe, 402), Frankfurt am Main u. a. 2010, S. IX–XV.

234 Annette Weinke: Gewalt, Geschichte, Gerechtigkeit. Transnationale Debatten über deutsche Staatsverbrechen im 20. Jahrhundert, Göttingen 2016, S. 178 ff.

235 Tumult um die „Unsterbliche Geliebte", in: Wiesbadener Kurier, 2. März 1951.

236 Bomben und Pfiffe gegen „Unsterbliche Geliebte", in: Aachener Volkszeitung, 1. März 1951.

237 Displaced Persons (DP), von den Alliierten so bezeichnete Zivilisten, die sich kriegsbedingt außerhalb ihres Heimatstaates aufhielten und nicht zurückkehren konnten resp. in ein anderes Land auswandern. Dazu zählten insbesondere ehemalige Zwangsarbeiter und KZ-Häftlinge.

238 Schwere Schlägereien wegen Harlan-Film in Salzburg, in: Neue Zeitung, 6. April 1951.

239 Pfui-Rufe und Prügel, in: Die Zeit, 31. Januar 1952.

240 Harlans Saat geht wieder auf, in: Hannoversche Presse, 29. Januar 1952.

241 Pfui-Rufe und Prügel, in: Die Zeit, 31. Januar 1952.

242 Bericht über die Harlan-Affäre, in: Das Volk, 20. März 1952.

243 Protest gegen Nazi-Regisseur, in: Blick. Unabhängige Schweizer Tageszeitung, 13. April 1962.

244 Filmmuseum Potsdam, Nachlass Veit Harlan N109, 18: Ernst Friedländer, Auszug aus einem Artikel im Hamburger Abendblatt, zitiert in einem Brief von Hans Wallenberg an Veit Harlan, 28. März 1952.

245 Filmmuseum Potsdam, Nachlass Veit Harlan N109, 27: Veit Harlan an Fritz Hippler, 26. Juli 1950.

246 Filmmuseum Potsdam, Nachlass Veit Harlan N109, 11: Veit Harlan an Onkel Wolfgang, 2. August 1950.

247 Siehe: Der Fall Erich Lüth. Was man über „den Nazifilm-Regisseur Nr.1" sagen darf, https://www.hausderpressefreiheit.de/Home/Presse--und-Meinungsfreiheit/Präzedenzfälle/Der-Fall-Erich-Lüth.html (16.12.201).

248 Ebd.

249 Karl Jaspers: Die Schuldfrage, Heidelberg 1946.

250 Ebd., S. 31.

251 Nach dem Freispruch wurde in der *Zeit* ein Kommentar abgedruckt, in dem die Meinung zum Ausdruck kam, das Schwurgericht wäre die falsche Instanz für eine moralische Schuld; die richtige sei die öffentliche Meinung. Siehe Filmmuseum Potsdam, Nachlass Veit Harlan N109, 18: Schweizerischer Israelitischer Gemeindebund an die Firma Havre-Film, 14. Oktober 1959.

252 Theodor W. Adorno: Schuld und Abwehr. Eine qualitative Analyse zum Gruppenexperiment [1955], in: ders.: Soziologische Schriften II.2, Frankfurt am Main 1975 (2019), S. 121–324, hier S. 180.

253 Offener Brief von Erich Lüth: „Was kostet die Wahrheit?", in: Der Weg: Zeitschrift für Fragen des Judentums, 3. November 1950.

254 Filmmuseum Düsseldorf, Nachlass Veit Harlan VXII Korrespondenz XIII VH-67: Veit Harlan an Erzbischof Wendelin Rauch, 4. Mai 1951.

255 Filmmuseum Düsseldorf, Nachlass Veit Harlan VXII Korrespondenz XIII VH-67: Veit Harlan an Arthur Jores, 27. Dezember 1950.

256 Filmmuseum Düsseldorf, Nachlass Veit Harlan VXI Korrespondenz XIII VH-67: Veit Harlan an Martin Plat, 24. Januar 1951.

257 Filmmuseum Potsdam, Nachlass Veit Harlan N109, 18: Veit Harlan an Voluntas, 27. Oktober 1956.

258 Filmmuseum Potsdam, Nachlass Veit Harlan N109, 11: Veit Harlan an Herrn Stark, 28. April 1952.

259 Filmmuseum Potsdam, Nachlass Veit Harlan N109, 18: Veit Harlan an Rudolf Heizler, 5. November 1956.

260 Landesarchiv Baden-Württemberg, Hauptstaatsarchiv Stuttgart, Sammlung Friedrich Knilli zur Mediengeschichte des Antisemitismus J25_ Bü 15: Veit Harlan an Ludwig Metzger, 30. Januar 1940. Siehe auch Offener Brief von Erich Lüth: „Was kostet die Wahrheit?".

261 „Ich werde wieder…" sagte Harlan, in: Allgemeine Wochenzeitung der Juden in Deutschland, 21. Juli 1950.

262 Siehe Landesarchiv Baden-Württemberg, Hauptstaatsarchiv Stuttgart, Sammlung Friedrich Knilli zur Mediengeschichte des Antisemitismus J25_Bü 135: Urteil Im Namen des Rechtes! In der Strafsache gegen den Filmregisseur Veit Harlan, 29. April 1950.

263 Frank Liebert: Der Künstler als Opfer, in: Freitag, 8. März 2002.

264 Hippler und Harlan, in: Neue Ruhr-Zeitung, 14. März 1952. Im März 1952 hatte Hipplers „Deutsche Gemeinschaft" die Stadt Berchtesgaden „mit Plakaten überschwemmt, in denen die Verfolgten des Naziregimes als Hetzer und Zerstörer der Volkseinheit angeprangert wurden". Vgl.: In der Höhle des Löwen, in: Das Freie Wort, 8. März 1952. Auch die Widerstandskämpfer des 20. Juli 1944 wurden von der „Deutschen Gemeinschaft" verhöhnt.

265 Filmmuseum Potsdam, Nachlass Veit Harlan N109, 27: Veit Harlan an Walter Thyrolf (sic!), 7. November 1950.

266 Erneuter Streit um Veit Harlan, in: Filmpost Archiv, 25. November 1950.

267 Filmmuseum Düsseldorf, Nachlass Veit Harlan VXII Korrespondenz XIII VH-67: Veit Harlan an Theodor Heuss, 30. Dezember 1950.

268 Siehe z. B. Filmmuseum Düsseldorf, Nachlass Veit Harlan VXII Korrespondenz XIII VH-67: Veit Harlan an Eduard Söderholm, 27. Januar 1951.

269 Bundesarchiv Koblenz B237, 106219: Bundespräsidialamt (Albert Einsiedler) an Veit Harlan, 16. Januar 1951.

270 Bundestag und Veit Harlan, in: Südost-Kurier, 4. März 1952.

271 Filmmuseum Potsdam, Nachlass Veit Harlan N109, 28: Werner Naumann an Veit Harlan, 11. Februar 1952.

272 Siehe Filmmuseum Potsdam, Nachlass Veit Harlan N109, 28: Werner Naumann an Veit Harlan, 14. März 1952; Veit Harlan an Werner Naumann, 22. März 1952.

273 Filmmuseum Potsdam, Nachlass Veit Harlan N109, 28: Werner Naumann an Veit Harlan, 14. März 1952; Veit Harlan an Gerhard Todenhöfer, 22. März 1952.

274 Bundesarchiv Koblenz B145, 235: Veit Harlan an Bundespressechef Felix von Eckardt, 7. Mai 1952.

275 Filmmuseum Düsseldorf, Nachlass Veit Harlan VXII Korrespondenz XIII VH-67: Präsidialamt des Deutschen Bundestages an Veit Harlan, 12. Mai 1952.

276 Filmmuseum Düsseldorf, Nachlass Veit Harlan VXII Korrespondenz XIII VH-67: Martin Blank an Veit Harlan, 9. Mai 1952.

277 Filmmuseum Düsseldorf, Nachlass Veit Harlan VXII Korrespondenz XIII VH-67: Hans Ewers an Veit Harlan, 15. Mai 1952.

278 Filmmuseum Düsseldorf, Nachlass Veit Harlan VXII Korrespondenz XIII VH-67: Wolfgang Hedler an Veit Harlan, 4. Juni 1952.

279 Zitiert nach Norbert Frei: Vergangenheitspolitik. Die Anfänge der Bundesrepublik und die NS-Vergangenheit, München 1996, S. 309.

280 Filmmuseum Düsseldorf, Nachlass Veit Harlan VXII Korrespondenz XIII VH-67: Veit Harlan an Peer Faerber, 30. Mai 1952.

281 Filmmuseum Düsseldorf, Nachlass Veit Harlan VXII Korrespondenz XIII VH-67: Rudolf Heiland an Veit Harlan, 29. Mai 1952.

282 Filmmuseum Düsseldorf, Nachlass Veit Harlan VXII Korrespondenz XIII VH-67: Walter Seuffert an Veit Harlan, 23. Mai 1952.

283 Filmmuseum Düsseldorf, Nachlass Veit Harlan VXII Korrespondenz XIII VH-67: Matthias Joseph Mehs an Veit Harlan, 12. Mai 1952.

284 Filmmuseum Düsseldorf, Nachlass Veit Harlan VXII Korrespondenz XIII VH-67: Heinz Meyer an Veit Harlan, 12. Mai 1952.

285 Siehe Filmmuseum Potsdam, Nachlass Veit Harlan N109, 18: Schweizerischer Israelitischer Gemeindebund an die Firma Havre-Film, 14. Oktober 1959.

286 Filmmuseum Düsseldorf, Nachlass Veit Harlan VXII Korrespondenz XIII VH-67: Eduard Söderholm an den Israelitischen Gemeindebund in Zürich, 9. März 1951.

287 Filmmuseum Düsseldorf, Nachlass Veit Harlan VXII Korrespondenz XIII VH-67: Eduard Söderholm an Veit Harlan, 28. November 1951.

288 Filmmuseum Düsseldorf, Nachlass Veit Harlan VXII Korrespondenz XIII VH-67: Eduard Söderholm an Veit Harlan, 27. August 1951.

289 Filmmuseum Düsseldorf, Nachlass Veit Harlan VXII Korrespondenz XIII VH-67: Veit Harlan an Eduard Söderholm, 1. September 1951.

290 Filmmuseum Düsseldorf, Nachlass Veit Harlan VXII Korrespondenz XIII VH-67: Eduard Söderholm an Papst Pius XII, 10. September 1951.

291 Filmmuseum Düsseldorf, Nachlass Veit Harlan VXII Korrespondenz XIII VH-67: Eduard Söderholm an Veit Harlan, 18. Oktober 1951.

292 Filmmuseum Düsseldorf, Nachlass Veit Harlan VXII Korrespondenz XIII VH-67: Filippo Bernhardini an Eduard Söderholm, 12. November 1951.

293 Filmmuseum Düsseldorf, Nachlass Veit Harlan VXII Korrespondenz XIII VH-67: Eduard Söderholm an Veit Harlan, 22. Dezember 1951.

294 Filmmuseum Potsdam, Nachlass Veit Harlan N109, 28: Eduard Söderholm an Veit Harlan, 30. Mai 1952.

295 Vergleich Stadt München-Harlan, in: Süddeutsche Zeitung, 26. September 1952.

296 Filmmuseum Potsdam, Nachlass Veit Harlan N109, 28: Veit Harlan an Seine Heiligkeit Papst Pius XII, undatiert, wahrscheinlich September oder Oktober 1952.

297 Daniel Jonah Goldhagen: Die katholische Kirche und der Holocaust. Eine Untersuchung über Schuld und Sühne, Berlin 2002.

298 Oliver Pieper: Fluchthilfe für Nazis: Der Vatikan und die Rattenlinie, in: Deutsche Welle, 1. März 2020, https://www.dw.com/de/papst-vatikan-nazis/a-52450811, 01.03.2020 (16.12.2021).

299 Laut dem Katholischen Pfarramt Seeshaupt konvertierte sie am 11. September 1955. Vgl. Stadtarchiv Starnberg: Meldedaten Veit Harlan, Katholisches Pfarramt Seeshaupt an das Standesamt Starnberg, 29. Januar 1956.

300 Filmmuseum Düsseldorf, Nachlass Veit Harlan VXII, Korrespondenz XIII VH-67: Veit Harlan an Martin Plat, 24. Januar 1951.

301 Filmmuseum Potsdam, Nachlass Veit Harlan N109, 28: Veit Harlan an Elis Sundell, 4. Januar 1952.

302 Filmmuseum Düsseldorf, Nachlass Veit Harlan VXII Korrespondenz XIII VH-67: Veit Harlan an Peer Faerber, 30. Mai 1952.

303 Filmmuseum Düsseldorf, Nachlass Veit Harlan VXII Korrespondenz XIII VH-67: Veit Harlan an Eduard Söderholm, 14. April 1951.

304 Filmmuseum Potsdam, Nachlass Veit Harlan N109, 30: Veit Harlan: Menschen – Tiere – Sensatiönchen, undatiert (wahrscheinlich 1953 oder 1954).

305 Harlan war auch der Meinung, die Juden seien „im Jahre 1939 die Feinde Deutschlands“ gewesen. Insofern müsse es jedem Deutschen gestattet sein, „den Sieg zu wünschen und zu fordern“ – was einer Rechtfertigung von *Jud Süß* gleichkommt. Siehe Filmmuseum Potsdam, Nachlass Veit Harlan N109, 26: Veit Harlan an Fritz Hippler, 28. Dezember 1949.

306 Filmmuseum Potsdam, Nachlass Veit Harlan N109, 27: Fritz Hippler an Hans Fritzsche, 27. Januar 1950.

307 Filmmuseum Potsdam, Nachlass Veit Harlan N109, 27: Hedwig Wangel an Veit Harlan, 6. November 1950.

308 Filmmuseum Potsdam, Nachlass Veit Harlan N109, 27: Hedwig Wangel an Theodor Heuss, 1. Dezember 1950.

309 Filmmuseum Potsdam, Nachlass Veit Harlan N109, 18: Veit Harlan an das *Hamburger Abendblatt*, 23. März 1952.

310 Harlan las dieses Gedicht auf einer Pressekonferenz in Herford vor. Es zirkulierten in Hamburg Hunderte von Kopien davon und auch von anderen, Lüth angeblich belastenden Auszügen aus der *Nähmaschinen-Zeitung*. Harlan war keineswegs Lüths einziger Feind. Siehe Filmmuseum Düsseldorf, Nachlass Veit Harlan VXII Korrespondenz XIII VH-67: Erich Lüth sitzt im Glashaus: Veit Harlan antwortet, o. A., 1. Februar 1952.

311 Harlan droht Lüth mit „Dreizack", in: Fränkische Tagespost, 9. Februar 1952.

312 Kulturelle Nachrichten, in: Frankfurter Allgemeine Zeitung, 9. Februar 1952.

313 Er ist auch als „Mitläufer" beschrieben worden. Siehe Christof Brauers: Die FDP in Hamburg 1945 bis 1953. Start als bürgerliche Linkspartei, München 2007, S. 190.

314 Zitiert nach Willi Winkler: Das braune Netz. Wie die Bundesrepublik von früheren Nazis zum Erfolg geführt wurde, Berlin 2019, S. 236.

315 Harlan bezeichnet Käutners Vorwürfe als „bewußte Lüge", in: Die Neue Zeitung, 6. Januar 1951.

316 Die Eidesstattliche Erklärung von Max Schmeling datiert vom 25. Dezember 1947. Für den Text siehe Filmmuseum Düsseldorf, Nachlass Veit Harlan VXII Korrespondenz XIII VH-67: Sekretariat der Verteidigung im Schwurgerichtsverfahren gegen Veit Harlan, 5. Januar 1951.

317 Harlan bezeichnet Käutners Vorwürfe als „bewußte Lüge", in: Die Neue Zeitung, 6. Januar 1951.

318 Wahrscheinlich stammte diese Äußerung aus dem Vorwort zum Drehbuch. Harlan habe, so Lüth, geschrieben: „Nur indem Shakespeare seine eigenen Worte, die er vor 350 Jahren sprach, heute zu uns spricht, erzielen wir beim Publikum die Vorstellung, daß die Gestalt des Juden nicht von unserem heutigen propagandistischen Willen gestaltet wurde, sondern in zeitloser Gültigkeit vom Herzen und Hirn eines der größten Geister der Menschheit". Siehe: Harlan wollte noch den „Jud Süß" überbieten, in: Abend-Zeitung für Nordbaden und die Pfalz, 16. Januar 1951. Der Journalist und Schriftsteller Axel Eggebrecht zitierte auch aus dem Vorwort –

das er „mit eigenen Augen" gesehen hatte – in einer Radiosendung. Laut Eggebrecht hätte Harlan („nicht Goebbels") geschrieben: „Hier wird mit den Worten des großen englischen Dramatikers auch dem letzten Deutschen noch klar gemacht werden, was für eine Weltpest das Judentum ist" (siehe Landesarchiv Baden-Württemberg, Hauptstaatsarchiv Stuttgart, Sammlung Friedrich Knilli zur Mediengeschichte des Antisemitismus J25_Bü 80: Mitschnitt einer nicht datierten Radiosendung des Süddeutschen Rundfunks, wahrscheinlich aus den 1980er Jahren, den Reiner C. M. Wagner am 12. April 1990 an Friedrich Knilli schickte).

319 Kurt Frowein, der persönliche Referent von Goebbels, schrieb am 12. Oktober 1944 einen Brief an den Propagandaminister, aus dem hervorgeht, dieser habe „Veit Harlans Plan, den ‚Kaufmann von Venedig' zu verfilmen", grundsätzlich gebilligt. Siehe Bundesarchiv Berlin R9361 V, 109938: Kurt Frowein an Goebbels (über den Reichsfilmintendanten), 12. Oktober 1944.

320 Frowein schreibt, Harlan habe „in voller Absicht bizarre Bilder und unübliche Vorstellungen nicht vermieden, um das Jüdische in Tonfall und Redeweise umso genauer zu treffen" (Bundesarchiv Berlin R9361 V, 109938: Kurt Frowein an Goebbels, undatierter Brief, möglicherweise Dezember 1944 oder Januar 1945).

321 Julius Bab: Soll dieser Fluch denn ewig walten?, in: Kieler Nachrichten, 12. Mai 1951.

322 Erich Lüth: Viel Steine lagen am Weg, Hamburg 1966, S. 272 f.

323 Deutscher Bundestag, 165. Sitzung, 27. September 1951, S. 6698, http://dipbt.bundestag.de/doc/btp/01/01165.pdf (16.12.2021).

324 Zitiert in einem Leserbrief von Edmund Schopen (Präsident des Verbandes Bayerischer Filmtheater München). Siehe: Hintergründiges zum Harlanfall, in: Neue Zeitung, 10. Februar 1951.

325 Archiv des Münchner Stadtmuseums, DE-1992-BUR-2722: „Resolution des Münchner Stadtrates vom 24. April 1952".

326 Gegen Veit-Harlan-Filme, in: Braunschweiger Zeitung, 11. Januar 1951.

327 Hamburger Professoren gegen Harlan, in: Neue Ruhrzeitung Essen, 21. Dezember 1950.

328 Westdeutsche Professoren gegen Harlan, in: Neues Deutschland, 13. Februar 1952.

329 Werner Naumann schrieb an Harlan, dass er „aus eigenem Erleben nur zu gut" verstehen könne, dass man „ob soviel Ungerechtigkeit in eine

Michael-Kohlhaas-Stimmung geraten kann" (siehe Filmmuseum Potsdam, Nachlass Veit Harlan N109, 28: Werner Naumann an Veit Harlan, 14. März 1952; Veit Harlan an Werner Naumann, 11. Februar 1952).

330 Filmmuseum Düsseldorf, Nachlass Veit Harlan VXII Korrespondenz XIII VH-67: Veit Harlan an Erwin Schönborn, 18. November 1951.

331 Nazi-Rummel um Harlan-Film, in: Allgemeine Düsseldorf-Benrath, 8. Februar 1952.

332 Der meistdiskutierte Film der Nachkriegszeit, in: Lüdenscheider Nachrichten, 9. Februar 1951.

333 Harlan-Film ein Kassenerfolg, in: Schleswig-Holsteinische Tagespost, 17. Mai 1951.

334 Veit Harlans Film nicht abgelehnt, in: Duisburger General-Anzeiger, 22. Mai 1951.

335 Filmmuseum Düsseldorf, Nachlass Veit Harlan VXII Korrespondenz XIII VH-67: Veit Harlan an Peer Faerber, 20. Januar 1952.

336 Friedrich Simon: Peinliche Wahrheiten zum Fall „Hanna Amon" in Freiburg i. Br., Freiburg 1952, S. 7.

337 Filmmuseum Düsseldorf, Nachlass Veit Harlan VXII Korrespondenz XIII VH-67: Veit Harlan an Peer Faerber, 20. Januar 1952.

338 Winkler: Das braune Netz, S. 240.

339 Filmmuseum Düsseldorf, Nachlass Veit Harlan VXII Korrespondenz XIII VH-67: Veit Harlan an Peer Faerber, 20. Januar 1952.

340 Kein Harlan-Boykott, in: Film-Echo, 25. November 1950.

341 Lüths Berufung abgelehnt, in: Stuttgarter Zeitung, 28. Februar 1951.

342 Lüths Protest kommt vor die Hamburger Bürgerschaft, in: Die Neue Zeitung, 31. März 1951.

343 Sein Recht dazu hat Lüth verteidigt. Vgl. Erich Lüth: Kein Maulkorb für Beamte, in: Die Neue Zeitung, 4. April 1951.

344 Siehe Urteil des Ersten Senats vom 15. Januar 1958 (1 BvR 400/51) in dem Verfahren über die Verfassungsbeschwerde des Senatsdirektors Erich L. in Hamburg, verfügbar bei https://www.bundesverfassungsgericht.de/SharedDocs/Entscheidungen/DE/1958/01/rs19580115_1bvr040051.html. In seinem Brief an den Papst wies auch Söderholm auf die Formulierung „sittenwidrig" hin. Siehe Filmmuseum Düsseldorf, Nachlass Veit Harlan VXII Korrespondenz XIII VH-67: Eduard Söderholm an Papst Pius, 10. September 1951.

345 Die Gerichtsurteile zum Fall Lüth befinden sich im Bundesarchiv Koblenz B237, 106219.

346 Urteil des Ersten Senats vom 15. Januar 1958 (1 BvR 400/51).

347 Zitiert in einem Leserbrief von Edmund Schopen (Präsident des Verbandes bayerischer Filmtheater München). Siehe: Hintergründiges zum Harlanfall, in: Neue Zeitung, 10. Februar 1951.

348 Heute sieht das Stadtarchiv Göttingen in den Studentenprotesten gegen Harlan sogar einen wichtigen Wendepunkt in der Stadtgeschichte: „Aus einer kleinen, sozial abgeschlossenen, stark national-konservativ und, was die Studenten betraf, früh nationalsozialistischen (sic) geprägten Hochschule entwickelte sich eine neuartige Massenuniversität, an der demokratische und zunehmend linke politische Strömungen erstarkten". Siehe Stadtarchiv Göttingen: 1952 – Proteste gegen Veit Harlan (Stationen der Stadtgeschichte), http://www.stadtarchiv.goettingen.de/texte/stadtgeschichte_stationen_1952.htm (16.12.2021).

349 Filmmuseum Potsdam, Nachlass Veit Harlan N109, 39: Sitzungsprotokoll vom 31. März 1954. Der britische Film *Jew Süss* (1934) von Lothar Mendes wurde kurz nach der Gründung Israels im Jahre 1948 dort gezeigt. Davor hatte die britische Mandatsregierung immer wieder verhindert, dass der Film in Palästina freigegeben wird – vermutlich, um die Gefühle der Araber nicht zu verletzen. Siehe Feuchtwanger Memorial Library Archive (University of Southern California) LF G7c 91: D. Fajgenberg an Lion Feuchtwanger, 1. November 1948.

350 Politisches Archiv des Auswärtigen Amtes B95, 668: Said F. Imam an Transitfilm, 30. Oktober 1960.

351 Politisches Archiv des Auswärtigen Amtes B11, 1001: Gesandtschaft der Bundesrepublik Deutschland Beirut an das Auswärtige Amt, 17. Mai 1953.

352 Politisches Archiv des Auswärtigen Amtes B11, 1001: Gesandtschaft der Bundesrepublik Deutschland Beirut an das Auswärtige Amt, 27. Mai 1953.

353 Wer dem Kinobesitzer das Geld angeboten hat, ist nicht klar. Siehe "דברים בשולי", Davar 12. Juli 1953.

354 Politisches Archiv des Auswärtigen Amtes, B11 1001: Gesandtschaft der Bundesrepublik Deutschland Bagdad an das Auswärtige Amt, 16. Oktober 1953.

355 Bundesarchiv Koblenz, B106, 70904: UFA-Film an den Bundesminister des Innern, 15. Februar 1960.

356 Beweise dafür konnte ich allerdings im Bundesarchiv nicht finden. Auch ein Forschungsauftrag bei dem BStU in Berlin erbrachte keine Hinweise auf eine Beteiligung des Ministeriums für Staatssicherheit oder sonstiger DDR-Behörden an irgendwelchen Auslandsaktionen mit *Jud Süß*. Die Vermutung, dass die DDR Kopien des Filmes in den Nahen Osten geschleust hat, liegt allerdings nahe. Kurt Maetzigs DEFA-Film *Roman einer jungen Ehe* kam 1952 in die ostdeutschen Kinos. Der Film, wie in Kapitel 5 dargelegt, thematisierte auch Harlans Freispruch und fortgesetzte Karriere in der BRD und bewertete dies als Symptom, dass Westdeutschland im Grunde noch ein Nazi-Staat sei. Durch die heimliche Verbreitung von *Jud Süß* im Nahen Osten hätte die DDR erstens gegen den „kapitalistischen Staat" Israel vorgehen und zweitens die Bundesrepublik in Misskredit bringen können, weil dort der Regisseur dieses berüchtigten Filmes wieder Filme machen durfte. Interessanterweise aber gibt es sehr wohl Hinweise in den Akten darauf, dass das Staatliche Filmarchiv der DDR 1965 eine Kopie von *Jud Süß* an das Israelische Filmarchiv schickte (siehe Bundesarchiv Berlin, DR140, 78: Vereinbarungen mit Archiven verschiedener Länder während des XXI. FIAF-Kongresses in Oslo, 1965).

357 Filmmuseum Potsdam, Nachlass Veit Harlan N109, 39: Klaus-Peter Hettwer an Veit Harlan, 5. Januar 1954.

358 Siehe Filmmuseum Potsdam, Nachlass Veit Harlan N109, 39: Sitzungsprotokoll vom 31. März 1954 im Hotel Savoy – Zimmer 73 um ca. 15 Uhr.

359 Filmmuseum Potsdam, Nachlass Veit Harlan N109, 39: Besprechung Klaus-Peter Hettwer am 22.3.54, 10 Uhr morgens in Starnberg, Drei Kronen.

360 „Lavendel bezeichnet in der Sprache der Archive und Kopierwerke ein Schwarzweiß-Dup(likat)-Positiv. Es dient zum Ziehen eines neuen Dup(likat-)Negativs." Lavendel, in: Das Lexikon der Filmbegriffe, https://filmlexikon.uni-kiel.de/doku.php/start (17.12.2021). „Ein Dup-Negativ ist eine Kopie des Kameranegativs, d. h. des ursprünglich in der Kamera belichteten Filmmaterials. Vom Original wird zunächst ein Lavendel (interpositive) gezogen, dann ein Dup-Negativ." Dup-Negativ, in: ebd.

361 Filmmuseum Potsdam, Nachlass Veit Harlan N109, 39: Willy Florstedt an Veit Harlan, 17. Mai 1954.

362 In Zürich hatte sich schon am 1. Februar 1951 ein „Aktionskomitee gegen die Aufführung von Harlan-Filmen" gebildet, dem u. a. Vertreter von

christlich-sozialen und sozialdemokratischen Zürcher Parteien angehörten wie auch der Schweizerische Israelitische Gemeindebund. Siehe Francesca Falk: Grenzverwischer. „Jud Süss" und „Das Dritte Geschlecht". Verschränkte Diskurse von Ausgrenzung, Innsbruck/Wien/Bozen 2008, S. 18.

363 Filmmuseum Potsdam, Nachlass Veit Harlan N109, 39: Klaus-Peter Hettwer an Veit Harlan, 5. Januar 1954.

364 Filmmuseum Potsdam, Nachlass Veit Harlan N109, 39: Klaus-Peter Hettwer an Veit Harlan, 7. Oktober 1954.

365 Filmmuseum Potsdam, Nachlass Veit Harlan N109, 39: F. Schwarzmann an Veit Harlan, 29. April 1955.

366 Filmmuseum Potsdam, Nachlass Veit Harlan N109, 39: Antrag auf Zahlungsbefehl, 21. September 1956.

367 Bundesarchiv Koblenz B106, 70904: Im Namen des Volkes: Urteil: Einziehungsverfahren, 19. September 1959. Scarbeck wurde später in Warschau in eine „Sexspionage"-Affäre verwickelt und von der FBI verhaftet. Siehe dazu: CI Reader: An American Revolution Into the New Millennium, Vol. III, S. 190, https://www.dni.gov/files/NCSC/documents/ci/CI_Reader_Vol3.pdf (17.12.2021).

368 Bundesarchiv Koblenz B106, 70904: Im Namen des Volkes: Urteil: Einziehungsverfahren, 19. September 1959.

369 Bundesarchiv Koblenz B141, 33847: Staatsanwaltschaft Baden-Baden an Herrn Generalstaatsanwalt Karlsruhe, 22. Dezember 1954.

370 Bundesarchiv Berlin R109 I, 1563: Zollfahndungsstelle Freiburg an das Amtsgericht Baden-Baden, 31. Mai 1955.

371 Bundesarchiv Berlin R109 I, 1563: Zollfahndungsstelle Freiburg an das Amtsgericht Baden-Baden, 31. Mai 1955.

372 Bundesarchiv Berlin R109 I, 1563: Staatsanwaltschaft Baden-Baden, Haft, 22. Dezember 1954.

373 Bundesarchiv Koblenz B106, 70904: Im Namen des Volkes: Staatsanwaltschaft Baden-Baden an das Finanzamt Freiburg, 25. Mai 1956.

374 Bundesarchiv Koblenz B106, 70904: Im Namen des Volkes. Landgericht Karlsruhe. Urteil Einziehungsverfahren, 19. Dezember 1963.

375 Bundesarchiv Berlin R109 I, 1563: Friedrich Schulthess, Bestätigung, 11. Januar 1958.

376 Bundesarchiv Koblenz B106, 70904: August Bender, Eidesstattliche Versicherung, 8. Mai 1958.

377 Bundesarchiv Berlin R109 I, 1562: Werner Nachmann an die Herrn Rechtsanwälte Otto Nänert und Hans Bauer, 19. August 1958.

378 Bundesarchiv Koblenz B106, 70904: Der BMI an das Bundeskanzleramt, 11. Juli 1958.

379 Bundesarchiv Koblenz B106, 70904: Referat III 5 an den Herrn Minister, 18. März 1958.

380 Bundesarchiv Koblenz B106, 70904: Referat III 5 an den Herrn Minister, 18. März 1958.

381 Bundesarchiv Koblenz B106, 70904: Der Generalbundesanwalt an den Herrn Bundesminister der Justiz, 9. Juni 1958.

382 Bundesarchiv Berlin R109 I, 1563: Ufa-Film GmbH i. L. an Axel v. Maltzahn, 5. Mai 1960. – Die Terra-Filmkunst war eine hundertprozentige Tochtergesellschaft der Ufa-Film GmbH in Liquidation (Ufi). Am 30. Juni 1958 (rückdatiert auf den 31. Dezember 1957) veräußerte die Terra alle Geschäftsanteile an die „in Privathand befindliche neue Universum-Film A. G." in Berlin. Vor Abtretung der Geschäftsanteile aber wurden die Rechte an Terra-Filmen (einschließlich *Jud Süß*) an die Ufi übertragen.

383 Bundesarchiv Koblenz R109 I, 5901: Finanzamt Freiburg an Rechtsanwalt Balthasar von Dewitz-Krebs, 29. September 1959.

384 Bundesarchiv Koblenz B106, 70904: BMI Fuchs, Herrn Minister auf dem Dienstweg vorgelegt, 30. September 1958.

385 Bundesarchiv Koblenz B106, 70904: BMI Staatssekretär Dr. Anders an Professor Dr. Furler, 5. November 1958.

386 Bundesarchiv Berlin R109 I, 1563: Betr.: Ufi (Terra) ./. Bender wegen Jud Süß, 23. September 1960.

387 Bundesarchiv Koblenz B106, 70904: Staatsanwaltschaft Karlsruhe an das Landgericht – Strafkammer V – Karlsruhe, 16. Februar 1961.

388 Walter Schallies: „Jud Süß" ging über die Leinwand, in: Peiner Allgemeine Zeitung, 8. Februar 1962.

389 Ebd.; auch Bundesarchiv Koblenz, B106, 70904: In Namen des Volkes. Urteil Einziehungsverfahren, 31. Januar 1962.

390 Bundesarchiv Koblenz B106, 70904: Im Namen des Volkes. Urteil Einziehungsverfahren, 18./19. Dezember 1963.

391 Bundesarchiv Koblenz B106, 70904: Aufbewahrung von in Staatsschutzverfahren rechtskräftig eingezogenen Filmen, Erlaß vom 6. März 1961.

392 Bundesarchiv Koblenz B136, 5901: Einstellung, Der Generalbundesanwalt beim Bundesgerichtshof, 9. Juni 1958.

393 Der Oberste Gerichtshof für die Britische Zone hatte in seinem Urteil vom 12. Dezember 1949 Harlans *Jud-Süß*-Film als eine Beleidigung der Juden bezeichnet (siehe Bundesarchiv Koblenz, B106 70904: Stellungnahme auf Veranlassung der Staatsanwaltschaft bei dem schleswig-holsteinischen Oberlandesgericht, 27. November 1961).

394 Bundesarchiv Berlin R109 I, 1563: Henry Ormond an Dr. H. G. van Dam, 19. Juni 1958.

395 Eine gute Übersicht über die antisemitische Welle Ende der 1950er und Anfang der 1960er Jahr bietet Werner Bergmann: Antisemitismus in öffentlichen Konflikten. Kollektives Lernen in der politischen Kultur der Bundesrepublik 1949–1989, Frankfurt am Main 1997, S. 187–235.

396 Siehe Mike Ulbricht: Volksverhetzung und das Prinzip der Meinungsfreiheit. Strafrechtliche und verfassungsrechtliche Untersuchung des § 130 Abs. 4 StGB, Heidelberg 2017, S. 51 ff.

397 Bundesarchiv Koblenz B141, 33847: Bundesjustizministerium (Dreher) an das Bundesamt für Verfassungsschutz, Februar 1953.

398 Bundesarchiv Koblenz B141, 33847: Der Bundesminister des Innern (Hübinger) an das Innenministerium des Landes Baden-Württemberg, 8. Februar 1955.

399 Siehe Michael Wolffsohn: Die Deutschland Akte. Juden und Deutsche in Ost und West. Tatsachen und Legenden, München 1995.

400 Bundesarchiv Koblenz B106, 70904: Im Namen des Volkes. Urteil Einziehungsverfahren, 18./19. Dezember 1963.

401 In den 1950er Jahren spielte Hettwer mit seiner Firma Camera- und Filmvertrieb eine wichtige Rolle beim illegalen Verkauf von ehemaligen Nazi-Filmen – zum Beispiel Veit Harlans *Kolberg* (1945) und dem antibritischen *Ohm Krüger* (1941) von Hans Steinhoff – in den Nahen Osten. Siehe Politisches Archiv des Auswärtigen Amtes B95, 668: Karlheinz Spaeth an Transit-Film, 19. Juli 1960.

402 Für eine Beschreibung von Schauers Verkaufsversuchen siehe Bundesarchiv Koblenz B106, 70904: Landgericht Flensburg: Urteil. Im Namen des Volkes, 10. Dezember 1965.

403 Bundesarchiv Berlin R109 I, 1563: Ufa-Film an Terra-Rechtsanwälte Hänert und Bauer, 10. Juli 1961.

404 Bundesarchiv Koblenz B106, 70904: Landgericht Flensburg: Urteil. Im Namen des Volkes, 10. Dezember 1965.

405 Ebd.

406 Bundesarchiv Koblenz B106, 70904: Im Namen des Volkes. Urteil Einziehungsverfahren, 18./19. Dezember 1963.

407 Feuchtwanger Memorial Library Archive (University of Southern California) LF G7c 90: Eduardo Delucca an Marta Feuchtwanger, 15. August 1965. Marta Feuchtwanger war der Meinung, Harlan hätte für seinen Film den Roman ihres Mannes plagiiert und somit Urheberrechte verletzt. 1959 erfuhr sie von dem Fall Schauer. Daraufhin schrieb sie an die Lübecker Kriminalpolizei und meldete juristische Schritte an, für den Fall, dass Versuche gemacht würden, widerrechtlich in den Besitz des Films zu kommen oder ihn zu verkaufen. Siehe Feuchtwanger Memorial Library Archive (University of Southern California) LF G7c 90: Marta Feuchtwanger an die Kriminalpolizei Lübeck, 17. Dezember 1959.

408 Feuchtwanger Memorial Library Archive (University of Southern California) LF G7c 90: Marta Feuchtwanger an Felix Guggenheim, 1. November 1965.

409 Feuchtwanger Memorial Library Archive (University of Southern California) LF G7c 90: Felix Guggenheim an Marta Feuchtwanger, 27. September 1965.

410 Bundesarchiv Koblenz B106, 70904: Vermerk des Bundesinnenministeriums, 21. Dezember 1963.

411 Bundesarchiv Koblenz B106, 70904: Stellungnahme, 27. November 1961.

412 Siehe ”סרט נאצי בטלביזיה המצרית“, דבר, 12. Dezember 1960. Auch Hans Steinhoffs antibritischer Film *Ohm Krüger* (1941), der die unmenschlichen Zustände in britischen Konzentrationslagern während des Burenkrieges anprangerte, erfreute sich in Ägypten zur Zeit der Suezkrise einer gewissen Beliebtheit. Siehe Politisches Archiv des Auswärtiges Amtes B95, 668: Said F. Imam an Transitfilm, 30. Oktober 1960.

413 Politisches Archiv des Auswärtiges Amtes B95, 668: Botschaft der Bundesrepublik Deutschland Kairo an das Auswärtige Amt, 2. Januar 1960.

414 Die Stellungnahme wurde im Kontext eines ehrengerichtlichen Verfahrens gegen den Anwalt Helmut Portwich geschrieben; Portwich hatte Schauer begleitet, als dieser mit *Jud Süß* nach Beirut gereist war.

415 Siehe הרוסים ”השאילו“ לנאצר את הסרט הנאצי ”היהודי זיס“, הבקר, 28. Juni 1958.

416 Bund und Länder waren auch in dem Liquidationsausschuss vertreten.

417 Politisches Archiv des Auswärtiges Amtes B95, 487: Milos Rakocevic an das Bundesaußenministerium, 30. Januar 1959.

418 Politisches Archiv des Auswärtiges Amtes B95, 487: Transit-Filmvertrieb an das Auswärtige Amt, 31. März 1959.

419 Siehe Bundesarchiv Koblenz B106, 70904: Vermerk des Bundesinnenministeriums, 21. Dezember 1963.

420 Politisches Archiv des Auswärtigen Amtes B130, 5.136A: Auswärtiges Amt an den Transit-Filmvertrieb, 13. April 1960, und Bundesarchiv Berlin R109, 1454: Botschaft der Bundesrepublik Deutschland Madrid an die UFA-Film GmbH, Düsseldorf, 15. September 1960. Transit hat aber 1959 eine Kopie von *Jud Süß* in Österreich gekauft, um politischen Missbrauch zu verhindern. Der Verkauf erfolgte im Auftrag und auf Rechnung von Terra, dem Hersteller von *Jud Süß* (siehe Politisches Archiv des Auswärtigen Amtes B130, 5.136A: Auswärtiges Amt an den Transit-Filmvertrieb, 13. April 1960).

421 Siehe z. B. Politisches Archiv des Auswärtigen Amtes B95, 668 und B95, 487.

422 Laut einem israelischen Zeitungsbericht hat die Gedenkstätte Yad Vashem verlangt, dass die von Karlsruhe eingezogener Kopie von *Jud Süß* an sie übergeben wird, was nicht geschah. Siehe של סרט ”היהודי זיס“, דבר
היהיד העותק את תובע ”יד ושם“, 6. Februar 1964.

423 Frank-Tagebuch: Im Hinterhaus, in: Der Spiegel, Nr. 41, 9. Oktober 1956, S. 39–40.

424 Voluntas: Das Tagebuch des jüdischen Mädchens, in: Abendzeitung, 20. Oktober 1956.

425 Die Briefe von Söderbaum und Willke sind abgedruckt in: Man schreibt uns zu Voluntas: „Das Tagebuch des jüdischen Mädchens", in: Abendzeitung, 30. Oktober 1956.

426 Filmmuseum Potsdam, Nachlass Veit Harlan N109, 18: Veit Harlan an Voluntas, 27. Oktober 1956.

427 Filmmuseum Potsdam, Nachlass Veit Harlan N109, 18: Veit Harlan an Rudolf Heizler, 5. November 1956.

428 Kay Weniger: Das große Personenlexikon des Films, Berlin 2001, S. 537.

429 Clara Menck: So etwa würde der Professor sprechen, in: Westfälische Rundschau, 17. Februar 1951.

430 Filmmuseum Düsseldorf, Nachlass Veit Harlan XV Korrespondenz III VH-57: Veit Harlan an Karl Ritter, 18. Mai 1955.

431 Das Drehbuch geht auf einen Artikel zurück, der 1951 im *Spiegel* erschien (Herr Sorge saß mit zu Tisch, in: Der Spiegel, Nr. 40, 2. Oktober 1951, S. 36–41).

432 Filmmuseum Potsdam, Nachlass Veit Harlan N109, 18: Veit Harlan (nicht abgeschickt) an Herrn Jakob, 21. November 1957.

433 Selbstkontrolle. Das Publikum soll entscheiden, in: Der Spiegel, Nr. 6, 1. Februar 1955, S. 34.

434 Siehe Filmmuseum Düsseldorf, Nachlass Veit Harlan XV Korrespondenz IV VH-58: Veit Harlan an Klaus Pringsheim, 28. Januar 1955.

435 Selbstkontrolle. Das Publikum soll entscheiden.

436 Zit. nach ebd. Kirsts Verriss erschien Anfang 1955 im *Münchner Merkur*.

437 Filmmuseum Potsdam, Nachlass Veit Harlan N109, 18: Veit Harlan (nicht abgeschickt) an Herrn Jakob, 21. November 1957 (Hervorhebung im Original.) Sorge hatte im September 1941 die Sowjets davon informiert, dass Japan im Pazifik die USA und die englischen Kolonien angreifen würde. Dank dieser Information konnte Marschall Schukow die sowjetischen Truppen aus dem Fernen Osten zurückziehen und sie gegen die deutsche Armee vor Moskau einsetzen.

438 Siehe Filmmuseum Düsseldorf, Nachlass Veit Harlan XV Korrespondenz IV VH-58: Veit Harlan an Klaus Pringsheim, 28. Januar 1955.

439 Filmmuseum Potsdam, Nachlass Veit Harlan N109, 29: Veit Harlan an Herrn Knorr, 15. Oktober 1952.

440 Filmmuseum Potsdam, Nachlass Veit Harlan N109, 27: Veit Harlan an Wolfgang Schleif, 6. September 1951.

441 Wie ein deutscher Film über die Homosexualität auszusehen hat: „Eindeutig und unmißverständlich abrücken!“. Aus dem Prüfverfahren der FSK vom 22. August 1957, in: ICSE-Press Monats-Korrespondenz, 15. Februar 1958.

442 Filmmuseum Potsdam, Nachlass Veit Harlan N109, 18: § 175 – Anders als Harlan und die FSK, in: ICSE-Press Nachrichtendienst, 15. Februar 1958.

443 Ebd. (Hervorhebung im Original.) Harlan hatte als Alternativtitel *Da wirst du schuldig, und du weißt es nicht* vorgeschlagen. Das wurde aber von der FSK nicht angenommen. Siehe Filmmuseum Potsdam, Nachlass

Veit Harlan N109, 18: Filmtitel-Misere, in: ICSE-Press Nachrichtendienst, 15. Februar 1958.

444 Filmmuseum Potsdam, Nachlass Veit Harlan N109, 18: Schnitte und Veränderungen, in: ICSE-Press Nachrichtendienst, 15. Februar 1958. Die geschnittenen bzw. neu synchronisierten Szenen sind auf einer DVD zu sehen, die von der film & kunst GmbH in Zusammenarbeit mit dem Filmmuseum München und dem Münchner Goethe-Institut herausgegeben wurde. (Siehe Veit Harlan: Anders als du und ich, mit ungekürzten Szenen aus Das dritte Geschlecht, film & kunst in Zusammenarbeit mit dem Filmmuseum München, DVD, 2006.)

445 Filmmuseum Potsdam, Nachlass Veit Harlan N109, 18: § 175 – Anders als Harlan und die FSK, in: ICSE-Press Nachrichtendienst, 15. Februar 1958.

446 Filmmuseum Düsseldorf, Nachlass Veit Harlan VXII, Korrespondenz XIII VH-67: Veit Harlan an Peer Färber, 20. Januar 1952.

447 Filmmuseum Düsseldorf, Nachlass Veit Harlan VXII Korrespondenz XIII VH-67: Veit Harlan an Herrn Papendieck, 21. Januar 1958.

448 Filmmuseum Potsdam, Nachlass Veit Harlan N109, 18: SPD-Pressedienst, Bedenkliche Tendenzen im deutschen Film, 9. Januar 1958, abgedruckt in: ICSE-Press Nachrichtendienst, 15. Februar 1958.

449 Filmmuseum Potsdam, Nachlass Veit Harlan N109, 18: § 175 – Anders als Harlan und die FSK, in: ICSE-Press Nachrichtendienst, 15. Februar 1958.

450 Filmmuseum Düsseldorf Nachlass Veit Harlan XV Korrespondenz II VH-56: Veit Harlan an seine Schwester Esther, 19. Dezember 1957.

451 Filmmuseum Potsdam, Nachlass Veit Harlan N109, 18: Veit Harlan (nicht abgeschickt) an Herrn Jakob, 21. November 1957.

452 Filmmuseum Potsdam, Nachlass Veit Harlan N109, 18: § 175 – Anders als Harlan und die FSK, in: ICSE-Press Nachrichtendienst, 15. Februar 1958.

453 Siehe z. B. Filmmuseum Potsdam, Nachlass Veit Harlan N109, 18: Veit Harlan an Georg Ramseger, 17. Mai 1962.

454 Filmmuseum Potsdam, Nachlass Veit Harlan N109, 18: Veit Harlan (nicht abgeschickt) an Herrn Jakob, 21. November 1957.

455 Filmmuseum Potsdam, Nachlass Veit Harlan N109, 18: § 175 – Anders als Harlan und die FSK, in: ICSE-Press Nachrichtendienst, 15. Februar 1958.

456 Francesca Falk: Grenzverwischer. „Jud Süss“ und „Das Dritte Geschlecht“. Verschränkte Diskurse von Ausgrenzung (Schriften des Centrums für Jüdische Studien, 13), Innsbruck/Wien/Bozen 2008, S. 51.

457 1956 wollte der Club der Filmschaffenden in Berlin Harlans *Jud Süß* zeigen, zusammen mit drei anderen Filmen aus der Nazizeit (dies im Rahmen einer Reihe, die den „Weg des deutschen Films bis zum Faschismus“ aufzeigen sollte). Anton Ackermann, der damals die Hauptverwaltung Film im Ministerium für Kultur leitete, lehnte diesen Antrag ab, mit der Begründung: „Ich halte dies für eine äußerst gefährliche Form des Objektivismus.“ Siehe Bundesarchiv Berlin DR1, 4652a: Anton Ackermann an Wolfgang Kernicke, 2. März 1956. – In der DDR galt die philosophische Richtung des Objektivismus als reaktionär und im Gegensatz zur Staatsdoktrin des Marxismus stehend. Vgl. Objektivismus, in: Philosophisches Wörterbuch, hg. von Georg Klaus und Manfred Buhr, Bd. 2, 6., überarb. und erw. Aufl., Leipzig 1969, S. 802–803.

458 Siehe zum Beispiel: Antisemit Veit Harlan entlarvt, in: Die Tagespost. Nachrichten aus Politik, Wirtschaft, Kultur, Sport, 7. Januar 1951. Für eine Darstellung der Noel-Field-Affäre und des Slánský-Prozesses siehe Jeffrey Herf: Antisemitismus in der SED. Geheime Dokumente zum Fall Paul Merker aus SED- und MfS-Archiven, in: Vierteljahrshefte für Zeitgeschichte, 4/1994, S. 635–667.

459 Antisemit Harlan wieder gefragt, in: Neues Deutschland, 7. Januar 1951.

460 Der Goebbels von Bonn, in: Neues Deutschland, 18. März 1962.

461 Weg mit dem Dreck, in: Berliner Zeitung, 17. Juli 1962.

462 Archiv der Akademie der Künste, Kurt Maetzig Archiv 166: „Ehe im Westen“, Bad Elster 22. September 1950.

463 Königsteins Film war eine Mischung aus Dokumentation und gespielten Szenen, er enthielt auch Interviews mit Zeitzeugen wie Maria Körber, Margot Hielscher und Lu Schlage. Siehe Antje Schmitz: Die grausame Macht des Films, in: Stuttgarter Zeitung (Sonntag aktuell – Beilage), 16. September 2001.

464 Es gab allerdings Theaterproduktionen zu der Thematik. 1983 wurde Dieter Muncks neuer *Jud Süß* auf dem alten Bonner Marktplatz aufgeführt, „eine dramatische Collage, die dokumentarische Texte sowohl aus der Zeit des Süß Oppenheimer als aus jener des Dritten Reiches enthält“ (Landesarchiv Baden-Württemberg, Hauptstaatsarchiv Stuttgart, Samm-

lung Friedrich Knilli zur Mediengeschichte des Antisemitismus J25_Bü 109: Angela Sellner: Beispiele des deutschen Antisemitismus: Zur Premiere von Dieter Muncks „Jud Süß“ auf dem Bonner Marktplatz, in: General-Anzeiger Bonn 13. Juni 1983). 1987 wurde Paul Kornfelds *Jud Süß* aus dem Jahre 1930 in Nürnberg gespielt (Kornfeld war 1942 im Ghetto Lodz an Typhus gestorben). 1999 wurde dann Klaus Pohls neues Stück *Jud Süß* in Stuttgart uraufgeführt (siehe Marion Ammicht: „Jud Süß“ von Klaus Pohl in Stuttgart uraufgeführt, in: Der Tagesspiegel, 5. Dezember 1999).

465 Für eine mediengeschichtliche Übersicht der *Jud-Süß*-Rezeption siehe Friedrich Knilli: Dreißig Jahre Lehr- und Forschungsarbeit zur Mediengeschichte des „Jud Süß“: Ein Bericht, in: Alexandra Przyembel/Jörg Schönert (Hg.): „Jud Süß“. Hofjude, literarische Figur, antisemitisches Zerrbild, Frankfurt am Main/New York 2006, S. 75–124.

466 Kulturelle Nachrichten, in: Frankfurter Allgemeine Zeitung, 9. Juli 1958.

467 Dieterle hat aber bestritten, dass er überhaupt vorhatte, einen Jud-Süß-Film zu machen. Siehe: Dieterle dementiert, in: Frankfurter Allgemeine Zeitung, 18. Juli 1958.

468 Bundesarchiv Koblenz B106, 25300: Zentralrat der Juden in Deutschland an Herrn Oberregierungsrat Fuchs, Bundesinnenministerium, 19. Juli 1958.

469 Bundesarchiv Koblenz B106, 25300: H. G. van Dam an Dr. Ernst Krüger (Vorsitzender des Arbeitsausschusses der freiwilligen Selbstkontrolle der Filmwirtschaft), Juli 1958 (Datum nicht gut leserlich, vielleicht 3. oder 5. Juli).

470 Bundesarchiv Koblenz B106, 25300: H. G. van Dam an Herrn Kempf (Freiwillige Selbstkontrolle der Filmwirtschaft), 16. Juli 1958.

471 Hans Habe: „Jud Süß“ soll neu verfilmt werden – Mit O. W. Fischer in der Titelrolle – Die Absicht mag gut sein, aber die Zeit ist noch Nicht reif dazu!, in: Berliner Zeitung (BZ), 12. Juli 1958 (Hervorhebung im Original).

472 Veit Harlan: Dieser Film ist gefährlich, in: Berliner Zeitung (BZ), 18. Juli 1958.

473 Erklärung des Zentralrats, in: Allgemeine Wochenzeitung der Juden in Deutschland, 25. Juli 1958.

474 „Jud Süß“-Film soll nicht in Deutschland gedreht werden, in: Frankfurter Rundschau, 23. Juli 1958.

475 Bundesarchiv Koblenz B106, 25300: Ministerialrat Fuchs (BMI) an die Kultusminister der Länder, 18. September 1958.

476 Hans Habe: Warum ein „Jud-Süß"-Film?, in: Neue Rheinzeitung, 21. August 1965.

477 Jud Süß. Sache Oppenheimer, in: Der Spiegel, Nr. 38, 10. September 1965, S. 130–133, hier S. 130.

478 Hans Habe: Warum ein „Jud-Süß"-Film?.

479 Raimund Le Viseur: Muss das sein? Der neue „Jud Süß"-Film. Ernste Bedenken. Ernste Antworten, in: Abendzeitung, 23. September 1965.

480 Landesarchiv Baden-Württemberg, Hauptstaatsarchiv Stuttgart, Sammlung Friedrich Knilli zur Mediengeschichte des Antisemitismus J25_Bü 19: Bond-Regisseur dreht den neuen „Jud Süß"-Film, in: Welt am Sonntag, 27. März 1966.

481 Landesarchiv Baden-Württemberg, Hauptstaatsarchiv Stuttgart, Sammlung Friedrich Knilli zur Mediengeschichte des Antisemitismus J25_Bü 19: Gösta v. Uexküll: Bringt Romy Jud Süß an den Galgen?, in: Deutsches Panorama, 6/1966, S. 47–49.

482 Landesarchiv Baden-Württemberg, Hauptstaatsarchiv Stuttgart, Sammlung Friedrich Knilli zur Mediengeschichte des Antisemitismus J25_Bü 19: Nicht reif für „Jud Süß", in: Kurier, 13. Januar 1966.

483 Im April 1969 besuchte Marta Feuchtwanger eine Feuchtwanger-Ausstellung in Berlin. Während ihres Besuches erklärte sie, sie könne sich nicht entschließen, einer Neuverfilmung zuzustimmen (Kein neuer „Jud Süß", in: Spandauer Volksblatt, 16. April 1969).

484 Heiner Lichtenstein (Hg.): Die Fassbinder-Kontroverse oder Das Ende der Schonzeit, Königstein/Ts. 1986.

485 TV-Projekte. Tragischer Itzig, in: Der Spiegel, Nr. 11, 6. März 1977, S. 193–194, hier S. 194.

486 Lion Feuchtwanger Papers, USC Libraries Special Collections, LF G7c 79: Helmut Krapp an Marta Feuchtwanger, 25. Mai 1977.

487 Landesarchiv Baden-Württemberg, Hauptstaatsarchiv Stuttgart, Sammlung Friedrich Knilli zur Mediengeschichte des Antisemitismus J25_Bü 109: Dirk H. Fröse: Die Wiederkehr des Jud Süß, in: Die Deutsche Bühne 8/83, 1983, S. 10 ff.

488 Antje Schmitz: Die grausame Macht des Films, in: Stuttgarter Zeitung (Sonntag aktuell – Beilage), 16. September 2001.

489 So hat sich der Herzog in einem Brief ausgedrückt, siehe: FWA: Kein grober Keil, in: Hannoversche Allgemeine, 16. Februar 1984.

490 Landesarchiv Baden-Württemberg, Hauptstaatsarchiv Stuttgart, Sammlung Friedrich Knilli zur Mediengeschichte des Antisemitismus J25_Bü 109: Joseph Süss Oppenheimer, in: Allgemeine Zeitung Mainz, 14. Februar 1984.

491 Landesarchiv Baden-Württemberg, Hauptstaatsarchiv Stuttgart, Sammlung Friedrich Knilli zur Mediengeschichte des Antisemitismus J25_Bü 109: Wilhelm Unger: Justizmord auf dem Marktplatz, in: Kölner Stadt-Anzeiger, 13. Juni 1983.

492 Detlev Claussen: Joseph Süss Oppenheimer: Halbwahre Wahrheit, in: Frankfurter Allgemeine Zeitung, 16. Februar 1984.

493 Landesarchiv Baden-Württemberg, Hauptstaatsarchiv Stuttgart, Sammlung Friedrich Knilli zur Mediengeschichte des Antisemitismus J25_Bü 109: Horst Manstein: Zum abscheulichen Exempel, in: Aachener Volkszeitung, 16. Februar 1984.

494 Bundesarchiv Koblenz, B106, 96610: Hans Booms (Bundesarchiv) an das Bundesministerium des Innern, 20. Juli 1976. Allerdings verfügt das Bundesarchiv über die Rechte an einigen NS-Propagandafilmen wie *Triumph des Willens* (1935) und *Heimkehr* (1941). Siehe Johanne Hoppe: Von Kanonen und Spatzen. Die Diskursgeschichte der nach 1945 verbotenen NS-Filme, Marburg 2021, S. 198.

495 Siehe Hoppe: Von Kanonen und Spatzen, z. B. S. 89.

496 Friedrich-Wilhelm-Murnau-Stiftung: Filmbestand. Geschichte. 1933–1945: Drittes Reich, https://www.murnau-stiftung.de/filmbestand/geschichte/drittes-reich (04.01.2022).

497 Johanne Hoppe: Von Kanonen und Spatzen, S. 153 f. Hoppe dokumentiert auch einen Streit im Jahr 1991 zwischen dem Filmkritiker Dietrich Kuhlbrodt und dem *konkret*-Kolumnist Horst Tomayer, der die Spannung gut aufzeigt. Nach Vorführungen von *Jud Süß* plädierte Kuhlbrodt dafür, NS-Filme im Kino aufzuführen und sich mit ihnen auseinandersetzen, wohingegen Tomayer die Idee ablehnte, „Filme wie JUD SÜSS, den er als ‚Auschwitz-Vorfilm' beschreibt, vorzuführen". Siehe ebd., S. 228.

498 Die Bestimmung gilt laut § 86 StGB (3) nicht, wenn „die Handlung der staatsbürgerlichen Aufklärung, der Abwehr verfassungswidriger Bestrebungen, der Kunst oder der Wissenschaft, der Forschung oder der Lehre,

der Berichterstattung über Vorgänge des Zeitgeschehens oder der Geschichte oder ähnlichen Zwecken dient".

499 Bundesarchiv Koblenz B106, 54244: Hermann Keil (BMI) an das Deutsche Institut für Filmkunde, 4. Oktober 1974. Der dafür einberufene Arbeitsausschuss konstituierte sich am 18. März 1975. Siehe Bundesarchiv Koblenz, B106, 96610: Bundesarchiv (Booms) an das Bundesministerium des Innern, 20. Juli 1976.

500 Bundesarchiv Koblenz B106, 68407: F.P Kahlenberg und Karsten Witte, In Ergänzung und Präzisierung zum Abschlussbericht des Arbeitsausschusses NS-Verbotsfilme, 9. Dezember 1977.

501 Bundesarchiv Koblenz B106, 96611: Theo Fürstenau: Bericht über die Prüfung der NS-Verbotsfilme, undatiert.

502 Bundesarchiv Koblenz B106, 96611: Ulrich Pöschke (Friedrich-Wilhelm-Murnau-Stiftung), Einladung Nächste Kuratoriumssitzung, 26. September 1978. Es folgt eine Liste (undatiert) von einigen NS-Filmen mit der Auswertung durch den Arbeitsausschuss NS-Verbotsfilme. Siehe auch Bundesarchiv Koblenz, B106, 96610: Anlage 3. zum Bericht des Bundesarchivs vom 21. Dezember 1977.

503 Bundesarchiv Koblenz B106, 96610: Theo Fürstenau an Herrn Bettermann, 21. April 1977.

504 Bundesarchiv Koblenz B106, 96610: Transit Film-Gesellschaft an Manfred Hohnstock (BIM), 11. März 1980.

505 Bundesarchiv Koblenz B106, 96610: Transit-Film-Gesellschaft an Manfred Hohnstock (BIM), 31. März 1981.

506 Bundesarchiv Koblenz B106, 96610: Amtsgericht Starnberg, Az.: Gs 449/78: Beschluss, 14. November 1978.

507 Bundesarchiv Koblenz B106, 96610: Volkshochschule Herrsching an das Bundesarchiv, 3. Januar 1979.

508 Thomas Röll: Etwas bedrückt, in: Süddeutsche Zeitung, 15. Januar 1992.

509 Neue Provokation der Berliner Neo-Nazis, in: Der Abend, 8. September 1979.

510 Martin Droschke: Polizeischutz für Propaganda, in: die tageszeitung, 27. Februar 2001.

511 Ralph Giordano: Die Zelluloid-Overtüre für den Holocaust, in: Nürnberger Nachrichten, 17./18. Februar 2001.

512 Siehe zur Thematik auch: Konzept contra Betroffenheit: Streit um das Jüdische Museum Fürth, 11. Dezember 2000, https://www.hagalil.com/archiv/2000/12/

museum-fuerth.htm (04.01.2021); Andrea Übelhack: Streit in Fürth geht weiter: Darf ein Museum den Nazifilm „Jud Süß" zeigen?, 13. Februar 2001, https://www.hagalil.com/archiv/2001/02/jud-suess.htm (04.01.2021).

513 Tatsächlich ist es auch vorgekommen, dass weit rechts stehende Gruppierungen wie der Hamburger Freundeskreis Filmkunst (FFK) NS-Vorbehaltsfilme von der Murnau-Stiftung ausleihen konnten, obwohl sicherlich davon auszugehen war, dass die Vorführungen eher nationalistischen oder gar neonazistischen Zwecken, keineswegs jedoch der „Aufklärung" dienten. Siehe Hoppe: Von Kanonen und Spatzen, S. 213–215; Andreas Speit, Braunes Kuckucksei, in: taz, 6. September 2000.

514 Friedrich Knilli: Ich war Jud Süß. Die Geschichte des Filmstars Ferdinand Marian, Berlin 2000.

515 Jan Schulz-Ojala: Der totale Minderwertigkeitskomplex, in: Der Tagesspiegel, 16. August 1997.

516 Hoppe: Von Kanonen und Spatzen, S. 217. Zum Amazon-Angebot siehe https://www.amazon.de/Robert-Bertram-VHS-Rudi-Godden/dp/B0000 4RKPX (04.01.2022). Dass der Film bis in die Gegenwart antisemitische Ressentiments schürt, zeigt der dortige Kommentar eines 5 Sterne vergebenden US-Kunden vom 26. Januar 2019: „Prophetic film […] explains things like the Rothchild's decadent parties and Harvey Weinstein."

517 Hoppe: Von Kanonen und Spatzen, S. 216.

518 Zum Beispiel bei archiv.org (https://archive.org/details/jud-suss-1940-english-subbed, 04.01.2022) oder historic.films (https://www.historic films.com/tapes/18115, 04.01.2022).

519 Bundesarchiv Koblenz B106, 96611: Kategorisierung der NS-Verbotsfilme, Sitzung vom 21. Januar 1976. 1965 hatte der Atlas-Filmverleih eine dreistündige kommentierte Fassung von Harlans *Kolberg* (1945) in die westdeutschen Kinos gebracht, mit einem Vorspann aus einer damaligen Wochenschau. Hanns Eckelkamp, der Gründer von Atlas, wollte mit *Jud Süß* ähnlich verfahren, musste aber die Idee fallen lassen, weil der Generalsekretär des Zentralrats der Juden in Deutschland Hendrik van Dam gegen die Wiederaufführung nationalsozialistischer Filme protestierte. Siehe dazu z. B.: Atlas zu NS-Filmen, in: Frankfurter Allgemeine Zeitung, 1. November 1965.

520 Siehe: Fördermittel für die Digitalisierung von Vorbehaltsfilmen, Wiesbaden Dezember 2018 http://www.murnau-stiftung.de/news/foerdermittel-fuer-die-digitalisierung-von-vorbehaltsfilmen (30.11.2021).

521 Der Filmwissenschaftler Gerd Albrecht stellte Arbeitsmaterialien zu *Jud Süß*, *Hitlerjunge Quex*, *Ich klage an*, *Kolberg* und *Ohm Krüger* zusammen. Siehe Hoppe: Von Kanonen und Spatzen, S. 259. Friedrich Knilli plante eine CD-ROM „Multimediale Jud-Süß-Enzyklopädie", daraus ist aber meines Wissens nichts geworden (siehe Peter Zander: Virtuelles Tribunal im Internet: Prozeß um den NS-Film „Jud Süß" geplant, in: Berliner Zeitung, 18. September 1996).

522 Zum Beispiel wurde im Februar 2007 eine DVD von *Jud Süß*, die von dem rechtsextremen Versandhandel „NS 88 Video Division" in Texas vertrieben wurde, von der Bundesprüfstelle für jugendgefährdende Medien indiziert. Siehe Hoppe: Von Kanonen und Spatzen, S. 285.

523 Ebd., S. 261.

524 Siehe: Schmähung – Provokation – Stigma. Medien und Formen der Herabsetzung, Ausstellung, 19.02.2020–08.07.2020, Buchmuseum der SLUB, https://tu-dresden.de/gsw/sfb1285/forschung/teilprojekte/teilprojekt-e-aeltere-deutsche-literatur/ausstellung-schmaehung-provokation-stigma (30.11.2021).

525 Landeshauptstadt Dresden, Bürgermeisteramt: Internationale Wochen gegen Rassismus, 16.03.–06.94.2020, https://www.dresden.de/media/pdf/auslaender/iwgr/Programm_IWgR_2020_end.pdf (30.11.2021).

526 In einer „Kleinen Marian-Enzylopädie" weist Friedrich Knilli auf diesen Opfermythos hin: „Angeblich fiel er [Marian] einem jüdischen Racheakt zum Opfer, weil sein Spielfilm ‚Jud Süß' in Auschwitz und in anderen KZs dazu beitrug, dass Juden zu Tode geprügelt wurden" (Landesarchiv Baden-Württemberg, Hauptstaatsarchiv Stuttgart, Sammlung Friedrich Knilli zur Mediengeschichte des Antisemitismus J25_Bü 362: Friedrich Knilli: Kleine Marian-Enzyklopädie, Februar 1996).

527 Siegfried Zielinski/Thomas Maurer: Bausteine des Spielfilms „Jud Süß" (1940), in Friedrich Knilli u. a.: „Jud Süß": Filmprotokoll, Programmheft und Einzelanalysen (Preprints zur Medienwissenschaft, 2), Berlin 1983, S. 19–56.

528 Knilli: Ich war Jud Süß, besonders S. 114–125. Für eine kritische Rezension des Buches siehe Christian Schröder: „Ich war Jud Süß": Friedrich Knillis Biografie über Ferdinand Marian, den Hauptdarsteller des NS-Propagandafilms, in: Der Tagesspiegel, 9. Juni 2000.

529 Harlan betrachtete sich selbst als „tätiger Philosemit". Siehe Filmmuseum Düsseldorf: Nachlass Veit Harlan VXII Korrespondenz XIII VH-67: Veit Harlan an Arthur Jores, 27. Dezember 1950.

530 Die Sonderausstellung „Jud Süß – Propaganda im NS-Staat" wurde vom 14. Dezember 2007 bis zum 3. August 2008 im Haus der Geschichte Baden-Württemberg gezeigt, vgl. Jud Süß – Propagandafilm im NS-Staat, https://www.hdgbw.de/ausstellungen/ausstellungsarchiv/jud-suess/ (30.11.2021).

531 Im Dezember 1950 protestierte die Jüdische Gemeinde und Studenten gegen ein Gastspiel des Wiener Burgtheaters in Berlin, wo Krauß mitspielte. Siehe Günther Rühle: Theater in Deutschland 1945–1966: Seine Ereignisse – seine Menschen, Frankfurt am Main 2014, S. 343 f.

532 Rolf App: Die Menschenopfer von heute: Warum der Sündenbock im digitalen Zeitalter auflebt, in: Tagblatt, 15. März 2019.

533 YouTube: Neonazis verbreiten Propaganda-Videos, in: Die Presse, 27. August 2007.

534 Bayerisches Landesamt für Verfassungsschutz: Nähe zum Nationalsozialismus, https://www.verfassungsschutz.bayern.de/rechtsextremismus/definition/ideologie/nationalsozialismus/index.html (30.11.2021).

535 NS-Propagandafilme gehören nicht in den Giftschrank, Andreas Kötzing im Gespräch mit Susanne Burg, in: Deutschlandfunk Kultur, 15. März 2021, https://www.deutschlandfunkkultur.de/historiker-ueber-vorbehaltsfilme-ns-propagandafilme.2168.de.html?dram:article_id=493978 (30.11.2021).

# Bibliografie


Adam, Christian: Lesen unter Hitler. Autoren, Bestseller, Leser im Dritten Reich, Berlin 2010

Adorno, Theodor W.: Schuld und Abwehr. Eine qualitative Analyse zum Gruppenexperiment [1955], in: ders., Soziologische Schriften II.2, Frankfurt am Main 1975 [2019], S. 121–324

Baarova, Lida: Die süße Bitterkeit meines Lebens, hg. und überarb. von Richard Kettermann und Uwe Schmidt, Koblenz 2000

Bergmann, Werner: Antisemitismus in öffentlichen Konflikten. Kollektives Lernen in der politischen Kultur der Bundesrepublik 1949–1989, Frankfurt am Main 1997

Boberach, Heinz (Hg.): Meldungen aus dem Reich. Die geheimen Lageberichte des Sicherheitsdienstes der SS 1938–1945, Bd. VI, Herrsching 1984

Brauers, Christof: Die FDP in Hamburg 1945 bis 1953. Start als bürgerliche Linkspartei, München 2007

Brenner, Michael: Kleine jüdische Geschichte, München 2008

Buchenwald Concentration Camp. 1937–1945. A Guide to the Permanent Historical Exhibition, hg. von der Gedenkstätte Buchenwald, Göttingen 2004

Buchloh, Ingrid: Veit Harlan. Goebbels' Starregisseur, Paderborn u. a. 2010

Buchloh, Ingrid: Hilde Körber. Berlin war ihre Bühne, Berlin 2013

Drewniak, Boguslaw: Der deutsche Film 1938–1945. Ein Gesamtüberblick, Düsseldorf 1987

Elwenspoek, Curt: Jud Süß Oppenheimer, Stuttgart 1926

Erpel, Simone (Hg.): Im Gefolge der SS: Aufseherinnen des Frauen-KZ Ravensbrück. Begleitband zur Ausstellung (Schriftenreihe der Stiftung Brandenburgische Gedenkstätten, 17), Berlin 2007

Falk, Francesca: Grenzverwischer. „Jud Süss" und „Das Dritte Geschlecht". Verschränkte Diskurse von Ausgrenzung (Schriften des Centrums für Jüdische Studien, 13), Innsbruck/Wien/Bozen 2008

Frei, Norbert: Vergangenheitspolitik. Die Anfänge der Bundesrepublik und die NS-Vergangenheit, München 1996

Fricke, Kurt: Spiel am Abgrund. Heinrich George. Eine politische Biographie, Halle 2000 (zugl. Diss. Univ. Halle 1999)

Friedländer, Saul: Die Jahre der Vernichtung. Das Dritte Reich und die Juden 1939–1945, München 2006

Gerber, Barbara: Jud Süß. Aufstieg und Fall im frühen 18. Jahrhundert. Ein Beitrag zur historischen Antisemitismus- und Rezeptionsforschung (Hamburger Beiträge zur Geschichte der deutschen Juden, 16), Hamburg 1990

Giesen, Rolf/Hobsch, Manfred: Hitlerjunge Quex, Jud Süß und Kolberg. Die Propagandafilme des Dritten Reiches, Berlin 2005

Giordano, Ralph: Erinnerungen eines Davongekommenen. Die Autobiographie, Köln 2007

Goebbels, Joseph: Die Tagebücher von Joseph Goebbels, hg. von Elke Fröhlich, Berlin 2012 (http://www.degruyter.com/view/tjgo)

Görtz, Franz Josef/Sarkowicz, Hans: Erich Kästner. Eine Biographie, München 1998

Goldhagen, Daniel Jonah: Die katholische Kirche und der Holocaust. Eine Untersuchung über Schuld und Sühne, Berlin 2002

Haasis, Hellmut G.: Joseph Süß Oppenheimer, genannt Jud Süß. Finanzier, Freidenker, Justizopfer, Hamburg 1998

Hardinghaus, Christian: Filmpropaganda für den Holocaust? Eine Studie anhand der Hetzfilme „Der ewige Jude“ und „Jud Süß“, Marburg 2008

Harlan, Thomas: Veit, Reinbek bei Hamburg 2001

Hartmann, Christian u.a. (Hg.): Hitler, Mein Kampf. Eine kritische Edition, Bd. 1, München 2016

Heiden, Anne von der: Der Jude als Medium. Jud Süß, Zürich 2005

Henne, Thomas/Riedlinger, Arne (Hg.): Das Lüth-Urteil aus (rechts-)historischer Sicht. Die Konflikte um Veit Harlan und die Grundrechtsjudikatur des Bundesverfassungsgerichts, Berlin 2005

Herf, Jeffrey: Antisemitismus in der SED. Geheime Dokumente zum Fall Paul Merker aus SED- und MfS-Archiven, Vierteljahrshefte für Zeitgeschichte 42:4, 1994, S. 635–667

Hollstein, Dorothea: Antisemitische Filmpropaganda. Die Darstellung des Juden im nationalsozialistischen Spielfilm, Berlin 1971 (zugl. Diss. Freie Univ. Berlin [West] 1968)

Hollstein, Dorothea: „Jud Süß“ und die Deutschen. Antisemitische Vorurteile im nationalsozialistischen Spielfilm, Frankfurt am Main/Berlin/Wien 1983

Hoppe, Johanne: Von Kanonen und Spatzen. Die Diskursgeschichte der nach 1945 verbotenen NS-Filme, Marburg 2021

Hull, David Stewart: Film in the Third Reich. A Study of the German Cinema 1933–1945, Berkeley/Los Angeles 1969

Jaspers, Karl: Die Schuldfrage, Heidelberg 1946

Kleinhans, Bernd: Ein Volk, ein Reich, ein Kino. Lichtspiel in der braunen Provinz (Neue kleine Bibliothek, 88), Köln 2003

Knilli, Friedrich: Ich war Jud Süß. Die Geschichte des Filmstars Ferdinand Marian, Berlin 2000

Knilli, Friedrich u. a.: „Jud Süß“. Filmprotokoll, Programmheft und Einzelanalysen (Preprints zur Medienwissenschaft, 2), Berlin 1983

Knilli, Friedrich: Dreißig Jahre Lehr- und Forschungsarbeit zur Mediengeschichte des ‚Jud Süß'. Ein Bericht, in: Przyrembel/Schönert: Jud Süß, Frankfurt am Main/New York 2006, S. 75–124

Koch, Jörg: Joseph Süß Oppenheimer, genannt ‚Jud Süß'. Seine Geschichte in Literatur, Film und Theater, Darmstadt 2011

Körte, Mona: Figur ohne Original: ‚Jud Süß' und ‚Ewiger Jude' als Metafiguren der Geschichte bei Lion Feuchtwanger, in: Przyrembel/Schönert: Jud Süß, Frankfurt am Main/New York 2006, S. 175–188

Kurzke, Hermann: Thomas Mann. Epoche – Werk – Wirkung, München 1997

Lichtenstein, Heiner (Hg.): Die Fassbinder-Kontroverse oder Das Ende der Schonzeit, Königstein/Ts. 1986

Löw, Andrea (Bearb.): Die Verfolgung und Ermordung der europäischen Juden durch das nationalsozialistische Deutschland 1933–1945, Bd. 3: Deutsches Reich und Protektorat Böhmen und Mähren, September 1939–September 1941, München 2012

Longerich, Peter: Tendenzen und Perspektiven der Täterforschung, in: Politik und Zeitgeschichte, 2007, https://m.bpb.de/apuz/30537/tendenzen-und-perspektiven-der-taeterforschung-essay (10.11.2021)

Lorenz, Ina S.: Gehen oder Bleiben. Neuanfang der Jüdischen Gemeinde in Hamburg nach 1945, Hamburg 2002

Lüth, Erich: Viel Steine lagen am Weg, Hamburg 1966

Mintzker, Yair: The Many Deaths of Jew Süss. The Notorious Trial and Execution of an Eighteenth-Century Court Jew, Princeton 2019

Motl, Stanislav: Lída Baarová, Joseph Goebbels. Die verfluchte Liebe einer tschechischen Schauspielerin und des Stellvertreters des Teufels, Prag 2009

Nickel, Gunther/Schrön, Johanna (Hg.): „Wenn man einen Schauspieler braucht, muss man ihn auch vom Galgen schneiden."

Die Spruchkammerakte Werner Krauß, in: Zuckmayer-Jahrbuch 2003, Göttingen 2003, S. 221–370
Niven, Bill: Hitler and Film. The Führer's Hidden Passion, New Haven/London 2018
Noack, Frank: Veit Harlan. Des Teufels Regisseur, München 2000
Przyrembel, Alexandra/Schönert, Jörg (Hg.): „Jud Süß". Hofjude, literarische Figur, antisemitisches Zerrbild, Frankfurt am Main/New York 2006
Raim, Edith: Zwischen Diktatur und Demokratie, München 2013
Rühle, Günther: Theater in Deutschland 1945–1966. Seine Ereignisse – seine Menschen, Frankfurt am Main 2014
Saerens, Lieven: Antwerp's Attitude towards the Jews from 1918 to 1940 and Its Implications for the Period of the Occupation, in: Belgium and the Holocaust: Jews, Germans, Belgians, hg. von Dan Michman, Jerusalem 1998, S. 159–198
Salomon, Ernst von: Der Fragebogen, Hamburg 1951
Salzborn, Samuel: Antisemitismus. Geschichte, Theorie, Empirie, Baden-Baden 2014
Sarfatti, Michele: Die Juden im faschistischen Italien. Geschichte, Identität, Verfolgung, Berlin, 2014
Schubert, Werner (Hg.): Oberster Gerichtshof für die Britische Zone (1948–1950), Frankfurt am Main u. a. 2010
Seidl, Ernst/Hecht, Cornelia: „Jud Süß" – Propagandafilm im NS-Staat, Ausst.-Kat., Stuttgart 2007
Simon, Friedrich: Peinliche Wahrheiten zum Fall „Hanna Amon" in Freiburg i. Br., Freiburg 1952
Singer, Claude: Le Juif Süss et la propagande nazie, Paris 2003
Söderbaum, Kristina: Nichts bleibt immer so. Erinnerungen, München 1992
Steinweis, Alan E.: Kristallnacht 1938, Cambridge/London 2009

Stephan, Jean-Pierre: Thomas Harlan. Das Gesicht deines Feindes. Ein deutsches Leben, Frankfurt am Main 2007

Stern, Selma: Jud Süss. Ein Beitrag zur deutschen und zur jüdischen Geschichte, München 1973

Tegel, Susan: Jew Süss. Life, Legend, Fiction, Film, London 2011

Thiele, Hans-Günther (Hg.): Die Wehrmachtsausstellung. Dokumentation einer Kontroverse, Sonderausg., Bonn 1997

Töteberg, Michael/Reißmann, Volke: 2. Station: Dammtorstraße 14, in: Rita Bake: Verschiedene Welten II. 109 historische und aktuelle Stationen in Hamburgs Neustadt, Hamburg 2010, S. 23–36

Ulbricht, Mike: Volksverhetzung und das Prinzip der Meinungsfreiheit: Strafrechtliche und verfassungsrechtliche Untersuchung des § 130 Abs. 4 StGB, Heidelberg 2017 (zugl. Diss. Univ. Düsseldorf 2016)

Weinke, Annette: Gewalt, Geschichte, Gerechtigkeit. Transnationale Debatten über deutsche Staatsverbrechen im 20. Jahrhundert (Beiträge zur Geschichte des 20. Jahrhunderts, 19), Göttingen 2016

Weniger, Kay: Das große Personenlexikon des Films, Berlin 2001

Winkler, Willi: Das braune Netz. Wie die Bundesrepublik von früheren Nazis zum Erfolg geführt wurde, Berlin 2019

Wolffsohn, Michael: Die Deutschland-Akte. Juden und Deutsche in Ost und West. Tatsachen und Legenden, München 1995

# Bildnachweis

BArch, Bild 183-R76220/Foto: o. Ang.: S. 82
Medienzentrum Wiesbaden: S. 168
Photo 12 / Alamy Stock Photo (B7W1N9): S. 46
picture alliance (Nr. 20238261): S. 117
picture-alliance / dpa | Schnoerrer (Nr. 2031062): S. 115
picture alliance / Everett Collection | TF1 International/Courtesy Everett Collection (Nr. 92602517): S. 177
Privatbesitz Kurt Fricke: S. 19, 75, 77
Ullstein Bild: S. 26 (Nr. 01090605), 28 (Nr. 05592266), 39 (Nr. 00295633), 43 (Nr. 01923923), 68 (Nr. 01094416), 148 (Nr. 4.00888571), 154 (Nr. 00805934)

# Personenregister

Veit Harlan wurde aufgrund der Vielzahl der Nennungen nicht in das Register aufgenommen.